臺灣樂齡學習

魏惠娟　編著

五南圖書出版公司 印行

推薦序一

　　近年來，世界人口老化成為一個普遍的趨勢，我國亦不例外。由於醫藥及科技的進步，國人平均壽命不斷延長，加上少子女化趨勢的衝擊，使得我國65歲以上的老年人口不斷增加，人口結構正快速老化之中。根據內政部統計，截至2011年9月底，我國65歲以上老年人口數已達2,506,580人，占總人口數的10.81%。推估到2017年時，我國老年人口數將達到總人口數的14%，正式進入「高齡社會」；到了2025年時，老年人口數占總人口數的比例將超過20%，我國將正式成為「超高齡社會」，可見我國人口老化的速度非常快，高齡人口的相關議題值得重視。

　　為了因應高齡社會的來臨，教育部於2006年時發布了「邁向高齡社會：老人教育政策白皮書」，提出了四大願景以及十一項行動方案，期能建構老人終身學習體系，增設老人教育學習場所，創新老人教育學習內容，以打造臺灣成為一個成功老化的社會。

　　教育部從2008年開始，在全臺灣各鄉鎮市區設置樂齡學習中心，該計畫實施至今，受到參與者的相當肯定。由於樂齡學習中心推出之後，獲得熱烈迴響，中心經營者及參與學習的長者，多希望樂齡能夠擴大舉辦，並且永續經營。在2010年第八次全國教育會議議題十「終身學習與學習社會」的焦點議題決議中，也建議要「廣設樂齡中心」。可見樂齡學習中心此一政策，已獲得學者專家的認同及國人的肯定。

　　由於樂齡學習中心頗受歡迎，教育部除在2008年設置了104所外，至2009年時又增設了98所，使樂齡中心達到了202所。至2010年時，再增設了7所，使樂齡中心總數達到209所。其間共有6,436位熱情的志工投入樂齡學習的推動；共有3,168位教師參與樂齡學習的教學，總計有

超過60萬人次的高齡長者受惠。全臺灣各鄉鎮市區，只要有樂齡學習計畫的執行，就有高齡長者參與學習、改變、增能及感謝的故事在流傳。

　　樂齡學習中心主要的特色在於：經營指標參考先進國家的作法，課程規劃援引老化理論作基礎，實施對象包括退休前十年（55歲以上）的屆退人士，以及落實在地老化的理念，將學習活動拓展至偏鄉離島地區。至2010年6月止，全臺樂齡學習中心總共開拓出458個學習點，每一中心平均開拓2.3個學習點。樂齡學習中心的經營團隊與志工的用心投入，是我國高齡教育的活力來源，也是此一計畫能順利運作的基石。

　　展望未來，我國即將成為高齡社會，未來甚至將成為超高齡社會，樂齡學習如果推展成功，將可延長中高齡者的健康老化時間，縮短需要長期照顧的時間。樂齡學習的價值不僅對中高齡者本身有益，對國家資源整體的應用也將有所助益。樂齡學習的永續發展，不僅可以促進中高齡者的學習活絡，更可以提升其生活品質，打造一個幸福快樂又有尊嚴的晚年。樂齡學習不僅需要長期深耕，更需要隨時創新。深耕才能使樂齡永續，創新才能使樂齡進步。

　　本書的完成，不僅完整記載了近三年樂齡學習中心推展的歷程與成果，更對未來樂齡學習政策的永續發展提出建言。作者們參與教育部樂齡學習的推動不遺餘力，值得肯定，特為此序，以為期許。

前教育部部長
吳清基

推薦序二

那些年這些事我們一起走過

記得2007年初任教育部社教司長時，有一次與中正大學成人教育所魏惠娟老師有約，第一次見面她就提及臺灣老年人口已越來越多，怎樣透過教育途徑有系統去推動老人教育已屬當務之急，應未雨綢繆，她還提到最好是309鄉鎮「一鄉鎮一中心」，當時確實被魏老師的急切感及使命感所感動；就這樣在取得教育部長官支持的情況下，雙方開始一路合作下去，所謂的樂齡學習中心也就結合社區發展協會、國民小學、社區大學、長青協會甚至寺廟一個點一個點的設置下去，緊接著「樂齡銀髮教育行動輔導團」也成立了，包括教案編撰、講師培訓、幹部及志工研習以及實地訪視輔導評鑑等措施紛紛出爐。確實為高齡教育的在地化，紮紮實實推出一大步。

回想那一陣子，不論是與社教司同仁或隨同輔導團隊進行訪視，常會驚訝地發現原來上年紀的長者也有這麼強的學習動機，而且是沉浸在一種很安逸但卻專注的學習氛圍，同時在「輸人不輸陣」的情況下，常激發出年輕一輩無法想像的學習成果，令人眼睛為之一亮。讓我們堅信這是一條正確的路，應該更大步大步的走下去；另外值得一提是，輔導團隊成員包括魏老師、胡夢鯨教授、李藹慈老師等都堅持必須依限完整訪視每一個據點，不要走馬看花，因此常常訪視到很晚，回到中正大學都半夜了，一百多個據點常常這樣完成訪視，這種情景直到今日已離開社教司2年多了還是常常縈繞在腦海裡，令人難忘。

輔導團隊走了三年多決定將這整個行動研究化作具體文獻出版，分別就歷史沿革、現況分析、理論鋪陳、實證研究等面向提出未來臺灣高

齡教育的發展方向及相關政策建議。全是第一手的資料，也是臺灣第一次全面性針對此議題所做的本土性研究，值此銀髮族日益增多的時刻，如果我們要的不是長期照護病床數的增加，而是期待有越來越多健康開朗並樂在學習的長者出現的話，這一本論著絕對值得有識者一讀，作為一個曾經一起打拼的夥伴，我很樂意也很榮幸跟大家推薦這本書。

國立臺灣科學教育館館長

朱楠賢

推薦序三

樂齡學習再出發

　　快學學習，忘記年齡，以高齡者為對象的樂齡學習在我國正方興未艾。本文謹就以往奠定的基礎上，試提未來發展的一些看法。

壹、前言

　　依據內政部統計處（民101）人口統計月報所載，截至100年12月，我國65歲以上人口為252萬6,108人（占總人口10.88%），55歲以上人口有530萬9,543人（占總人口數22.86%）。我國高齡化社會已然到來，且人口老化趨勢持續發展中，老年人面臨的各項生活問題，亦日益受到重視，其中高齡教育議題，刻不容緩。近年來，我國正大力推動樂齡學習，提供高齡者更多的學習機會，以往我們說「活到老、學到老」，當今終身學習社會到來，我們要改稱「學到老」才能「活到老」，也就是面對老化要保持學習心，才能成功老化。

　　我國推展老人教育之濫觴，起於民國77年，當時教育部社會教育司楊國賜司長大力推動成人教育，將成人教育內涵界定為：成人基本教育、成人進修教育、成人職業教育、婦女教育、老人教育、休閒教育、社會環境教育等，這是我國教育部有計畫的推展老人教育之始，惟當時老人教育理念的提出、政策的制定、方案的規劃、師資及經費來源等，均付之闕如，有待加強。尤記得當時老人教育成果，是以辦理國小補校及成人基本教育研習班，作為推動成果，因其學習者大多為年紀大之失學民眾，除此之外，並無其他。比較明顯的發展，在民國95年10月30日，我國訂定發布「邁向高齡社會老人教育政策白皮書」，提出終身學習、健康快樂、自主尊嚴及社會參與四大願景；其後，於民國97年起，

陸續開辦老人短期寄宿學習計畫、樂齡學堂、樂齡學習資源中心；民國
99年起，以樂齡大學、樂齡學習中心為之。

　　對於老人教育，有稱高齡者教育，我國中正大學團隊觀摩新加坡制
度以樂齡學習稱之，各方沿用。樂齡有快學學習、忘記年齡之意，且與
英語learning之發音相似，頗有創意。

貳、推展樂齡學習的原則

　　樂齡學習是終身教育之一環，筆者之前所提推展終身教育的原則，
經檢視亦能適用於樂齡學習。基於成人有自我導向學習的能力，高齡
者有學習的可能，已是不爭的事實，這就構成從出生到臨終全程都可學
習的終身學習社會。基於推展樂齡學習，必須將理論及原則化為政策，
而政策要落實在第一線，必須讓參與之高齡者可看、可聽、可聞、可操
作，據以用心思考，轉化觀念及行為。推展樂齡學習，過程中亦必須有
原則指引，以順章法。因此，特提出五項原則，敘述如下：

一、內容符需求：學習內容應符合對象的需求，樂齡學習的對象是高齡
　　者，其需求包括保健、財務及照護等，且經常是複合多元。我們
　　常聽到辦理單位說「該來的不來」，言下之意有怪學習對象之嫌，
　　其實檢討內容、時間及辦理方式等，或有許多不能因應高齡者的需
　　求，需要改進。所以「內容符需求」為首要原則。

二、經費夠支應：其次，經費要夠支應。晚近開設的樂齡學習班絕大多
　　數由政府支應經費，開設一個班有基本支出，推廣到社會上普遍開
　　班，就會累計不少的支出。俗話說「巧婦難為無米之炊」，教育經
　　費預算究竟有限，推動樂齡學習要開源節流，使經費用在刀口，經
　　費要夠支應。

三、標準順行情：標準順行情與經費夠支應配套，無論是設備費、鐘點
　　費、材料費等，與同性質活動費用之支出標準宜以一致，避免落差
　　太大，顧此失彼。

四、政策能創新：長期以來，無論是推展社會教育或終身教育，許多是以開班授課方式為之，以致民眾參與學習受時空限制，學習方式單一，學習參與率與先進國家相比較仍有落差。因此，樂齡學習政策要能創新發展，如自主學習之提倡等。

五、制度能永續：樂齡學習對象從55歲開始，已占國人五分之一強，為能永續經營，所以可先進行局部實驗試辦，再加以檢討改進後，逐步推廣，如目前試辦的七個樂齡學習示範中心，要設定研究議題，包括：如何提高樂齡參與率、學習內容之規劃、帶領者之條件、學習方式等，分別實驗試辦檢討改進後推廣。

參、推展樂齡學習現況

依據教育部（民101）「教育施政理念與政策」所載，老人教育的措施包括：

一、強化在地化老人學習體系，補助設置樂齡學習中心。

二、創新老人學習系統，結合大學校院辦理「樂齡大學」計畫。

三、促進代間融合，補助各直轄市、縣（市）家庭教育中心辦理代間教育活動，並辦理「父母心、祖孫情」全國家庭教育戲劇表演競賽。

具體之執行成效包括：

（一）強化在地化的老人學習體系

1.結合地方資源，100年度補助政府機關及民間團體辦理40項計畫，計辦理333場次社區老人教育計畫，計有14萬2,994人參與。

2.結合在地資源，於205個鄉鎮市區成立209個樂齡學習中心，提供適性的老人學習課程。100年1-6月，全國各樂齡學習中心共計辦理1萬5,919場次活動，有35萬430人參與。

（二）創新老人學習系統：補助全國56所大學校院辦理99學年度「樂齡大學」計畫，以18週學制之學習方式，讓老年人進入校園和學生共同學習，計開設77班，此為亞洲首創，計有

2,320名55歲以上國民參加。

（三）建立督導及輔導制度：委請學術團體建立輔導與督導制度，培訓老人教育種子教師，100年度計辦理6場次「分區交流聯繫會議」、3場次「樂齡講師領導人培訓」、3場次「自主學習團體培訓」，共計有1,420人出席。另已累積研編13種老人學習教材，並訪視全國105個樂齡學習中心。

（四）促進代間教育：100年度補助各縣市家庭教育中心103項計畫，辦理代間教育活動；舉辦「父母心、祖孫情」全國家庭教育戲劇表演競賽，以全國各級學校學生為主，從小培養關心父母、尊敬長輩之心，全國計有216校分別進入複賽（國中組及國小組）及決賽（高中職組及大專校院組），決賽結果共計錄取21隊。

（五）建立專業示範機制：委託國立中正大學於全國209個樂齡學習中心擇7個示範中心，輔以專業輔導及講師培訓等工作，以建立未來樂齡學習之發展典範，並於下半年巡迴全國8場次辦理「社區樂齡學習班」宣講說明會，以鼓勵學校積極辦理樂齡學習工作。

此外，教育部鼓勵樂齡學習中心召募志工協助推動老人教育工作，99年全國有5,845位志工，其中50歲以上的占3,659位，以老人帶領老人將高齡人力資源活化運用於社會，99年並辦理第2屆銀髮教育志工獎，表揚60位優秀的銀髮教育志工。100年10月5日-12日（重陽節當週），結合教育部轄屬16個社教機構、全國209所樂齡學習中心，規劃辦理207場次在地化重陽節系列學習活動，計1萬8,000人參與；另結合教育廣播電臺於10月5日、6日分北、中、南三區辦理「樂齡好Young懷舊音樂會」，計超過1,500名老人參與。

教育部（民100）業將「推動高齡教育，建構樂齡學習體系」列為施政重點，透過辦理樂齡學習中心、樂齡大學為主要管道，輔以工作團

隊培訓、訪視評鑑、交流觀摩、宣導記者會及志工表揚等，期建構樂齡學習專業化體系。

肆、推展樂齡學習的一些看法

以下就推展樂齡學習各層面提出一些看法：

一、想辦法提升高齡者學習參與率：100年上半年，我國有35萬多的高齡者參與樂齡學習中心，有2,320名參與樂齡大學之學習活動，相對於55歲以上之高齡人口有530萬9,543人，換算學習參與率僅6.64%，其中女性尤比男性多。如何讓高齡者歡喜參與學習，要將學習變得更有趣、更符合其需要、融入其生活中、為其生活型態之一環，也就是要讓高齡者有參與學習的強烈動機。因此，學習方式及內容可再多加著墨，而提高男性高齡者參與率，亦可由辦理方式及內容切入。

二、不斷提升師資及帶領者專業水準：目前學校辦理樂齡學習，大多以學校原有教師為主要師資來源，造成其樂齡專業性不足及本職教學工作外尚要擔任樂齡教學，分身乏術之困擾，近年來輔導團隊透過研習培訓予以增強專業知能，惟人事更迭極易造成訓用未能配合。見諸教師退休年齡提早化，今後善加利用退休教師之豐富經驗，予以培訓，強化樂齡專業知能，從事以老帶老，不失為可行之道；此外，對於這幾年推展社區營造所培育的社造人才，亦可借重其熱誠及組織能力，予以培訓應用。

三、整合辦理單位將資源作最有效應用：目前辦理樂齡學習中心之單位有學校、圖書館、社區大學、鄉鎮公所、民間團體等；而之前推動的成人基本教育研習班，許多學員也是高齡者，多功能學習中心亦可招收高齡者；還有社政單位推動的長青大學、社區關懷據點，教會辦理的松年大學，民間推動的老人大學；教育部亦曾聯合交通部推動交通安全「路老師」方案等。這些推動方案，落實到社區，許

多學習對象都是同一批老人，辦理方式也是雷同，可將這些資源充分搭配應用。展望樂齡教育體系：以樂齡大學（樂大）、樂齡學習中心（樂中）、樂齡學習班（樂小），結合各方資源，共同推動。其中樂齡大學可逐步採受益者付費方式，由各大專之推廣教育部門辦理，高齡者亦將是大專推廣教育部門未來主要招生來源。

四、創發新的學習管道及學習方式：目前樂齡學習管道主要以開班授課為主，樂齡學習中心開班研習，樂齡大學採學期制為主，每學期10-18週，每週以安排6節為原則。這些學習方式，間或有活動帶領及自主學習等多樣方式，然除此之外大多為固定時間、固定地點，進行講授，許多高齡者因作息時間不能配合或對學習方式不能適應而未參與，殊為可惜。見諸目前一些辦理單位推動「生命故事書」、「活化歷史」、「組成自主學習團」活動，常能讓高齡者聚焦且動力十足，因此創發新的學習管道及學習方式，亦為當務之急。

五、精進符合高齡者學習需求的課程內容：目前樂齡學習中心推出之學習內容包括基礎生活課程、興趣特色課程及貢獻影響課程等，而樂齡大學課程內容涵蓋四大主軸，包括概念性課程、知識性課程、休閒性課程及運動性課程，輔導團隊亦盡心盡力研編教材及辦理輔導研習，提供高齡學習應用。基於學習需求經常不是單一而是多樣，未來課程內容可精緻多樣或採大單元而融入各類別，同時做成光碟，以利單元教學及套裝學習之用，另積極研編自學手冊「55必讀」（55歲年齡者必讀之意）。

六、建構符合高齡者生活環境的學習設施：目前樂齡學習大多利用現有設施，如有整修則較為新穎整潔，然仍不脫原有教室格局，不全然適合高齡者學習應用。未來除了強化設施對高齡者友善，如桌角作成圓角、椅子靠背舒服、地面無障礙及防滑等，對於整體氛圍的營繕要加強，使高齡者有家的感覺。對於學習環境的維護，可以組成自治委員會自主管理。

七、加強宣導使全民關注及參與樂齡學習：以往辦理的「樂齡大學開學了」記者會、祖父母節系列活動、辦理「學習九九、活力久久─重陽樂齡學習週系列活動」、製播樂齡宣導短片、規劃樂齡成果展及博覽會等，均在宣導鼓勵高齡者參與學習。未來繼續透過各種可行方式加強宣導，諸如製播樂齡之歌、活動代言、成果觀摩及競賽等方式，使全民關注及參與樂齡學習，亦有加強必要。

為了使樂齡學習穩健推廣，符合上述推廣樂齡學習的原則，目前規劃進行實驗研究，業委託學者專家組成研究團隊找出可行模式，檢討改進後再加以推廣，其待答問題如下：如何增進高齡者參與樂齡學習之動機、如何開發樂齡學習師資及帶領者、如何將社區資源做最有效之整合應用、如何才是有效的學習管道及方式、如何才是好的學習內容及開發套裝軟體、如何輔導高齡者組成自主學習團、樂齡學習場所之設施如何配置等，均宜設定待答問題後，實驗研究找答案。

伍、結語

面對人口高齡化業已成為全球共通之議題，高齡者教育亦屬老人安養照護生活中重要之一環，要成功老化，透過終身教育、樂齡學習為不二法門。俗話說，老者有三寶：老身、老伴、老本。這三樣亦要透過學習才能維護身心健康有老身，懂得如何和老伴老友相互扶持充實生活，且未雨綢繆使晚年用度不虞匱乏，可見樂齡學習的重要性。

我國推展樂齡學習，朝著鄉鄉有樂齡之目標邁進，相信在前人奠定的基礎下，必能穩健的發展。本文所提對推展樂齡學習的一些看法，許多尚未有答案，甚至未有固定答案，要隨著社會環境變遷做因應，仍待大家共同努力，與時俱進。

教育部督學
柯正峰

參考文獻

內政部統計處（民101）。內政統計月報。

　http://sowf.moi.gov.tw/stat/month/ml-0.xls

教育部（民100）。教育部99社會教育履痕。臺北市：教育部。

教育部（民101）。教育施政理念與政策。

　http://www.edu.tw/files/site_content/EDU01/10010-OK.pdf

推薦序四

臺灣教育核心—樂齡學習體系的建立與推動

聯合國教科文組織（UNESCO）曾以65歲以上老人人口所占的比率，作為衡量社會進步與否的標準。凡老人人口在4%以下者，被歸為青年國，大多是較未開發國家屬之；老人人口在4%至7%之間者，被稱為中年國，大多是較開發中國家屬之；老人人口在7%以上者，屬於老年國，已開發國家均屬之。老人人口在7%以上者的社會，即邁入所謂「高齡化社會」，當老人人口達到14%時，往往被稱為「高齡社會」。我國人口少子女化、高齡化趨勢至為明顯，65歲以上之老年人口持續攀升。至民國99年11月，65歲以上老年人口計248萬3,456人，占全國總人口數的10.72%。預估至民國114年，我國老年人口將達475.5萬人，占20.3%，達到「超高齡社會」指標。如何建立完整的高齡學習制度與擴增高齡者的學習機會是當務之急，因此，高齡學習體系的建立與有效推動是臺灣教育核心的一環。

回顧臺灣過去推動高齡者教育從充實生活內涵取向的老人教育，倡導老人休閒活動，增進老人生活情趣，促進老人身心健康；到福利服務取向的老人教育，公布實施「老人福利法」，老人教育活動及課程的規劃，以社會福利及休閒育樂的方式為主；到民國78年教育部舉行第六次全國教育會議，會中結論之一為「建立成人教育體系，以達全民教育及終身教育目標」，並訂定「老人教育實施計畫」，明示老人教育的目標為協助老人自我實現、協助老人重新就業及擴充其生活領域，開啟以終身教育取向的老人教育。期間民國80年訂頒「發展及改進成人教育五年計畫」，自此教育單位始重視老人教育的推動；民國82年，公布「教育

部82年度獎助辦理退休老人教育及家庭婦女教育實施要點」，補助各鄉鎮市區開設老人學苑及婦女學苑；民國83年第七次全國教育會議中提出推展終身教育議題，建議對銀髮族教育應詳加規劃，開啟了終身學習的風潮。民國91年教育部制頒「終身學習法」，明訂各級教育主管機關應整體規劃終身學習政策、計畫及活動，並確保弱勢族群終身學習資源，增加長者學習的機會。然在後終身教育取向的老人教育中，政府與民間積極推動高齡學習的同時，不免要自問嚴峻的高齡社會下，高齡教育我們準備好了嗎？身為教育行政工作者，主管社會教育是應對終身學習與高齡教育需加以檢討與策進的思索，如：建構完善的法規制度，建立統整體系機制且兼具多元實施方式，推廣參與終身學習活動的觀念，建置方便適宜的社區型教育專屬場所，研發與創新課程、教材與教學方式，相關專業人才的培育，推動經費的籌措與保障等應加以強化。

　　教育部為積極落實終身教育取向的高齡教育讓全國的高齡長者快樂學習，自民國97年起即大力推動國內的高齡教育工作，並引新加坡對於老年人的尊稱，以「樂齡」為推動高齡教育系統的通稱，期待國內的高齡者「快樂學習，樂而忘齡」，並將此名稱作為後續推動在地化的學習中心及大學校院等多元學習管道之標誌，其音亦與英文字「Learning」的讀音類似，亦藉此鼓勵與張顯長者活到老、學到老之終身學習精神。

　　教育部推動高齡學習體系，係以「在地學習」、「深耕發展」為主軸，4年來教育部運用在地化的組織及資源，逐年逐步在全國368個鄉鎮市區成立「樂齡學習中心」，101年已在全國217個鄉鎮市區有225個樂齡學習中心。樂齡學習發展至今，不僅提供長者生活基礎課程、健康課程、休閒課程、藝術教育活動；更結合其他部會推動交通安全「路老師」及用藥安全教育等。現在不論是在大都會地區、偏鄉、海邊、農村、山區或離島，都有樂齡學習中心為長者精心規劃的學習課程。近3年來，全國中心共提供國內55歲以上樂齡族群10萬7,966場次的活動，如此豐碩的成果，特別要感謝全國樂齡學習中心工作者的付出與努力。

而為發展本土化的樂齡學習模式,教育部於民國100年擇全國7所績優、組織運作完善,具有特色理念的樂齡學習中心,建置成為樂齡學習示範中心,成為全國樂齡中心的觀摩及典範。

　　基於專業化的發展關乎高齡教育政策的延續,為協助全國樂齡學習中心能發展地方特色、提昇教學內容與品質之廣度及深度,教育部以教育體系的優勢於民國97年成立「樂齡學習輔導團」,培植在地化的高齡人才及督導輔導在地化的樂齡學習體系,協助全國樂齡學習中心朝專業化素養邁進,並研編多元化、系統化的樂齡學習系列教材。以此為立基點,教育部亦於民國101年4月訂頒「教育部樂齡教育專業人員培訓要點」,依據本要點,於全國9縣市試辦「樂齡來豐─樂齡教育專業人員齊步走」培訓計畫,以培養高齡教育專業人才,將國內的樂齡學習系統又往前推動一大步。

　　有計畫的推動過程中,要誠摯感謝本書作者國立中正大學魏惠娟教授,在執行教育部「樂齡學習輔導團」期間,帶領學者專家不畏辛勞,上山下海實際走訪每一個鄉鎮市區的樂齡學習中心,讓教育部的高齡學習政策得以貫徹及落實推動。今魏教授將長期研究高齡者教育與推展樂齡學習的心得整理成輯付梓出版,更有助於高齡者教育的推展。本書內容記載著臺灣推動樂齡學習中心的歷程,記述著樂齡學習示範中心的成立過程,也提出了未來樂齡學習永續發展的策略。在臺灣逐步邁入超高齡社會的同時,提供實務界及學界一本值得參考的高齡教育在地模式發展,有助於植根本土化與在地化的樂齡學習。教育部未來亦將以教育相關資源,持續發展樂齡學習體系,讓全國的長者因為學習,生活更充實有趣;因為學習,晚年生活更精采。

教育部社會教育司司長

羅清水

2012年6月23日

作者序

　　近幾年來，臺灣興起了一股樂齡學習的風潮。這股風潮的興起，與幾個背景因素有關：第一，臺灣正在快速邁向高齡社會發展，國人已經意識到，必須對高齡社會的到來有所因應；第二，在人口快速老化的同時，臺灣正面臨少子女化的嚴重衝擊，臺灣人口出生率已經低到世界第一，長此以往，不僅學校招生日益困難，而且將出現越來越多的閒置校舍；第三，政府過去較為重視老人福利以及長期照顧，老人學習活動也以內政部門長青學苑及民間組織老年大學為主，教育部門對老人教育投資相對不足；第四，教育部於2006年發布了「邁向高齡社會：老人教育白皮書」，其中宣示要建構老人終身學習體系，增設老人教育學習場所，創新老人教育學習內容。

　　在上述背景因素的衝擊之下，教育部首先在2007年推出了「社區終身學習中心」實施計畫，該計畫屬於試辦性質，一共成立了19所社區學習中心、高齡學習中心及玩具工坊等單位。由於試辦成效不錯，於是在2008年又訂頒了「教育部設置各鄉鎮市區樂齡學習資源中心實施計畫」，開始擴大推動樂齡學習政策。當時預計分三年時間，在全臺灣368個鄉鎮市區，各成立一所樂齡學習資源中心，以普設學習場所的方式，提供中高齡者就近學習的機會。2008年時設置了104所樂齡中心，其後在2009年時共設置了202所樂齡中心，到了2010年時，又擴增為209所，截至本書出版已有225所樂齡中心。

　　在教育部推動樂齡政策的同時，委託國立中正大學高齡教育研究中心的團隊，成立了「樂齡銀髮教育行動輔導團」，協助教育部推展樂齡學習政策。輔導團的主要任務是成立樂齡學習輔導總團部（總團部設於國立中正大學高齡教育研究中心），研編樂齡教育工作手冊及學習教

材，辦理樂齡中心負責人及志工培訓，並且辦理交流會議與訪視輔導等工作。

筆者有幸擔任輔導團的總主持人，三年來上山過海，披星戴月，走訪了80%以上的樂齡中心，親眼目睹了全臺各地的樂齡伙伴，展現了無比的創造力與生命力。他們不辭勞苦、不計代價、樂此不疲的投入樂齡工作，提供豐富多元的課程與活動，為樂齡長者打造一個活躍老化的學習環境，著實令人感佩。筆者所到之處，所接觸到的樂齡長者更是令人感動，有的喪偶不久，樂齡讓其重獲新生；有的不懂電腦，卻學會架設自己的部落格；有的年逾九十，還能吟詩作畫；有的捐出自宅農舍，作為樂齡學習場所。這些感人肺腑的樂齡故事還在發生，樂齡長者一致的希望就是樂齡能夠永續。

「凡走過的必留下痕跡」。本書的出版，詳細地記載了三年多來樂齡學習推動的過程。其中第一章分析了樂齡學習誕生的背景，探討了三項問題：第一，教育部為何要推動樂齡學習？第二，什麼是樂齡學習？什麼是樂齡學習中心？以及第三，樂齡學習中心的具體作法為何？第二章則從歷史回顧的角度，論述了前樂齡時期臺灣高齡教育的實踐議題，內容主要在反思過去高齡教育實踐上所存在的一些問題。第三章則分析了樂齡學習方案推動的概念架構，詳細介紹了輔導團所研發的樂齡中心工作手冊、培訓研習、訪視輔導等內容。

課程是樂齡中心的主要內容。本書的第四章，援引美國老年教育學者H. McClusky需求幅度理論的觀點，建構了樂齡學習中心的課程，成為樂齡學習有別於傳統老人教育的一大特色所在。另一方面，人力培訓關係著樂齡工作者的素養和服務品質。此次樂齡輔導團的培訓過程，研究團隊將其建構出一個AALC-IDDOOE模式，AALC為樂齡學習中心（Active Aging Learning Center）的英文縮寫，代表樂齡教育輔導團在整個培訓過程中的角色行政（Administration），包括支持（Aid）、領導（Leadership）及輔導（Consultation）等角色。IDDOOE模式（可讀

為I do），則代表了培訓的定位（Identification）、設計（Design）、傳遞（Delivery）、工作上的追蹤（On-the-job follow up）、成果（Outcome）、及評鑑（Evaluation）的循環，一方面結合了教學設計模式中強調的教學目標的擬定及教學內容的設計，一方面則突顯成果導向模式中所重視的行為改變及應用。

在本書的第六章中，應用CIPP的模式，探討了樂齡學習中心經營之策略，完整地論述了樂齡中心經營者的經營背景、願景、困境和永續發展之策略；第七章深入探討了樂齡學習教師的專業成長的議題，分析了高齡教育教師的專業知能與培訓需求；第八章則從學習者的觀點，探討了高齡者的學習動機、參與及改變增能等議題；第九章說明了樂齡學習中心的實施成果與問題；第十章論述了一個優質的樂齡學習示範中心經營的方向，包括經營管理的SOP、活躍老化課程模式的SOP、自主服務學習團體的SOP等規劃方向內容；第十一章則從「深耕」與「創新」兩個角度，提出對未來樂齡學習永續發展的一些想法與建言，期望樂齡學習透過這些策略能夠長期推動，永續發展。

本書的出版，首先要感謝本研究團隊所有作者群的辛勤耕耘、認真投入，各章主要作者的貢獻情形如下：胡夢鯨教授（第一、六、八、十一章）、李藹慈副教授（第五章）、本人則負責第二、三、四、七、九、十章之撰寫。本書撰寫過程中，另有七位博士班研究生，一位碩士班研究生，協助訪談及調查資料蒐集與分析，包括：陳冠良（負責第二、四章）；陳巧倫、葉俊廷、劉汶琪（負責第六章）；李秉承、梁明皓、劉由貴（負責第八章）及曾瓊瑤（第七章）等，特別感謝本系陳冠良先生（博士候選人）於樂齡計畫實施過程中，擔任兩年的專案管理人，對於整個計畫的執行、進度管理、資料蒐集與分析等，無不細心協助，對於老師們的指示、委託單位的要求、或樂齡中心夥伴們的詢問，均能迅速回應，熱心處理。冠良先生對於本計畫能順利完成，實在功不可沒，本人對於其認真負責的態度，深表肯定與感謝。

　　作者們感謝兩位外審專家針對各章細心審查，並提供寶貴的修改建議，使本書更臻完善。其次，感謝教育部指導樂齡教育計畫的長官們、及社會教育司所有同仁於樂齡學習推動過程中的協助，使本研究在資料的蒐集與分析方面，能更為完備，為臺灣樂齡學習留下重要的研究成果與歷史資料。最後，更要感謝五南圖書出版公司發行人楊榮川先生對於臺灣的高齡教育一直以來都非常的重視與支持，在推廣臺灣高齡社會與高齡教育的理念上，功不可沒；本書主編陳念祖先生、責任編輯李敏華小姐及其編輯團隊的細心校稿，多方協助，方使本書的出版工作能順利進行，本人謹代表研究團隊對於五南圖書出版公司的專業與品質，致上最高的謝忱。

　　期望本書的出版，不僅能夠分享研究團隊的樂齡經驗，也能夠喚起政府及民間重視高齡社會議題，更能夠激起更多樂齡伙伴投入樂齡。展望未來，基於對高齡社會的看見、對樂齡工作的熱愛，以及對樂齡永續的期待，本研究團隊仍將念茲在茲，深耕樂齡，同心合意，創新學習。希望《臺灣樂齡學習》出版的一小步，能夠成為邁向「活躍老化社會」的一大步。

魏惠娟

於嘉義民雄國立中正大學

2012年5月28日

Contents 目 錄

第一章

緒論：樂齡學習的誕生

第一節 前言

2008年時，臺灣在老人教育的推動方面有了一個新的創舉，此一創舉——樂齡學習，不僅在名稱方面是新的，更在精神、對象及作法上，試圖有別於過去的老人教育，希望透過樂齡學習的政策與作法，為臺灣高齡社會的到來，做好應有的準備。

在精神上，樂齡是指讓高齡學習者「快樂學習而忘記年齡」；在對象上，是指55歲以上的中高齡者，使中年成人在邁入65歲高齡之前，至少能有10年以上的老化（退休）準備時間；在作法上，以成立輔導團的方式，辦理人員培訓、課程規劃、教材研發及模式創新；並以成立學習中心的作法，開設有別於傳統老人教育的課程，提供中高齡一個在地化的學習場所。

2008年可以稱作是臺灣的「樂齡學習元年」，因為那一年，在教育部政策主導、各縣市政府協助，以及「樂齡銀髮教育行動輔導團」的配合之下，全臺各鄉鎮市區成立了104所樂齡學習資源中心（現已更名為樂齡學習中心，以下簡稱樂齡中心），在中高齡居住的社區，開辦了多樣化的樂齡課程，提供了豐富的學習機會，幫助中高齡者成功老化。

由於樂齡中心推出之後獲得熱烈迴響，尤其是中心經營者及參與學習的長者，多希望樂齡能夠擴大舉辦，並且永續經營，因此，教育部在2009年時又增設了98所樂齡中心，使樂齡中心達到了202所。至2010年

時，再增設了7所，使樂齡中心總數達到了209所。參與學習的中高齡者也從第一年的20,341人次，成長到第二年的330,621人次。

在此同時，教育部在2008年時，推出了「老人短期寄宿學習」，讓樂齡族可以進入大學校園，進行短期住宿式的學習。由於反應良好，2009年時亦擴大舉辦，更名為「樂齡學堂」，當年共成立了28所樂齡學堂。至2010年時又再更名為「樂齡大學」，由大學申請開班，56所大學申請開設了76期的樂齡大學班，提供了中高齡者進入大學校園體驗學習的機會。

從樂齡中心、樂齡大學、到教育部2011年推動的國民中小學「樂齡學習班」的申請，在在顯示樂齡學習已經在臺灣開始生根，並且正在發芽茁壯當中。雖然目前談不上顯赫的成效，但樂齡學習為臺灣高齡教育帶來的衝擊與影響，顯然不容小覷，值得進一步探討。

本章主要目的在探討三項問題：第一，教育部為何要推動樂齡學習？主要在闡述樂齡學習推動的背景；第二，什麼是樂齡學習？什麼是樂齡學習中心？內容在說明此一概念及名詞的起源、意義與內涵；第三，樂齡學習中心的具體作法為何？其中說明了樂齡學習的實施策略、課程架構、培訓模式、經營問題、教學與學習、實施成果與問題，以及未來樂齡學習永續發展的一些思考與建議。

第二節　樂齡學習的背景：為何要推動樂齡學習？

任何一項教育政策或方案的發展，都有其獨特的背景或原因，樂齡學習政策的出現自不例外。臺灣近年來樂齡學習能夠蓬勃發展，最主要的原因如下：

一、為了迎接高齡社會的來臨，教育部門以具體的政策行動作為因應

臺灣地區由於社會經濟的變遷，以及醫療衛生的進步，使得國人平均壽命不斷的延長，加上少子化的現象，使得65歲以上的老年人口所占的比例不斷上升。根據內政部統計，截至2011年9月底，我國65歲以上老年人口數已達2,506,580人，占總人口數的10.81%（內政部，2011）。推估到2017年時，臺灣地區老年人口數將達到總人口數的14%，正式進入「高齡社會」；到了2025年時，老年人口數占總人口數的比例將超過20%，臺灣將正式成為「超高齡社會」。根據行政院經建會的最新人口推估，臺灣人口老化不僅速度最快，而且將在22年後超越日本成為世界最老國家。可見我國在人口結構上老化的速度非常快，高齡人口的照顧與學習問題值得重視。臺灣的樂齡學習能夠在短短幾年間引起國人的重視，逐漸發展成為一股新的趨勢，最主要的原因之一，就是由於社會的快速老化所造成的老化意識覺醒；樂齡學習是為了高齡社會的來臨所做的一項重要準備。

二、老人學習場所不夠普及，課程不夠深化，並且缺乏理論基礎

過去30年，內政部的長青學苑及民間組織的老人大學（松年大學）等單位，對臺灣的高齡教育扮演了重要的角色。但一來上述這些組織所提供的學習場所並不夠普及，二來所提供的課程不夠深化，三來過去的老人教育課程多半缺乏理論基礎。因此，教育部擬透過普設樂齡中心的樂齡學習政策，提供更為普及的學習場所，將高齡學習活動深入到各個社區，方便長者學習；並且在課程設計上參考相關理論，如活躍老化（active ageing）、成功老化（successful ageing）、需求幅度理論（margin theory of needs）等理論，提供更為全面多樣的老化課程，以幫助長者身體健康、心理愉悅、靈性滿足，達到幸福快樂的成功老化人

生。一言以蔽之，樂齡學習有別於過去老人教育的最大不同之處，在於其所根據的理論基礎，尤其樂齡課程的整體規劃是有理論作爲依據的。例如，美國老年教育學者McClusky（1971）在白宮老化會議上所提出的需求幅度理論，強調高齡教育應依據高齡者的需求階層而設計，該理論已成爲樂齡學習課程相當重要的一項理論基礎。

三、有三分之一的退休族群無養老規劃，不利於退休後的生活安排

近幾年來，國人退休年齡有逐漸降低的趨勢，至2006年止，國人平均退休年齡已降至55.2歲（行政院主計處，2007）。根據教育部委託調查報告顯示，有約33%的退休族群並沒有退休的養老規劃（黃富順、林麗惠、梁芷瑄，2008），可見退休族群的退休生涯議題非常值得重視，退休準備教育已成爲退休族群必須面對的學習議題。以往國人退休前不但沒有接受足夠的退休準備教育，甚至連自身的退休規劃都付之闕如，以致當年華漸漸老去時，許多老化所可以預防或減緩的問題，卻因準備不足而問題叢生。例如，缺乏理財規劃將導致生活陷入窘境；缺乏健康規劃將導致身體逐漸惡化；缺乏參與規劃將導致生活日漸封閉；缺乏學習規劃則將導致與社會逐漸脫節。樂齡學習與過去老人教育最大的不同之一，就是它將教育對象延伸至55歲以上的中高齡，亦即提供至少10年以上退休準備期。一個基本的算法是：退休年齡若爲65歲，則樂齡就從55歲開始；退休年齡若爲60歲，則樂齡就從50歲開始；若退休年齡提早到55歲，則樂齡從45歲就開始了。總之，退休準備愈充分，愈有利於老化生活品質的提升。

四、過去政府較重視老人福利及照顧，對老人教育的投資相對較少

過去這些年間，臺灣人口快速老化，從1993年開始，臺灣就已進入高齡化社會。然而，政府對於老人的政策顯然較爲偏向老人福利及照顧。例如，1980年時就已通過老人福利法，從2007年開始提出「老人長

期照顧十年計畫」，當時預計花費817億元投入老人的長期照顧。但在老人教育方面，不但沒有一部完整的老人教育法，教育部門在樂齡時期以前，對每位老人的教育投資，年均經費只有約70元（相當於一個便當錢），簡直不可同日而語。顯示同樣面對高齡社會來臨的準備，政府在老人福利及照顧方面的重視程度，遠超過了老人教育和學習。

　　在上述背景之下，教育部門近幾年來開始重視老人教育，不僅提出樂齡學習政策，設置樂齡學習中心，開辦樂齡大學及樂齡學習班，更在經費方面大幅增加老人教育經費，以實際行動宣示政府對老人教育的重視。雖然樂齡學習政策實施時間尚短，成效仍屬有限，並且存在一些問題有待解決，然而不容諱言，樂齡學習已經受到廣大樂齡族群及推動者的歡迎，彼等相當期待樂齡學習能夠永續發展，以爲高齡者創造一個成功老化的未來。

　　有關前樂齡時期（意指教育部樂齡學習計畫開始執行以前）臺灣高齡教育的發展歷程與問題，在本書的第二章「臺灣高齡教育的回顧：前樂齡時期的實踐」中，有詳盡的論述。

第三節　什麼是樂齡學習？

　　在樂齡學習出現以前，臺灣鮮有人聽過樂齡；至於樂齡學習是什麼，更是無人知曉。因此，有必要對於此一名詞的來源和意義作一說明。

一、樂齡一詞的來源

　　臺灣樂齡學習中心所引用的「樂齡」一詞，源自於新加坡。新加坡對於老年人的尊稱，並不將其稱爲老人，而係稱爲「樂齡人士」。至於樂齡的由來，根據相關文獻得知，其由來爲1966年在陳志成先生的領導下，新加坡成立樂齡活動聯會（Singapore Action Group of Elders,

SAGE）。據陳先生所述，他們原先是想到SAGE（聖賢）這個英文簡稱，然後才想到能配合這個簡稱的英文，也就是Singapore Action Group of Elders。當時他們所謂的「樂齡」，意思很簡單，就是指「快樂的年齡」。樂齡活動聯會的發起人陳志成先生非常重視道德，就如同重視身體、精神和社交健康一樣，其根據德國哲學家康德所述：「道德不是讓我們使自己快樂，而是我們如何使自己值得快樂的道理。讓我們為別人尋求快樂，至於我們自己追求的應是完美，不論它為我們帶來的是快樂或是痛苦。」（林振揚，1999）這樣的想法同時也是樂齡活動聯會發起人認為是他們的成員都應該具備的精神。

　　臺灣的樂齡學習，參考引用了這一個名詞，　主要是在2007年時，教育部社教司委託國立中正大學高齡教育研究中心，舉辦了一項「老人教育實務國際論壇」。當時共有7個國家、超過400位學者專家與會，會中新加坡學者樂齡活動聯會的會長潘國治先生，用樂齡一詞介紹了新加坡的老人教育。當時令與會的國內學者感覺十分新鮮、印象相當深刻的就是樂齡一詞。有鑑於臺灣高齡化的速度很快，國立中正大學魏惠娟等幾位學者，向當時教育部社教司朱楠賢司長建議，採用「樂齡」一詞推動老人教育，並倡議在臺灣普設學習中心。結果得到朱司長的支持，並開始推出一系列的樂齡學習政策。從此，樂齡一詞在臺灣得以廣泛應用，樂齡學習中心也開始普遍設置，並頗獲好評。許多接觸過樂齡的人，無論是樂齡工作者或學習者，都覺得此一名詞既健康又有意義，值得推廣。

二、什麼是樂齡學習？什麼是樂齡學習中心？

　　就字面意義而言，所謂樂齡學習是指55歲以上的中高齡者「快樂學習，忘記年齡」。但就精神意義而論，樂齡學習不僅強調快樂學習，更強調因為快樂學習到一個地步，而忘記自己的年齡，甚至忘記煩惱，忘記憂愁，達到一個成功老化該有的身心靈滿足舒暢的境界。

至於樂齡學習中心的名稱，英文稱為「Active Aging Learning Center」，其宗旨是希望根據聯合國世界衛生組織於2002年所揭示的「活躍老化」（active ageing）高齡社會願景的相關理論，透過全面、均衡且多樣的學習活動，幫助高齡者活躍老化，進而打造一個身體健康、心理愉悅及靈性滿足的成功老化社會。因此，樂齡的精神乃是希望老人能因為快樂學習而忘記年齡。樂齡學習的對象有兩類，一類是傳統65歲以上的老人；另一類是退休前10年、打算為退休後做準備的中高齡人士。

根據樂齡教育輔導團的規劃（魏惠娟等，2011），所謂「樂齡學習中心」，並不是新蓋一個實體中心，而是由全臺灣每一鄉鎮市區，運用現有的館舍（如：圖書館、老人活動中心），或閒置校舍（如：國民中小學），成立一所樂齡中心。樂齡學習中心的功能包括：㈠它是一個營運總部，負責該鄉鎮市區樂齡學習的推動；㈡它是一個可以上課的地方，讓中高齡者可以就近學習；㈢它是一個可以休閒聯誼、看報紙打發時間的地方，讓中高齡者可以在中心相互交流，建立社交關係；㈣它是一個可以找到學習資訊的地方，讓中高齡者可以得到與其自身有關的訊息；㈤它也是一個可以當志工的地方，讓中高齡者可以貢獻服務，回饋社區；㈥它甚至希望能夠被營造成為老人的第二個家，讓中高齡者可以得到心靈的慰藉及如家人般的舒適感。

第四節　樂齡學習中心的具體作法為何？

樂齡學習中心的設置，在臺灣屬於首創，無論在名詞上、概念上或作法上，均無前例可循。但綜合這三年的經驗，可歸納出下列的作法：

一、教育部訂頒「教育部設置各鄉鎮市區樂齡學習資源中心實施計畫」

　　為了推展樂齡學習，教育部首先在2007年推出了「社區終身學習中心」實施計畫，該社區終身學習中心屬於試辦性質，一共成立了19所社區學習中心、高齡學習中心及玩具工坊等單位。由於試辦成效不錯，於是於2008年又訂頒了「教育部設置各鄉鎮市區樂齡學習資源中心實施計畫」，開始擴大推動樂齡學習政策。當時預計分3年時間，在全臺灣368個鄉鎮市區，各成立一所樂齡學習資源中心，以普設學習場所的方式，提供中高齡者就近學習的機會。

二、成立樂齡銀髮教育行動輔導團

　　為了輔導樂齡中心推動樂齡學習，教育部根據前述的「教育部設置各鄉鎮市區樂齡學習資源中心實施計畫」，成立了樂齡銀髮教育行動輔導團，總團部設在國立中正大學，由該校高齡教育研究中心主任魏惠娟教授擔任總主持人，並由相關學者專家組成輔導團，協助教育部推動樂齡中心的輔導工作。輔導團的主要任務在研編教材、辦理培訓及訪視輔導等。

三、訂定推動架構與實施策略

　　根據委託單位的要求，高齡教育研究中心執行團隊第一年從系統的觀點，將被委託的工作項目，架構起來包括兩個分項計畫（即擬定「督導老人教育」評鑑輔導計畫書，以及執行「督導老人教育」評鑑輔導計畫書）、六個子計畫（包括：設立總團部、督導訪視、研發課程、培訓研習、會議交流、建置資料庫等），以及十二項工作（魏惠娟、胡夢鯨、蔡秀美，2009）。在第一年的基礎下，輔導團繼續接受委託，規劃第二年的樂齡學習計畫。第二年的計畫，共包括兩個分項計畫，即：擬定「樂齡行動輔導團第二年專案計畫」，以及執行「樂齡行動輔導團第

二年計畫」，七項子計畫包括：策略聯盟、審查計畫、研編教材、培訓研習、評鑑計畫、會議交流、彙整資源等，以及十三項工作重點（魏惠娟、胡夢鯨、李藹慈，2010）（詳見本書第三章）。

四、辦理樂齡中心經營團隊及志工培訓

輔導團根據美國老年教育學者H. McClusky的需求幅度理論，研訂了樂齡中心的課程架構（詳見本書第四章），並編輯了「高齡學習方案企劃師訓練手冊 ── 入門篇」（魏惠娟、胡夢鯨、李藹慈、黃錦山、蔡佳旂、林秉毅，2007），以及「樂齡學習中心工作手冊」（魏惠娟、胡夢鯨、李藹慈、陳冠良、蔡佳旂、陳宏婷、王聲柔，2011），作為培訓的主要教材。教材內容包括：基本概念、籌備階段、實施階段、評鑑階段與展示階段等，編輯團隊再根據這些主題，發展更細部的研習內容，如：中心的營運目標、空間規劃與設計、學習活動規劃與安排、行銷策略與管道、建立中心活動檔案、經營績效自我評估等十五個單元。

為了使第一年承辦樂齡學習資源中心的經營團隊，能了解中心的運作策略與方向，並學習樂齡中心工作手冊的使用，輔導團在北中南三地各辦理為期2天的「樂齡學習資源中心團隊培訓研習」共計16小時。培訓研習計畫的對象為樂齡學習資源中心之經營團隊，主要是承辦人及志工，另外包括直轄市政府教育局、各縣市政府負責樂齡學習中心或社區終身學習中心之承辦單位科長（主任、課長）或承辦人員。

第二年的培訓研習計畫則是包括「初階培訓」及「進階培訓」兩個部分。初階培訓對象為第一年的樂齡中心之經營團隊，主要是承辦人及志工，另外包括直轄市政府教育局、各縣市政府負責樂齡學習中心或社區終身學習中心之承辦單位科長（主任、課長）或承辦人員。輔導團提供的培訓教材設計是以工作手冊為基礎，初步規劃包括：基本概念、籌備階段、實施階段、評鑑階段與訪視展示階段等，編輯團隊再根據這些主題，發展更細部的研習內容，如：工作手冊的活動、樂齡故事的行銷

宣傳、經營策略創新、課程創新等單元。2年總計培訓初階志工345名、進階志工326名（詳見本書第三章、第五章）。

五、辦理樂齡學習中心的訪視評鑑

樂齡教育輔導團根據「教育部設置各鄉鎮市區樂齡學習資源中心實施計畫」之規定，研擬督導訪視計畫。輔導團除了研發各中心的經營工作手冊外，並且以經營手冊為基礎，編製了各中心自評表，目的是希望以評鑑引導中心的經營及資料蒐集的取向，使中心知道如何經營樂齡中心。各中心的自評表共包括四個評鑑層面，即：管理創新、課程創新、軟硬體設備與行銷宣傳等。第一年計訪視了104個樂齡中心；第二年則抽訪了85個樂齡中心，除在訪視現場提供樂齡中心改進意見外，並彙整訪視結果，供教育部作為改進樂齡政策之參考。經由訪視輔導的過程，不僅讓輔導團了解了樂齡中心經營的成效，更讓輔導團發現了不少問題。樂齡中心每年均不斷調整創新，此一訪視輔導的確發揮相當大的功效。

除了上述具體作法外，在本書的第六章中，應用CIPP的模式，探討了樂齡學習中心經營之策略，完整地論述了樂齡中心經營者的經營背景、願景、困境和永續發展之策略；第七章深入探討了樂齡學習教師專業成長的議題，分析了高齡教育教師的專業知能與培訓需求；第八章則從學習者的觀點，探討了高齡者的學習動機、參與及改變增能等議題；第九章說明了樂齡學習中心的實施成果與問題；第十章論述了一個優質的樂齡學習示範中心經營的方向，包括經營管理的SOP、活躍老化課程模式的SOP、自主服務學習團體的SOP等規劃方向內容；第十一章則從「深耕」與「創新」兩個角度，提出對未來樂齡學習永續發展的一些想法與建言，期望樂齡學習透過這些策略能夠長期推動，永續發展。

樂齡學習政策實施至今，只有短短3年左右的時間，雖然尚無宏偉的成效可言，但無論就名詞的使用、場所的普及、課程的規劃、人才的

培訓及評鑑的實施等方面，均已為臺灣的高齡教育開創了一個新的里程碑。相信只要能夠永續經營，必能為臺灣的高齡社會奠定基礎，並且在國際上發光發熱，使臺灣的高齡教育逐漸步入更高的境界，幫助高齡者達到成功老化的願景。

參考文獻

內政部（2011）。現住人口按五歲年齡分。2011年10月19日，取自http://sowf.moi.gov.tw/stat/month/m1-06.xls

行政院主計處（2007）。勞工退休年齡。2011年10月19日，取自www.cla.gov.tw/cgi-bin/download/AP_Data/.../469c86f0.doc

林振揚（1999）。晚年的社交活動。載於柯以煜、高思銘（主編），松柏長青（頁59-63）。新加坡：新加坡樂齡活動聯會。

黃富順、林麗惠、梁芷瑄（2008）。我國屆齡退休及高齡者參與學習需求意向調查研究報告。臺北市：教育部。

魏惠娟、胡夢鯨、李藹慈、黃錦山、蔡佳旂、林秉毅（2007）。高齡學習方案企劃師訓練手冊──入門篇。臺北市：教育部。

魏惠娟、胡夢鯨、蔡秀美（2009）。成立樂齡銀髮教育行動輔導團期末報告書。教育部委託專案報告。嘉義縣：國立中正大學高齡教育研究中心。

魏惠娟、胡夢鯨、李藹慈（2010）。樂齡行動輔導團第二年專案計畫期末報告書。教育部委託專案報告。嘉義縣：國立中正大學高齡教育研究中心。

魏惠娟、胡夢鯨、李藹慈、陳冠良、蔡佳旂、陳宏婷、王聲柔（2011）。樂齡學習系列教材7：樂齡學習中心工作手冊。臺北市：教育部。

McClusky, H. Y. (1971). Education: Background issues. *White House Conference on Aging*, Washington, D. C.

第二章
臺灣高齡教育的回顧：
前樂齡時期的實踐

第一節　前言

　　自1993年開始，臺灣正式進入高齡化社會。近十餘年來，人口老化的速度愈來愈快。預計到了2017年時，臺灣將正式進入高齡社會；而到了2025年時，臺灣更將成為超高齡社會。邁向高齡社會已經成為不可避免的趨勢，臺灣如何預備進入高齡社會，將成為一項重要的教育議題。

　　近幾年來，世界衛生組織（World Health Organization, WHO）等國際組織倡導健康老化（healthy aging）及活躍老化（active aging）等成功老化（successful aging）的觀念，目的就是希望透過具體有效的措施，幫助高齡者在退休後仍能享受應有的生活品質，並且活得有尊嚴、有意義。

　　臺灣過去的高齡政策，比較偏向福利和照顧。相較之下，高齡教育受到政府的重視，並且當成是一項主軸方案來推動，則是樂齡計畫開始實施以後的事。教育部雖然在2006年時發布了「邁向高齡社會老人教育政策白皮書」，宣示了老人教育的藍圖和政策方向，但是值得重視的是，2007年開始試辦一年，設立了19個與高齡學習有關的中心，有計畫地推動高齡教育活動。由於試辦的成效不錯，教育部社教司於2008年開

始，決定擴大推動樂齡學習，當時預計以3年時間，於全臺灣368個鄉鎮市區各設立一所「樂齡學習資源中心」（以下簡稱樂齡中心），結合地方政府、民間組織、各級學校等基層組織，以「遍地開花」的方式，推動各種樂齡學習課程及活動。並且從2008年開始委託大學辦理「樂齡學堂」，其後又更名為「樂齡大學」，2010年開始補助國民小學辦理樂齡班，以幫助中高齡者快樂學習，成功老化。自此，臺灣的高齡教育可謂進入了一個新的時期——樂齡學習時期。

樂齡學習政策推動的時間尚短，樂齡學習時期方興未艾。因此，本文的主要目的，並不是要分析樂齡學習時期開始以後的發展與成效，而是要分析臺灣前樂齡學習時期高齡教育政策與實踐的發展，希望為高齡教育的演進找出一條脈絡，並且透過結構運作與課程內容分析，了解過去高齡教育實踐上的發展及其問題。本文的研究方法主要是採用文獻分析、內容分析及次級資料分析等方法。從本文的分析，不僅可以了解臺灣前樂齡時期高齡教育的演進，而且透過對問題的探討與省思，更可以為未來樂齡學習政策的發展，找到一些新的方向與出路。

第二節　前樂齡時期臺灣高齡教育的簡史

在教育部樂齡計畫實施之前，臺灣高齡教育的實施是以社會福利機構為主，以休閒取向的學習課程為多，而民間組織投入高齡教育的也不少（王素敏，1997；杜光玉，1996；李青松，2002；陳畹蘭，1992；蔡良宏，1995；蔡莉芬，2007；魏秋雯，2003）。從表1的資料可以發現，臺北市基督教女青年會於1978年時，就已舉辦了青藤俱樂部。而後於1982年時，在高雄市政府與基督教女青年會的合作之下，開辦了長青學苑。至1987年後，由於臺灣省長青學苑實施要點的設置，開始於全國各地普遍設置長青學苑，其主管單位在中央均為內政部，在地方則為社會局（處），此與大家對於「教育」事業的主管單位應為教育部的觀念

不同。

　　回顧高雄長青學苑的設置歷史背景，發現當初長青學苑之設置，原係以「老人大學」的名稱，並尋求「教育」主管單位的支持，唯當時之主管機關受限於「大學」的特定用法，並未支持，教育部門或許因此而錯失了領導社會辦理高齡教育的先機。當時籌辦「老人大學」的先驅團體，只得轉而尋求福利部門的支持。以福利為取向的「長青學苑」，老人教育係屬於福利服務的一部分，課程較偏向「休閒娛樂」性質。不過，此時期的老人教育，在社會福利部門與民間組織的合作下陸續展開。高雄長青學苑的設置，帶動了全臺其他各地長青學苑以及老人大學的發展；高雄長青學苑的辦理模式，也因此成為其他各單位參考的基礎。

　　以下以計年的方式，條列前樂齡時期高齡教育的實施情形，如以下表1：

表1　社會福利取向的老人教育實施

年代	辦理單位或重要事件	課程類型 & 備註
1978	青藤俱樂部 （臺北市基督教女青年會創辦）	演講、技藝學習、休閒娛樂等課程
1978	老人大學教育 （臺灣省政府社會處與東海大學合作推動）	辦理老人教育課程
1980	政府公布「老人福利法」	辦理老人福利活動
1982	長青學苑開辦 （高雄市政府與高雄市基督教女青年會合作辦理）	以休閒興趣課程為主 社會局負擔經費，女青年會負責經營
1982	退齡學園 （佛教財團法人慈航福利基金會設置）	目的在鼓勵老人進修，協助老人貢獻智慧
1983	松柏學苑 （新竹學租財團法人於孔廟設置）	以老人生活調劑為主
1983	長青學苑 （臺北市政府社會局設置）	由社會局社工室負責活動規劃與服務提供

（續下表）

年代	辦理單位或重要事件	課程類型 & 備註
1987	臺灣省頒布「臺灣省設置長青學苑實施要點」	省府協助社會處選擇合適地點設置「長青學苑」

資料來源：作者整理

　　從上述表1簡要的回顧，發現在教育部的樂齡學習政策導入之前，就已經有內政部補助辦理的長青學苑，可以說是當時最重要的高齡教育推動方案。相較於教育部門推動高齡教育之不足，福利取向的高齡教育，形成了過去臺灣高齡教育的主流之一。根據內政部的統計，截至2009年12月止，臺灣已經有387所長青學苑，共開設4,164個班，總計臺灣省21個縣市，加上臺北市、高雄市、金門與連江縣，共有125,821人參加長青學苑的課程，其中65歲以上的參與者共計83,881人，大約占老年人口的3%，長青學苑參與者在性別、教育程度、年齡等之背景，如下表2。

表2　長青學苑參與學員個人背景

個人背景	類　別	次　數	百分比
性別	男性	41,200	32.7%
	女性	84,621	67.3%
	小計	125,821	100%
年齡	55-64歲	41,940	33.3%
	65-69歲	37,915	30.1%
	70歲以上	45,966	36.6%
	小計	125,821	100%
教育程度	不識字	8,846	7.0%
	自修	6,504	5.2%
	國民小學	36,299	28.8%
	國中（初中）	25,055	19.9%
	高中（職）	27,580	21.9%
	大專以上	21,607	17.2%

（續下表）

個人背景	類　別	次　數	百分比
	小計	125,821	100%

資料來源：內政部統計處（2009）。老人福利服務
檢索日期：2010/8/12。取自http://sowf.moi.gov.tw/stat/year/y04-16.xls

第三節　前樂齡時期臺灣高齡教育的實踐：結構運作與課程內容分析

　　前樂齡時期臺灣老人教育的實施情形，從前述的背景回顧中，發現首先參與辦理老人教育的單位以民間組織居多，後來由於政府社會福利部門的投入，帶進了比較系統且長期的老人教育實踐，亦即「長青學苑」的設置。以下進一步論述在前樂齡學習時代，臺灣高齡教育的課程、地點、經費與推廣的情形與問題。

一、教育目標

　　高齡教育深化的實踐在於目標的確立。前樂齡時期的高齡教育實踐，有沒有訂定教育目標呢？如果有，其目標為何？這些目標的訂定，是否符合高齡教育的理論觀點呢？高齡者參與學習的比例偏低，是不是跟高齡學習方案未能滿足高齡者身心發展所新增的內在需求有關呢？臺灣1980年代至90年代以來的高齡教育實踐，所強調的學習目標是什麼呢？本章以「老人大學」與「長青學苑」為例，來分析其教育目標。

　　根據中國老人教育協會附設之老人社會大學第四十屆、99年上學期的招生簡章所載，其成立的宗旨為：

　　　　貫徹「活到老、學到老、玩到老、做到老、活得好」之精
　　神，藉研習以增進新知，提高中老年人生活境界，培養中老年
　　人生活情趣，擴大中老年人知識及生活領域，增進中老年人身

心健康，愉悦地享受有尊嚴的晚年。

臺東社教館附設之老人社會大學成立於1997年，歷經1985年的識字班、1995年至1997年的銀髮族研習班，到1997年設置老人社會大學，其教育目標為：

　　健康、快樂、尊嚴。

高雄「長青學苑」的成立宗旨為：

　　為發揚活到老、學到老的精神，落實終身學習目標，擴充長者學習領域，以陶冶其身心，充實長者精神生活。

臺北市長青學苑的目標則為：

　　藉由舉辦文史、社經、語文、技藝、衛健、科技等研習課程以充實長者精神生活、活化身體機能、拓展人際關係、增廣學識見聞，使長者樂在退齡，落實多元化的老人福利政策。

　　從歷史最為悠久的長青學苑與老人社會大學的成立宗旨看起來，其對象已經擴大到鼓勵未滿65歲的中高齡人士來參與。教育目標比較偏向於高齡者個人休閒生活的滿足這個層次。由於長青學苑及老人大學在高齡教育辦理上的先驅角色，因此他們一開始所設定的目標，也就成為後來臺灣各地區老人教育或長青學苑之參考。然而，這些教育目標是否符合高齡教育理論觀點呢？

　　在美國的高齡教育政策與實踐上，H. McClusky的理論觀點，曾經被應用來分析高齡教育的目標。回顧自1961年起，美國開始召開白宮老化會議（White House Conference on Aging），此後，每10年召

開一次會議，共同研商美國的老化政策。密西根大學教育學院榮譽教授McClusky於1971年白宮老化會議之後，提出高齡者參與學習的五種學習需求層次，包括：應付需求、興趣需求、貢獻需求、影響需求與自我超越需求，被稱之為需求幅度理論（margin theory of needs）（McClusky, 1971）。McClusky的論述奠定了白宮老化會議關於高齡教育目標、觀點與實施架構的基礎。根據McClusky的觀點，高齡教育的目標在於透過教育的介入，使高齡者藉著學習有能力因應時代變化所新增的學習課題，透過學習提升高齡者的生活品質，乃是高齡教育方案規劃的基礎。

從McClusky的需求幅度理論分析，前樂齡學習時期的高齡教育目標，比較偏向於高齡者個人休閒生活的滿足這個層次；相較而論，高齡者需求層次中之貢獻需求、影響需求與自我超越等需求，並未反映在這個時期任何相關的高齡教育方案上。由此可見，在前樂齡學習時期，臺灣高齡教育政策與實踐的目標是不夠均衡的，也是缺乏理論觀點的。

二、實施情況

長青學苑與老人大學的實施雖然名稱不同，但兩個機構都提供系統性的學習課程。若從其課程類型來看，發現前樂齡學習時期的學習內容，還是以休閒娛樂的學習型態為多。若由課程的實施方式來看，具有以下的共同點：

（一）開班上課為最常見的學習模式，休閒興趣課程為最主要的學習內容

在前樂齡學習時期，長青學苑與老人大學基本上是以「開班上課」為主要的模式，所開設的課程，乍看之下非常多元豐富，但是若從課程內容歸納其類型，可以發現老人大學或長青學苑的課程，其實只有一種類型，那就是以滿足老人休閒或嗜好興趣學習的課程為主，可以說是屬於McClusky滿足「個人興趣」需求的課程，其他如應付需求、貢獻需求、影響需求與自我超越需求等課程，多半付之闕如。可見臺灣高齡教

育課程實踐的內涵相當偏頗，未能滿足高齡者成功老化多元化的需求。

㈡學員背景以公教與退休人士居多，同質性頗高

前樂齡學習時期，哪些人比較會來參與高齡教育活動呢？由於各個機構並未有蒐集建置完整的統計資料，只有一些相關研究，如：何青蓉（1995）；林勤敏（2002）；莊雅婷、黃錦山、魏惠娟（2008）等曾經探討此一相關議題。以下舉兩份最近的調查資料為例，分析參與高齡教育者的背景。

莊雅婷、黃錦山、魏惠娟（2008）曾經針對前樂齡學習時期高齡教育的參與者進行調查，其所謂參與者是指近5年內參與過累積達3個月以上之高齡教育活動者。該研究總共寄發1,220份問卷，回收915份，剔除填答率未及50%的15份問卷，有效回收率為78%。從該研究的調查結果發現，高齡教育參與者的背景資料如下表3：

表3 參與高齡教育活動者背景資料分析

區 分	項 目	次 數	%
性別	女性	615	67.2
	男性	284	31.1
年齡	56-65歲	410	44.8
	66-75歲	272	29.7
	55歲以下	170	18.6
	76-85歲	44	4.8
	86歲以上	3	0.3
教育程度	專科或大學	363	39.7
	高中（職）	279	30.5
	國（初）中	136	14.9
	小學	72	7.9
	研究所	20	2.2
	自修識字	8	0.9
	不識字	7	0.8

（續下表）

區　分	項　目	次　數	％
婚姻狀況	已婚，與配偶同居	696	76.1
	喪偶	81	8.9
	與子女同住	27	3.0
	未婚	16	1.8
	離婚	9	1.0
	已婚，與配偶分居	8	0.9
退休前職業	家管	272	29.7
	教	170	18.6
	公	167	18.3
	商	106	11.6
	其他	69	7.5
	自由業	57	6.2
	工	42	4.6
	軍	19	2.1
	農林漁牧	13	1.4
經濟狀況	大致夠用	778	85.0
	相當充裕	38	4.2
	略有困難	28	3.1
	相當困難	6	0.7
目前收入來源	退休金	369	40.3
	過去儲蓄	174	19.0
	工作薪水	102	11.1
	子女供給	80	8.7
	其他	35	3.8
	政府津貼	10	1.1
健康狀況	大致健康	589	64.4
	患有慢性病	159	17.4
	非常健康	88	9.6
	經常生病	10	1.1
	其他	8	0.9

資料來源：莊雅婷、黃錦山、魏惠娟（2008）

再以覺元宏（2010）針對參與嘉義市長青學苑共445位學員的調查，結果發現參與者的背景如下表4：

表4　嘉義市長青學苑參與者基本資料統計表

個人背景變項	分　類	次　數	百分比（%）
性別	男性	167	37.53
	女性	278	62.47
年齡	50-55	5	1.12
	56-60	69	15.51
	61-65	72	16.18
	66-70	135	30.34
	71以上	164	36.85
教育程度	國小（含）以下	44	9.89
	國（初）中畢業	80	17.98
	高中（職）畢業	138	31.01
	大學／專科畢業	161	36.18
	研究所（含）以上畢業	22	4.94
原來職業背景	家管	103	23.15
	軍公教	234	52.58
	工商	59	13.26
	農林漁牧	10	2.25
	自由業	23	5.17
	其他	16	3.6
經濟狀況	很足夠	17	3.82
	夠用	377	84.72
	不太夠用	51	11.46
健康狀況	非常好	32	7.19
	還好	281	63.15
	普通	117	26.29
	不好	15	3.37
	非常不好	0	0%

（續下表）

個人背景變項	分　類	次　數	百分比（%）
參與長青學苑的年資	不到1年	78	14.83
	1-5年	227	43.16
	6年以上	140	26.62
我現在也有參加其他的	無參加其他學習機構	353	79.33
	社區大學	39	8.76
	樂齡中心	18	4.04
	日照中心	15	3.37
	識字學習教育	8	1.80
	其他	12	2.70
我參加其他學習機構的年資	不到1年	31	6.97
	1-5年	51	11.46
	6年以上	9	2.02
	以前都沒有參加任何其他老人學習活動	354	79.55

資料來源：覺元宏（2010）

　　上述兩份調查結果，發現參與高齡教育機構的高齡學習活動者，以女性居多（為男性的兩倍）；年齡層集中在55歲至75歲之間；教育程度在高中職以上的學歷占了七成左右；原先的職業背景以軍公教或工商業退休，以及家庭主婦居多。整體而言，健康與經濟背景良好、教育程度中上之「優勢高齡者」，為目前參與老人大學或長青學苑學習者的主要族群。真正年紀大的、經濟狀況不佳的、甚至身體狀況差的所謂「弱勢長者」，參與高齡學習的情形並不理想。

三、課程與經費

㈠課程類型

　　關於老人教育的課程及課程設計，國內相關的學術研究也不多見（黃政傑，1991；魏惠娟，1995）。現有能看見老人教育課程的資料，

多是網路上所呈現的各個老人大學或長青學苑的課程表，或者是零散的招生簡章所呈現的課程資料。以嘉義市長青學苑98學年度為例，其課程規劃如下表5：

表5　嘉義市長青學苑課程規劃

學　系	類　科
觀光語文系	英語、日語、國語等
文化藝術系	書法、國畫、西畫、彩墨、插花、手工藝、園藝等
休閒體育系	音樂、舞蹈、球類、攝影、旅遊、生態等
保健養生系	瑜伽、指壓、太極拳、健康等
資訊生活系	電腦、網路、法律、財經、美容、環保等

資料來源：嘉義市98學年度長青學苑招生簡章

　　該學苑98學年度共計開出47門課，歸納長青學苑的課程，雖有學系的分類概念，但是由於缺乏課程規劃的理論與相對應的教育目標，根據McClusky的理論分析，還是以傳統的興趣課程為多，例如：英語初級與高級課程；日文初、中、高與進階課程；書法初、中、高課程；國畫初階與進階班等。

　　其次，以臺北老人社會大學為例，98學年度共計開設41門課程，如：智慧養生、國畫、日語、國臺語歌曲教唱、優游快樂繪畫技巧班、太極拳鄭子37式等。這些課程雖然多采多姿，豐富多元，但整體而言，仍然偏向於興趣取向的課程。

　　再以高雄市長青學苑為例，共開設通識及專業課程兩類。通識課程為必修，每人每學期至少須上3小時。專業課程包括：語言類、文史類、法律類、藝術類、花藝類、音樂類、舞蹈類、體育類、健康醫學類、資訊類、心靈成長與樂齡學習類，仍然以個人的興趣課程為多，但是健康醫學、心靈成長與樂齡學習等類型，則有別於前述其他機構的課程類型。

最後，以歷史也很悠久的臺東社教館附設老人社會大學為例，其課程分成下列三種科系級課程：1.語文學系：國語、英語、日語、電腦；2.藝術學系：素描、書法、國畫、陶藝、舞蹈、樂器、歌唱；3.共同科目：老人心理、衛生保健、生活禮儀、角色調適、法律常識、環保教育等。上述類型除了共同科目外，仍是以興趣類型的課程為多。

綜合以上幾個有代表性的高齡教育機構所提供的課程分析結果，發現各機構雖有開課類型的區分，不過，這些類型其實同屬於興趣或嗜好類的課程。高雄長青學苑及臺東的老人社會大學，開始有「必修課程」的概念，是比較有「觀點」的設計，只是並未說出是基於什麼觀點的「必修課」之規劃。特別是臺東老人社會大學的共同科目，看起來比高雄長青學苑的通識課程，更清楚的呈現出這些是未來高齡者生存所必要學習的課程，只是仍然未說明如此規範課程類型的理論基礎為何。綜合言之，前樂齡學習時期的高齡教育課程，類型不夠多元，且多半沒有理論觀點作為課程規劃的依據。

㈡經費

前樂齡學習時期高齡教育的經費方面，多半是以政府補助為主，視高齡者的年齡，規劃差異的部分收費原則。以高雄市長青學苑為例，其收費標準為：年滿55歲至59歲，每科每學年（兩學期）收費1,000元；年滿60歲至64歲，每科每學年（兩學期）收費500元；年滿65歲以上者免費。其餘主要的經費來源為社會局的補助，以高雄市長青學苑2009年的開課情形為例，共開設490班，每一班補助60,000元，總計補助29,400,000元。然內政部對於補助長青學苑的規範很清楚，直轄縣市補助標準係依據轄區內老人的人口數來核算，高雄市65歲以上人口於2009年總計136,716人，根據內政部的補助標準最多只能補助250萬元。

臺北市老人社會大學採取會員制，收取會費，不收學費，但是報名時收取報名費、鐘點費與行政費，參與每一班級需繳納報名書表工本

費、指導老師鐘點費及行政費用等共2,000元。所需教材、書籍及班內必需支出（班費）等費用，再由各班自行依需要辦理。臺北市長青學苑的經費，是由市政府補助講師鐘點費每小時700元；總計每季以112,000元（含電腦班）為講師鐘點費補助上限。

先前曾有學者調查老人教育機構的經費來源及其比例與收費方式（魏惠娟、黃錦山、莊雅婷，2007），結果發現有一半以上的老人教育機構會向學員收費；大約七成的老人教育機構是以「政府補助多寡」作為收費的決定因素，如下表6。

表6 老人教育機構收費決定因素

	機構＝300	
	次數	％
視政府補助情況而定	202	67.3
視課程性質而定	97	32.3
視學員年齡而定	83	27.7
視學員社經地位而定	59	19.7
視學員參與情形而定	54	18.0
其他	26	8.7

資料來源：魏惠娟、黃錦山、莊雅婷（2007）

政府對老人教育機構的補助，相當地影響機構的運作。目前老人教育機構的經費來源大多仰賴「政府社會福利部門」的補助，有四分之一的機構接受政府補助其總經費的91～100％，其次為機構的自籌款項，只有十分之一的機構會透過活動成果增加經費收入，民間捐款贊助老人教育更屬少數。可見臺灣老人教育機構的經費來源相當倚賴政府的補助，如下表7。

表7　機構經費來源比例

| | 老人教育機構＝306 | | | | | | | | |
| | 自籌款項 | | | 政府補助 | | | 民間捐助 | | 其他 |
	單位預算	學員學費	活動成果收入	社福部門	教育部門	民間團體	基金會	社會大眾	其他
91-100%	10.5	9.7	0.6	25.0	2.6	2.9	1.0	1.9	2.6
81-90%	0.3	1.9	0	1.0	1.0	0	0	0	0
61-70%	1.3	1.9	0	1.9	0.3	0	0	0	0
51-60%	0.7	2.3	0	1.9	0.6	0	0	0	0
41-50%	2.9	5.8	0	8.8	1.0	1.3	0	0	0
71-80%	1.3	1.9	0	7.5	1.0	1.0	0	0	0.3
31-40%	2.3	2.6	0	2.6	1.0	0.6	0	0	0
21-30%	8.2	5.8	0.3	7.8	1.0	1.0	0.6	0.6	0.6
11-20%	10.1	7.8	1.3	3.9	0.6	4.2	1.0	1.9	0.3
1-10%	13.4	13.6	8.4	11.0	8.1	11.4	6.5	11.4	7.8
完全沒有	49.0	46.4	89.3	28.6	83.4	77.6	90.9	84.1	88.3

資料來源：魏惠娟、黃錦山、莊雅婷（2007）

　　大約有27.7%的機構，認為學員年齡是機構決定是否收費的因素，特別是針對65歲以上者給予「完全免費」的比例達34.4%，遠超過未滿65歲以上的19.9%，如下表8。

表8　不同年齡之收費規定

| | 機構＝292 | | 機構＝305 | |
| | 對未滿65歲的老人 | | 對65歲以上的老人 | |
	次數	%	次數	%
完全免費	58	19.9	105	34.4
部分活動收費	168	57.5	166	54.4
所有活動都收費	66	22.6	34	11.1

資料來源：魏惠娟、黃錦山、莊雅婷（2007）

　　整體而言，老人大學或長青學苑的經費來源，主要以政府補助及學員繳費為主。就老人教育長期的推動而言，以核算人頭的方式來補助經費，或者需要透過收費的方式來參與，可能仍然繼續為「優勢高齡者」提供學習機會，相對的限制了更多高齡者參與學習的可能。

四、專業人力

　　關於前述高齡教育的辦理人員，主管機關並未有正式統計資料或相關的專業背景規範。以老人大學為例，一般多是由退休人士來經營管理，多數是由老人服務老人。先前的研究曾經針對臺灣地區老人大學、長青學苑、松年大學及老人會等機構做調查，了解其辦理高齡教育的情況（莊雅婷、黃錦山、魏惠娟，2008）。調查結果發現，有一半以上（53.8%）的老人教育機構行政人員並未受過專業培訓。不僅老人教育行政人員的專業培訓需要加強，針對老人教育師資的教學培訓也不足，有五成的老人教育機構並沒有辦理或提供任何關於教學知能培訓的課程或訊息，只有大約10.2%的機構「有專為其所屬教師提供培訓課程」，如下表9。

表9　高齡教育機構提供教師培訓情形

	機構＝275	
	次數	%
未提供任何培訓與訊息	152	55.3
提供培訓訊息並鼓勵參與	77	28.0
提供培訓課程	28	10.2
其他	18	6.5

資料來源：莊雅婷、黃錦山、魏惠娟（2008）

　　老人教育師資來源有超過60%是「社區中學有專精人士」，而「具有中小學教師資格的專業人士」也占了42.6%，顯示政府應該更積極地

加強培訓即將退休的學校教師，養成其高齡教育的知識，以提升未來退休教師人力再運用的可能性，如下表10。

表10　高齡教育機構師資來源

	機構＝296	
	次數	％
社區中學有專精人士	188	63.5
具有中小學教師資格的專業人士	126	42.6
志願者	121	40.9
大學教師	44	14.9
其他	22	7.4

資料來源：莊雅婷、黃錦山、魏惠娟（2008）

　　針對老人教育工作者的專業培訓，無論是行政人員或是教師都相當缺乏。以最近一份調查研究為例，該研究目的在探討高齡教育工作者的課程規劃能力　（魏惠娟、施宇澤，2009）。研究對象以女性占多數（63.1%）、年齡層以36至55歲為主（55.4%）、教育程度則為大專以上居多（68.2%）。　經交叉分析後顯示，大專程度的中年女性為最主要的實務工作者（37.1%）。此外，研究對象主要來自民間團體、社區大學與學校（51.8%）。在工作職務方面，專職行政人員占了32.8%，志工為24.1%。在培訓經驗方面，該研究對象有52.8%未曾接受過任何相關培訓，曾經接受超過40小時的培訓者只有14.9%。在規劃經驗方面，只有28.7%的研究對象有一年以上的規劃經驗。交叉分析結果發現，該研究中有65.1%的工作者，並無任何規劃經驗或培訓經驗。研究對象背景，整體情形如下表11。

表11 高齡教育工作者課程規劃能力研究對象基本資料

類別	組別	人數	百分比
性別	男性	72	36.9
	女性	123	63.1
年齡	0-35歲	43	22.1
	36-55歲	108	55.4
	56歲以上	41	21.0
	（未填答）	3	1.5
教育程度	國中小學	16	8.2
	高中職	42	21.5
	大專以上	133	68.2
	其他	2	1.0
	（未填答）	2	1.1
受訓時數	0小時	103	52.8
	1-20小時	43	22.1
	21-40小時	20	10.2
	41-100小時	24	12.3
	101小時以上	5	2.6
規劃經驗	0年	102	52.3
	1年以內	37	19.0
	1-3年	24	12.3
	3-5年	14	7.2
	5-10年	16	8.2
	10年以上	2	1.0
服務機構	老人專屬機構	28	14.4
	安養醫療單位	4	2.1
	政府單位	30	15.4
	民間團體社區大學	67	34.4
	學校	34	17.4
	多重機構	18	9.2
	（未填答）	14	7.1

（續下表）

類別	組別	人數	百分比
工作職務	管理者或主管	35	17.9
	專職人員或行政人員	64	32.8
	志工	47	24.1
	講師或教學者	9	4.6
	其他多種職務角色	34	17.4
	（未填答）	6	3.2

資料來源：魏惠娟、施宇澤（2009）

另外一份研究是以高齡教育教師為調查對象，探討其高齡教學的專業能力情形，研究結果與針對高齡教育工作者所做的調查結果一樣（曾瓊瑤，2010）。在225位研究對象中，只有22%的教師曾經參與高齡教育相關研習；有25%的教師學歷為國高中；另外有29.5%的教師在高齡教育方面的教學年資在3年（含）以下，整體高齡教育專業知能情形並不理想。實務工作者的專業知能程度與培訓情形，或許可以解釋高齡教育課程一直未能創新或深化的原因。

第四節　臺灣高齡教育實踐的問題與省思

回顧前樂齡學習時期臺灣高齡教育的實踐情形，從教育目標、實施系統、相關政策、課程、經費、專業人力來分析，可以歸納出臺灣前樂齡學習時期的高齡教育存在著下列的問題：

一、90年代老人教育實施計畫推出時機非常合適，但教育主管機關未能緊接著提出行動性的實施方案，殊為可惜

教育部於1989年，根據第六次全國教育會議的結論，訂定老人教育實施計畫，但是並未同時提出創新的實踐方案。接著於1991年頒布的「發展與改進成人教育五年計畫」，其中雖揭示老人教育的重要，但該計畫並非專為老人所提出。當時為臺灣進入高齡化社會前兩年，政府若

能及早看見「高齡化」的速度，仔細規劃高齡教育的實踐，至今近20年來的實施，應該更有助於中高齡者對於高齡期的準備。可惜，當時教育主管單位並未有「看見未來」的眼光，掌握這個時機。

二、民間組織率先辦理高齡教育，政府社會福利部門接著支持高齡教育的實施

教育部門錯過1989年及1990年的關鍵時機，整整慢了20年，嚴重影響高齡教育實踐的發展。綜前所述，從1978年的青藤俱樂部開始算起，臺灣老人教育的提供者，可以說是由民間組織首先辦理，如：基督教女青年會、佛教慈航福利基金會等。政府部門辦理老人教育，最持續有成效的就是1982年與1983年起，分別由高雄市政府與臺北市政府相繼設置的長青學苑開始。高雄市政府是由社會局與高雄市基督教女青年會合作，臺北市政府則由社會局直接辦理。高雄與臺北的長青學苑之設置，帶動了臺灣各縣市長青學苑的先後設置，揭開了老人教育系統的發展。如前所述，教育部門一直未能及早關心高齡教育議題，好不容易有了起頭，卻又不知何故未能持續，致使教育部門在臺灣高齡教育的實踐上整整慢了20年，影響不可謂不大。

三、高齡教育的課程規劃，缺乏理論的基礎與均衡的目標，是臺灣高齡教育實踐上另一嚴重的問題，也是未來最大的挑戰之一

無論是老人大學或長青學苑的實施，其課程類型都是以電腦、語言、歌唱、運動、舞蹈、手工藝等休閒興趣課程為最多，多年來並無太大的改變；學員背景以公教人士或家庭主婦居多，形成學習參與的主要族群。至於高齡教育課程規劃的觀點為何，並未有研究或理論基礎。

四、老人學習活動類型偏向傳統「機構式」的學習，也就是以「開班上課」為最主要實施類型，比較缺乏變化與創新

前樂齡學習時期的高齡教育活動，多以機構式的學習為主。所謂機

構的學習方式，是以「開班上課」式的活動最常見，大約占了七成以上（莊雅婷、黃錦山、魏惠娟，2008）。從長青學苑到老人大學，都是類似的學習安排。由學員自主規劃、自我導向的學習設計之教育方案，並不多見，是值得探討的問題。臺灣的高齡者為什麼沒有辦法像英國的第三年齡大學一樣，自主規劃與進行自己的學習管理呢？他們是「不會」或是「不想」呢？到目前為止，高齡者的學習型態與傳統的教室內學習非常類似，值得探討箇中原因，究竟是文化造成的差異，或是在高齡教育機構經營策略下所引導產生的問題呢？

五、內政部對於高齡教育經費的補助已經建立規範，高齡教育的實施並不會因人而異或政隨人轉；教育部才開始系統的提供樂齡學習機會，若在經費的補助上缺乏明確的制度保障，樂齡學習政策的實踐將很難持久

　　長青學苑的設置，由於有實施要點之頒布，使主管單位得以有編列經費申請補助的依據，例如：臺北市長青學苑編列給講師的鐘點費達760元，相當於大學教師的水準，可見臺北市對於辦理長青學苑的企圖心。經費的保障可以說是長青學苑能持續發展與成長的關鍵之一，長青學苑在臺灣過去高齡教育的發展上是一大重要支柱。

　　此外，根據調查，高齡教育的辦理者多認為高齡教育經營的困境在於「經費不足」，調查也發現超過九成的人認為政府應該「寬列老人教育經費」（魏惠娟、黃錦山、莊雅婷，2007）。雖然經費保障未必能創新方案，但是至少能使方案維持。基於人口高齡化的速度很快，在鼓勵老人參與學習的前提下，政府部門一定要確立經費補助的原則。從長青學苑的發展，可以看出政府經費的挹注，對於老人教育的持續辦理，影響至鉅。

六、高齡教育的創新突破，在於高齡教育工作者的專業能力提
　　升，先前無論是經營者或課程規劃者以及講師，均未有足夠
　　的高齡教育專業培訓，對於高齡教育目標與課程實踐的創新
　　都是一大阻礙

　　高齡教育實施的創新基礎在於「觀念」的提升，觀念提升的關鍵
又在於承辦人員的專業能力。前述的調查研究發現，承辦高齡教育活動
者，有超過半數未曾參與任何與老人教育相關的培訓，同樣有超過半數
的機構雖然辦理高齡教育課程，卻未曾為教師提供任何與老人學習專業
有關的培訓。

　　高齡教育一直未能朝專業化方向發展是創新的阻礙。以長青學苑為
例，雖有政府經費持續的挹注，使長青學苑的經營可以維持，成為政府
在高齡教育辦理上的一大政績。然而，從長青學苑的課程設計、參與者
的背景看來，30年來似無太大的突破。由於政府對於經營者的資格沒有
規範，經營者多未有老年學的素養，沒有建立學員以及課程的長期資料
庫，相關的比較研究很缺乏，長青學苑與世界各國老人教育沒有足夠的
交流，國內各長青學苑之間也沒有太多的聯繫。

　　由於長期統計資料的闕如，長青學苑的歷史雖然悠久，卻未能因
為臺灣少子高齡化社會的來臨，鞭策政府或社會大眾對於高齡教育更關
切與重視。長青學苑的經營策略也沒有與時俱進的創新突破，使得30年
來，長青學苑停格於「申請補助，開班授課」的固定模式，殊為可惜。
這種現象與長青學苑的負責人或政府單位的業務主管，對於「高齡教
育」缺乏專業的意識，有密切的關係。

七、綜合高齡教育的系統、政策、課程與實施的相關研究看來，
　　臺灣高齡教育本土化的基礎研究相當不足，這是因應高齡社
　　會相當不利的因素

　　臺灣高齡教育的實施，始於30年前的長青學苑，而臺灣於1993年

才進入高齡化社會，其實高齡教育實務工作的開始相當早，不過，由於缺乏理論基礎研究，因此，高齡教育的實務工作，除了開班授課、除了電腦、技藝、語文的學習外，很難有創新模式，各老人教育實務機構也未建立相關的資料，可以供國內外參考。長久以來，實務工作者缺乏理論基礎，對於高齡教育的觀點、課程與參與者的研究就一直很弱。

第五節　臺灣高齡教育的發展：樂齡學習政策的發軔

　　關於高齡教育的辦理，其實教育部早在1991年「發展與改進成人教育五年計畫」中，就揭示「老人教育」是成人教育的主要對象之一。但是，當時對於人口結構少子高齡化的論述，或者是先進國家高齡社會的趨勢與對策之探討，並未形成社會上重視的議題，也不是學者研究的重點。所以，老人教育在當時成人教育發展計畫中，並未能成為主要的政策方案。

　　教育部門對於高齡教育的辦理，在1989年與1993年也有一些補助辦法的訂定，可惜也未形成重點政策。值得注意的是，1993年是臺灣高齡人口達於7%、正式進入「高齡化社會」的一年，可惜當時無論政策或研究，都未有關於高齡教育的廣泛論述，以致不能引起普遍的注意。

　　教育部門對於高齡教育的重視，應該是從2006年老人教育政策白皮書的頒訂才開始，算是有了明確的政策宣示。2007年時，教育部又推出利用閒置校舍辦理高齡教育的辦法，開始比較具規模地推動「高齡教育」方案。在白皮書的政策引導、以及利用閒置校舍試辦計畫的成功激勵之下，教育部社教司於2008年開始的樂齡學習資源中心實施計畫，可以說是更大規模、更全面的高齡教育政策實踐。

　　整體而言，從2006年老人教育政策白皮書的頒訂開始，高齡教育漸漸地從一個福利取向的角色，朝向樂齡學習全面開展的方向發展。此

第二章　臺灣高齡教育的回顧：前樂齡時期的實踐

35

一從福利取向擴展到樂齡學習的演進趨勢，從下列教育部門對於高齡教育的推動方案化，可以窺其梗概：

一、1989年

教育部依據第六次全國教育會議結論：「建立成人教育體系，以達全民教育及終身教育目標」，訂定「老人教育實施計畫」。

二、1993年

社教司研訂「教育部八十二年度獎助辦理退休老人教育及家庭婦女教育實施要點」，規劃於臺閩各鄉鎮市開辦老人學苑與婦女學苑，每鄉鎮市一班為原則，一班約35人，共計開設738班，每班補助39,800元，由各縣市政府選擇合適單位辦理。

三、2006年

教育部頒訂「邁向高齡社會：老人教育政策白皮書」，以終身學習、健康快樂、自主與尊嚴及社會參與為四大政策願景，積極規劃推動老人教育活動，教育部門由於白皮書的頒訂，開始引導社會辦理更有系統的老人教育活動。

四、2007年

教育部訂定「教育部補助設置社區終身學習中心實施要點」，目的是在利用國中小閒置空間，設置「高齡學習中心」、「社區玩具工坊」，以及「新移民學習中心」，前兩者與高齡學習有關。該計畫雖屬於試辦性質，但由於試辦的成功，導致後續樂齡學習政策的全面開展。

五、2008年

教育部又頒訂「教育部設置各鄉鎮市區樂齡學習資源中心計畫」，整合教育資源，建立社區學習據點，鼓勵老人走出家庭到社區學習。該

計畫結合地方公共圖書館、社教機構、社區活動中心、里民活動中心、社區關懷據點及民間團體等機構，預計分3年規劃設置368鄉鎮市區「樂齡學習資源中心」。第一年設置104個，第二年設置202個，第三年則設置了209個樂齡中心，目的在建立一個活力老化的高齡社會。

六、2010年

教育部推動「99學習行動年」，爲配合行動年的方案，滿足不同階段、不同程度的老人之學習需求，並開發多元創新的學習模式。教育部自2010年2月起，多次召集專家學者、縣市代表及民間團體代表，根據2年的實施情形，調整修正並研商第三年「樂齡學習計畫」，歷經半年的研商，修改形成「教育部補助設置各鄉鎮市區樂齡學習中心實施要點」，成爲繼續推動樂齡學習的辦法依據。第三年的樂齡中心實施要點之特色爲：普遍設置、不重複申請、課程有規範、朝向自主社團的經營、應用現有儲備教師與退休教師、強化樂齡教育師資專業培訓等，使臺灣高齡教育發展又向前邁開一大步。

七、2010年

第八次全國教育會議的第十項議題「終身學習與學習社會」第三項子議題中，提出「推展高齡學習，因應高齡社會來臨」的八項決議：㈠政府之教育政策及經費應依高齡人口增加適時調整；㈡主動與其他政府部門整合高齡教育之政策、實施策略與經費資源；㈢消除社會對老人之偏見與歧視行爲；㈣大學院校宜進行高齡教育之研究、人才培訓與學習機會之提供；㈤高齡學習機制之創新；㈥輔導及鼓勵發展高齡學習自助團體；㈦運用學校因少子化而產生之閒置教室、空間及設置，作爲高齡教育學習場所；㈧廣設「樂齡大學及樂齡中心」，研議設置「高齡學研究中心」，培植專業人力，並研發多元教材及創新學習模式。尤其是「廣設樂齡大學與樂齡中心」的建議，相當能夠反映樂齡

學習政策的受到肯定與重視。

　　綜上所述，中央教育主管機關比較有系統的推動高齡教育政策，可以說是始於90年代，特別是在老人教育政策白皮書公布之後，迄今雖只有短短的幾年時間，但是高齡教育的實施，卻比90年代之前產生更大的影響力。人口結構高齡化的現象，以及高齡者參與學習的重要，更被普遍的重視。關於高齡教育的實施觀點與策略之論述也愈來愈清晰，原因除了社會福利學者對於「老人照顧」的持續呼籲與探討（田曉齡，2004；李世代，2000；呂寶靜，1999，2008），使得老人議題更逐漸被重視。另一重要原因是國內高齡教育的專業研究機構，如：高齡者教育研究所及高齡教育研究中心的設置，相關的研究與出版愈來愈多，高齡教育的理論與實踐逐漸成為成人教育的核心之一，也漸漸獲致實務界以及研究單位的注意。

　　教育部門在高齡教育的投資慢了20年，教育部門對於高齡教育方案的規劃與實施，最有系統的可以說是樂齡學習資源中心的設置。連續3年的系統經營、培訓、訪視、交流與輔導，逐步確立了高齡教育的目標與課程相關性。2年的實踐，創造了「樂齡」一詞，開拓了經營者的觀點與執行策略，建立了高齡教育中心經營的標準化作業流程，逐步梳理出高齡教育的目標、課程與兩者的關係。更重要的是，樂齡中心課程的規劃開始有了理論基礎，McClusky的需求幅度理論被引進樂齡中心的課程規劃，使樂齡學習課程更為均衡地顧及高齡族群基本生存、興趣表達及貢獻影響的多元需求。

第六節　結論與建議

　　綜觀臺灣高齡教育的發展，樂齡學習政策是一個嶄新的政策，在此之前，高齡教育的實施，多半是由社政單位扮演重要的角色，福利取向的高齡教育成為前樂齡學習時期主要的支柱。整體而言，福利取向的高

齡教育政策與實踐，對臺灣的高齡學習功不可沒。然而不容諱言，長期以來的實施卻也遭遇許多需要突破的瓶頸，以及有待克服的問題。尤其是從實踐內容的深化及專業品質的提升等層面而言，高齡教育政策與實踐還有許多需要努力的地方。

　　本章的主要目的，是要分析臺灣前樂齡學習時期高齡教育政策與實踐的發展，希望為高齡教育的演進找出一條脈絡，並且透過結構運作與課程內容分析，了解過去高齡教育實踐上的發展及其問題。從本章的分析，了解了臺灣前樂齡時期高齡教育的演進，以及其中所產生的問題，期望透過對問題的探討與省思，可以為未來樂齡學習政策的發展，找到一些新的方向與出路。茲將本章的結論與建議分述如下。

一、結論

㈠臺灣高齡教育政策需要看見未來的眼光，以及長期整體的規劃

　　20年前，當臺灣進入高齡化社會時，政府教育部門就應看見高齡社會的趨勢，而且就應該提出一套完整的高齡教育政策，研擬出高齡教育中長程發展計畫，以迎接高齡化社會的到來。20年過去了，我們只看到政府社政部門的長青學苑，以及少數地方政府（如新北市）和民間組織的老人大學（松年大學）默默耕耘，長期為高齡教育做出貢獻。我們始終期盼教育主管機關重視高齡教育，提出有效的對策，以因應高齡社會的發展。

　　再過6年左右的時間，即2017年時，臺灣即將正式進入高齡社會，高齡人口將達到14%；再過14年左右，即2025年時，臺灣將成為超高齡社會，屆時高齡人口將達到20%，每5位國民當中就有一位是高齡者。面對如此快速高齡化的趨勢，教育主管機關實應儘速提出完整的高齡教育政策，輔以長期推動的計畫，才能有效因應高齡社會的到來。政府有關部門不能再忽視人口老化現象，以及高齡人口的學習需求。

㈡臺灣高齡教育的政策與實踐的脈絡，將逐漸由福利取向邁向樂齡學
　習全面開展

　　前文曾經分析，在樂齡學習政策出現之前，臺灣高齡教育的政策與
實踐，主要是由社政部門扮演推動的角色，從高雄市、臺北市相繼設立
長青學苑至今，此類福利取向的高齡教育機構，已經成為臺灣過去30年
來高齡教育的主流。反觀教育主管機關對於高齡教育的推動，則顯得乏
善可陳。

　　不過，從老人教育白皮書公布以來，尤其是從樂齡學習政策推動以
來，遍及全臺的樂齡中心、國民小學樂齡班，以及各大學院校的樂齡學
堂（樂齡大學），開始提供了長青學苑以外的學習管道。這些管道雖然
方興未艾，尚不足以論及成效，且實踐方面亦有諸多問題有待克服。但
是，無論如何，由於課程規劃擁有理論基礎，參與人員擁有完整培訓，
整體經營指標十分健全，空間設施遍及鄉里，高齡者可以就近參與，相
當近便與普及。此一脈絡顯示，臺灣高齡教育的政策與實踐，將逐漸由
福利取向邁向樂齡學習，全面開展，成功老化的願景指日可待。

㈢前樂齡學習時期的高齡教育雖有貢獻，然而在整體實踐方面仍存在
　諸多問題

　　在前樂齡學習時期的高齡教育政策，主要是以福利取向和民間參
與為支柱。過去這些年間，以長青學苑及老人大學為主體的高齡教育實
踐，雖然對臺灣的老人提供了許多學習機會，對高齡教育貢獻良多。然
而，不容諱言，該時期的高齡教育實踐仍存在著諸多問題。

　　首先，在教育目標方面，從McClusky的需求幅度理論分析，前樂
齡學習時期的高齡教育目標，比較偏向於高齡者個人休閒生活的滿足這
個層次；相較而論，高齡者需求層次中之貢獻需求、影響需求與自我超
越等需求，並未反映在這個時期任何相關的高齡教育方案上。由此可
見，在前樂齡學習時期，臺灣高齡教育政策與實踐的目標是不夠完整
的，同時也是缺乏理論觀點的。

其次，在課程方面，前樂齡學習時期，長青學苑與老人大學基本上是以「開班上課」為主要的模式，所開設的課程乍看之下非常多元豐富，但是若從課程內容歸納其類型，可以發現老人大學或長青學苑的課程其實主要只有一種類型，那就是以滿足老人休閒或興趣學習的課程為主，可以說是屬於McClusky滿足「個人興趣」需求的課程，其他如應付、貢獻、影響與自我超越需求等課程，多半付之闕如。可見臺灣高齡教育課程實踐的內涵亦相當偏頗，未能滿足高齡者成功老化多元化的需求。前樂齡學習時期的高齡教育課程，多半沒有理論觀點作為課程規劃的依據。

第三，在參與對象方面，前樂齡學習時期參與的對象不夠多元。根據前文的分析，參與高齡教育機構的高齡學習活動者，整體而言，以健康與經濟背景良好、教育程度中上之「優勢高齡者」為目前參與老人大學或長青學苑學習者的主要族群。真正年紀大的、經濟狀況不佳的、甚至身體狀況差的所謂「弱勢高齡者」，參與高齡學習的情形並不理想。

第四，在經費方面，長期以來，高齡教育的推動，相當仰賴政府經費的挹注。政府對老人教育機構的補助，相當影響機構的運作。目前老人教育機構的經費來源大多仰賴「政府社會福利部門」的補助，其次為機構的自籌款項，只有十分之一的機構會透過活動成果增加經費收入，民間捐款贊助老人教育更屬少數。可見臺灣老人教育機構的經費來源相當倚賴政府的補助。

第五，在專業人力方面，前樂齡時期的高齡教育工作者，多半未受過高齡教育專業培訓。前述的研究曾經發現，有一半以上（53.8%）的老人教育機構行政人員並未受過專業培訓。不僅老人教育行政人員的專業培訓需要加強，針對老人教育師資的教學培訓也不足，有五成的老人教育機構並沒有辦理或提供任何關於教學知能培訓的課程或訊息。可見專業培訓不足，是臺灣過去辦理高齡教育的一大問題，長此以往，將嚴重影響高齡教育品質的提升。

㈣樂齡學習政策雖然開啓了一個新的里程碑，但還需要時間在地生根
與永續發展

　　從老人教育白皮書公布以來，尤其是從樂齡學習政策推動以來，
樂齡學習活動逐漸在大學及各鄉鎮市區展開，爲高齡學習開啓了一個新
的里程碑。然而同樣不容諱言，此一政策雖然初具成效，且頗受樂齡族
群歡迎，但是若要全面邁向樂齡學習開展，還需要一些完整的配套，例
如：樂齡學習法規的制定、主政者的支持、樂齡學習中長程計畫的編
訂、尤其重要的是樂齡經費的投資。

　　樂齡學習政策的全面開展，是未來高齡社會必須面對的一項事實。
20年前當臺灣進入高齡化社會時，教育主管機關錯過了政策主導的時
機，但是眼看6年之後，臺灣就要正式進入高齡社會，希望政府要正視
高齡教育的重要性，莫再疏忽此一關鍵趨勢及政策議題。樂齡學習政策
不僅需要完整配套，更需要時間才能在地生根及永續發展。

二、建議

㈠因應人口高齡化趨勢，教育部宜儘速研擬樂齡學習整體政策與中長
程計畫，建立樂齡學習體系

　　前樂齡學習時期，高齡教育的推動，社政單位及民間組織扮演了重
要的角色。近幾年來，當老人教育白皮書發布之後，樂齡學習逐漸成爲
教育部的一項重要政策。目前雖然已有樂齡大學、樂齡中心及國小樂齡
班的設置，但整體而言，從政策發展的角度來看，樂齡學習體系仍然不
夠完整，目前也看不到教育主管機關對樂齡學習政策的長期規劃和積極
承諾。

　　因應人口高齡化的快速發展，建議教育部宜儘速研擬樂齡學習整
體政策與中長程計畫，以建立樂齡學習體系，長期推動樂齡學習活動。
整體樂齡政策中，宜包括高齡教育相關法規的修訂、樂齡學習中長程發
展計畫的研訂、樂齡學習機構體系的建立、樂齡推動人才的培養，以及

樂齡學習內容的創新，以突破以往教室上課的單一模式，俾能藉由專業素質的提升，開創高齡教育的新境界，打造臺灣成為一個成功老化的社會。

㈡加速培養樂齡學習人才，提升樂齡教育工作者的專業素質

前樂齡學習時期並非沒有高齡教育活動，但綜觀高齡教育的長期發展，各項問題的產生都有一個共同的原因，那就是高齡教育工作者的專業素養不足。前文分析的種種問題，可以說都是起因於高齡教育工作者的專業素養和訓練的不足。

面對未來高齡社會的到來，建議教育主管機關除了趕快研訂一套樂齡學習政策和計畫外，首要之務就是儘速培養未來6至14年高齡社會、甚至超高齡社會所需要的人才。高齡教育人才可分為長期和短期兩種類型培養，長期的人才培養，教育部應鼓勵大學院校設置高齡教育相關系所，或開設高齡學習相關學程，以培養專業的高齡教育工作者；短期的人才培養，教育部可以委託大學或專業機構辦理樂齡人才培訓，鼓勵取得專業證書，參與各種類型的樂齡學習服務。

㈢高齡教育經費宜根據高齡人口增加比例而調整

根據前文的分析，前樂齡學習時期大多數的高齡教育機構，在經費方面均係仰賴政府補助。而當政策逐漸擴展向樂齡學習發展時，此一情況似乎並未因此而改變。換言之，目前所有的樂齡學習課程及活動，幾乎同樣還是仰賴政府經費的補助，民間參與或私人企業贊助的比例微乎其微。長此以往，將不利於樂齡學習的發展。

因此，建議未來高齡教育經費宜根據高齡人口增加比例而調整。高齡教育經費的來源，一方面需要政府經費的擴充；另一方面，應該開始啟動民間機制的參與，讓民間力量也被激發，共同投入高齡社會的準備工作。甚至隨著高齡人口整體素質的提升，未來朝向使用者付費的學習觀念發展，亦是合理的方向。總之，依據高齡人口增加的比例，調整擴

充高齡教育的經費，並且鼓勵民間負起高齡學習推動的責任，應該成為政府施政的共識。

㈣樂齡學習課程規劃應以成功老化為願景，以老年學相關理論作為基礎，全面平衡地實施

　　前樂齡學習時期課程實踐方面最大的問題，就是沒有適當的願景和理論的依據，以致多年來課程內涵與實施模式沒有多大變化。老年人的需求既是多元的，未來樂齡學習的課程就應該根據老年人的多元需求進行規劃。

　　整體而言，成功老化的概念，完整的涵蓋了老年人生理的健康、心理的愉悅，以及社會的參與，可以作為未來課程規劃的願景。而McClusky的需求幅度理論，也完整地論述了高齡者在晚年的各種需求，可以作為未來課程規劃的理論依據。

㈤開發新的樂齡學習族群，尤其需要擴充弱勢高齡者的學習機會

　　一切高齡教育的政策規劃及體系建立，無非均是希望為高齡者提供學習機會及貢獻的管道，讓其可以度過一個有意義、有尊嚴的幸福晚年。但是縱觀前樂齡學習時期的參與者，基本上是以退休公教人員為多；換言之，在社經地位、教育程度及身心障礙等方面真正弱勢的高齡者，在過去並沒有足夠的學習機會。

　　因此，展望未來，樂齡學習政策的規劃，務必考慮弱勢高齡者的處境，為其提供較多的學習機會，使高齡學習機會亦能朝向「教育機會均等」的方向發展。樂齡學習中心普設在各個鄉鎮市區，在方向上是非常正確的，可以為偏鄉地區和基層的老人提供就近學習的機會。期望未來的每一項樂齡學習計畫都能開發新的樂齡學習族群，尤其要考慮到弱勢高齡者的需求，以建立真正符合社會正義的高齡社會。

　　（本章修改自成人及終身教育學刊，17期，頁1-32之論文：臺灣2008年樂齡學習實施之前高齡教育實踐的問題與省思。）

參考文獻

內政部統計處（2009）。老人福利服務。檢索日期：2010/8/12，取自 http://sowf.moi.gov.tw/stat/year/y04-16.xls

王素敏（1997）。老人的休閒滿意及其休閒教育取向之研究。國立高雄師範大學成人教育研究所碩士論文，未出版，高雄。

田曉齡（2004）。獨居老人福利輸送認知、使用情形、滿意度及其影響因素之探討──以澎湖縣為例。國立中正大學社會福利所碩士論文，未出版，嘉義。

何青蓉（1996）。臺閩地區老人識字教育學習者特性之探討及其意涵。高雄師範大學學報，7，1-22。

呂寶靜（1999）。老人安養政策。載於胡勝正（主編），老人問題與政策研討會論文集，頁241-262。臺北：中央研究院經濟研究所。

呂寶靜（2008）。因應臺灣邁入高齡社會之對策。臺灣近二十年來的家庭結構變遷。發表於臺灣社會福利學會2008年年會暨「新世紀社會保障制度的建構與創新：跨時變遷與跨國比較」國際學術研討會。嘉義：國立中正大學。

李世代（2000）。長期照護需求推估之探討。社區發展季刊，92，66-83。

李青松（2002）。高齡者休閒參與之研究。中華家政學刊，31，21-38。

杜光玉（1996）。長青學苑學員參與運動性休閒活動課程目標之調查研究──以臺北市及高雄市為例。國立體育學院體育研究所碩士論文，未出版，臺北。

林勤敏（2002）。高齡學習者的障礙與困難。成人教育雙月刊，64，44-50。

教育部（1989）。「老人教育實施計畫」。

教育部（1993）。「獎助辦理退休老人教育及家庭婦女教育實施要點」。

教育部（2006）。「邁向高齡社會，老人教育政策白皮書」。

教育部（2007）。「教育部設置各鄉鎮市區樂齡學習資源中心實施要點」。

教育部（2007）。「教育部補助設置社區終身學習中心實施計畫」。

教育部（2010）。「教育部補助設置各鄉鎮市區樂齡學習中心實施要點」。

教育部（2010）。第八次全國教育會議。

莊雅婷、黃錦山、魏惠娟（2008）。臺灣地區高齡教育的現況分析。載於魏惠娟（主編），高齡教育政策與實踐，頁121-178。臺北：五南。

陳畹蘭（1992）。臺灣地區老人休閒活動參與影響因素之研究。國立中正大學社會福利研究所碩士論文，未出版，嘉義。

曾瓊瑤（2010）。高齡教育教師教學專業、培訓需求及其對培訓方案設計的啟示：以樂齡學習資源中心為例。國立中正大學成人及繼續教育研究所碩士論文，未出版，嘉義。

黃政傑（1991）。老人教育課程的設計。載於教育部社會教育司（主編），老人教育（頁53-87）。臺北：師大書苑。

嘉義市長青學苑（2009）。嘉義市98學年度長青學苑招生簡章。

蔡良宏（1995）。長青學苑老年學習者學習取向之研究。國立高雄師範大學成人教育研究所碩士論文，未出版，高雄。

蔡莉芬（2007）。高齡者參與休閒教育動機與滿意度之研究：以臺中市長青學苑為例。國立臺灣師範大學社會教育學系碩士論文，未出版，臺北。

魏秋雯（2003）。高雄市長青學苑高齡者參與休閒教育動機之研究。國立中正大學成人及繼續教育研究所碩士論文，未出版，嘉義。

魏惠娟（1995）。系統觀點與自我導向的老人教育活動設計。載於兩岸三地老人教育學術研討會論文集（頁175-198）。

魏惠娟、施宇澤（2009）。高齡教育工作者課程規劃能力評估之研究：以樂齡學習資源中心為例。成人及終身教育學刊，13，1-40。

魏惠娟、黃錦山、莊雅婷（2007）。臺灣人口結構變遷與教育政策之研究（整合型計畫）子計畫八、高齡者教育發展之研究。教育部委託專案研究計畫。

覺元宏（2010）。高齡學習需求與參與情況分析之研究：以嘉義市長青學苑為例。國立中正大學成人及繼續教育研究所碩士論文，未出版，嘉義。

McClusky, H. Y. (1971). Education: Background issues. *White House Conference on Aging*, Washington, D. C.

（本章撰寫感謝國科會計畫經費補助，計畫編號：NSC99-2410-H-194-034-SS3）

第三章

樂齡學習中心的架構與執行

第一節　前言

　　如前所述，臺灣的高齡學習從2008年開始，由於教育部樂齡學習資源中心的設置，進入了一個新的紀元。為了有效推動樂齡學習的政策，教育部社教司委託國立中正大學成人及繼續教育學系及高齡教育研究中心，成立「樂齡銀髮教育行動輔導團」（簡稱「樂齡教育輔導團、樂齡輔導團或輔導團」），對於新成立的樂齡學習中心，進行經營的策略規劃、專業人力培訓、交流觀摩及訪視輔導，以確保高齡教育政策的落實，也使樂齡學習中心的工作能順利推展。經過3年的實踐，產出了豐富的成果、熱心的團隊、感人的學習故事；當然也發現值得檢討的問題、需要修正的地方，以及未來創新的作法。

　　樂齡學習中心成立的時間尚短，樂齡學習時期方興未艾，雖然3年來不能說已經有明顯的成果，但是由於此一新的政策，的確已經為臺灣的老人教育開啓了一個新的里程碑。本章首先論述樂齡學習的背景與理念、推動架構與概念，接著依序探討輔導團所研發的樂齡中心工作手冊、培訓研習、訪視輔導等執行機制，係從樂齡學習方案規劃的角度，以描述性的方式來撰寫，目的在提供2年的樂齡學習計畫完整素材，供讀者參考。接下來的章節將以輔導團於前兩年的樂齡學習過程中，所蒐集到的實證資料為基礎，從評論性的角度，分析樂齡學習的課程、人力培訓與評鑑結果等。

第二節　樂齡學習的意涵與推動架構

　　樂齡學習政策藉由學者組成的樂齡輔導團之協助，從樂齡學習中心的願景目標、經營運作方式、辦理單位的培訓、輔導與訪視評鑑系統之作業，都做了全盤的規劃，使教育部在各鄉鎮市區設置樂齡學習中心的計畫，同時也開始行銷高齡學習的重要。但是教育部為何要推動樂齡學習政策呢？樂齡學習的意涵為何？樂齡學習中心又是什麼呢？目前的樂齡學習狀況及成果如何呢？

一、為何要推動樂齡學習政策，成立樂齡學習資源中心？

　　教育部之所以要推展樂齡學習政策，成立樂齡學習資源中心，最主要原因之一是要迎接預估為2017年高齡社會的來臨，屆時臺灣老年人口占全部人口的比例，將達到世界衛生組織所訂定的14%「高齡社會」的門檻，臺灣將正式邁入高齡社會。其次是過去老人教育機構多集中在都會及人口較密集地區，學習場所不夠普及，並且課程多以休閒娛樂為主，不夠深化；第三是因為有33%的退休族群無養老規劃，退休後不知何去何從（黃富順、林麗惠、梁芷瑄，2008）；第四是因為過去政府較重視老人福利及照顧，相對較為忽略老人的學習成長與人力開發的議題；最後，是要以實際行動宣示政府對老人教育的重視。因此，從2008年開始，政府在全臺各鄉鎮市區以「遍地開花」的方式成立高齡者學習的據點，到2011年共設置了209所樂齡學習中心。

二、什麼是樂齡學習？

　　「樂齡」一詞，源自於新加坡對於老年人的尊稱。1966年時，新加坡成立樂齡活動聯會（Singapore Action Group of Elders, SAGE），在陳志成先生的領導下，他們原是先想到SAGE（聖賢）這個英文簡稱，然後才想到能配合這個簡稱的英文，也就是Singapore Action Group of Elders；他們所謂的「樂齡」，意思是指「快樂的年齡」。樂齡活動聯會的發起人之一陳志成先生非常重視道德，就如同重視身體、精神和社交健康一樣。根據德國哲學家康德所述：「道德不是讓我們使自己快樂，而是我們如何使自己值得快樂的道理。讓我們為別人尋求快樂，至於我們自己追求的應是完美，不論它為我們帶來的是快樂或是痛苦。」（林振揚，1999）這樣的想法同時也是樂齡活動聯會發起人認為是他們的成員都應該具備的精神。

臺灣的樂齡學習，借用了這一個名詞，樂齡學習中心的英文名稱取名為「Active Aging Learning Center」，其宗旨也就是希望透過全面、均衡且多樣的學習活動，幫助高齡者活躍老化，進而打造一個身體健康、心理愉悅及靈性滿足的成功老化社會。因此，樂齡的精神乃是希望老人能：「快樂學習，忘記年齡。」樂齡學習的對象主要有兩類，一類是傳統65歲以上的老人；另一類是55歲以上、退休前十年、打算為退休後做準備的中高齡人士。

三、什麼是樂齡學習中心？

根據樂齡教育輔導團的規劃，所謂「樂齡學習中心」，並不是新蓋一個中心，而是由全臺灣每一鄉鎮市區，運用現有的館舍（如：圖書館、老人活動中心）或閒置校舍（如：國民中小學），成立一所樂齡學習中心。樂齡學習中心是一個可以上課的地方，可以休閒聯誼的地方，可以看報紙打發時間的地方，可以找到學習資訊的地方，可以當志工的地方，甚至希望能夠把樂齡中心營造成為老人的第二個家。

四、樂齡學習的推動架構：系統的觀點

為了落實樂齡學習的願景，教育部委託中正大學高齡教育研究中心，成立「樂齡銀髮教育行動輔導團」負責執行本計畫。根據委託單位的要求，高齡教育研究中心執行團隊從系統的觀點，將被委託的工

作項目，架構起來包括兩個分項計畫（即擬定「督導老人教育」評鑑輔導計畫書，以及執行「督導老人教育」評鑑輔導計畫書）、六個子計畫（包括：設立總團部、督導訪視、研發課程、培訓研習、會議交流、建置資料庫等），以及十二項工作，如下表1及圖1（魏惠娟，2009a；2009b）。

表1　樂齡教育輔導團第一年的各子計畫與工作項目

子計畫		工作項目
一	設立總團部	1. 遴聘教育行動輔導團委員，正式成立總團部
二	督導訪視	2. 訪視19所社區終身學習中心，包括：高齡學習中心以及玩具工坊，並完成建議報告書
		3. 設計樂齡學習資源中心工作手冊
		4. 督導100所樂齡學習資源中心
		5. 訪視100所樂齡學習資源中心
三	研發課程	6. 研擬出老人教育五大核心課程指標內涵及課程大綱
		7. 組成課程編輯小組，研編老人教育五大核心課程
四	培訓研習	8. 完成老人教育種子師資培訓之規劃
		9. 辦理四個區域的老人教育種子師資培訓
		10. 編輯完成上述四個梯次的研習教材
五	會議交流	11. 辦理四個區域共六場次之分區聯繫會議、年終檢討會、交流座談會
六	建置資料庫	12. 研發完成資訊輔助教材，以及建置完成老人專業師資及志工資料

第一年的樂齡學習計畫整體推動架構，如圖1。

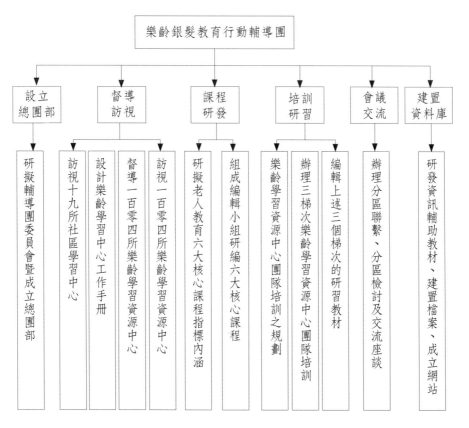

圖1　樂齡學習第一年整體推動架構圖：樂齡銀髮教育行動輔導團的運作計畫

　　第一年的樂齡學習計畫於2008年起開始推動，透過中央與地方的協力，第一年共計104個「樂齡學習資源中心」在全臺各鄉鎮市區成立。為使樂齡學習中心的設置及經營能符合地區特性，創意開發出滿足社區老人需求的學習模式，有必要針對有興趣經營各地區樂齡學習中心之志工、教師、行政人員或專案管理人，繼續提供整體系統的培訓與輔導。

　　在第一年的基礎下，輔導團繼續接受委託，規劃第二年的樂齡學習計畫。此一計畫共包括兩個分項計畫，即：擬定「樂齡行動輔導團第

二年專案計畫」、執行「樂齡行動輔導團第二年計畫」，七項子計畫包括：策略聯盟、審查計畫、研編教材、培訓研習、評鑑計畫、會議交流、彙整資源等，以及十三項工作，如下表2及圖2（魏惠娟、胡夢鯨、李藹慈，2010）。

表2　樂齡教育輔導團第二年各子計畫與工作項目

子計畫		工作項目
一　策略聯盟	1.	從北中南東四區，邀請專業團體進行策略聯盟
	2.	遴聘樂齡行動輔導團委員至少20名
	3.	研議樂齡學習資源中心輔導機制
二　計畫審查	4.	審查第一年樂齡中心新設申請案
	5.	審查第二年樂齡中心續設申請案
	6.	審查第三年社區終身學習中心申請案
三　研編教材	7.	編撰「樂齡學習資源中心工作手冊」
	8.	編撰「樂齡學習資源中心志工手冊」
	9.	編撰「樂齡學習資源中心創意教案手冊」
四　培訓研習	10.	辦理三場進階培訓：培訓社區終身學習中心、第二年續設樂齡中心工作團隊
	11.	辦理四場初階陪訓：新設置樂齡中心工作團隊
五　評鑑計畫	12.	研擬樂齡中心評鑑實施計畫
	13.	進行訪視評鑑
六　會議交流	14.	辦理四場分區聯繫檢討會議
	15.	辦理全國觀摩研討暨成果發表會
七　彙整資源	16.	蒐集並整合全國樂齡學習相關資源

第二年的樂齡學習整體計畫架構，如圖2所示。

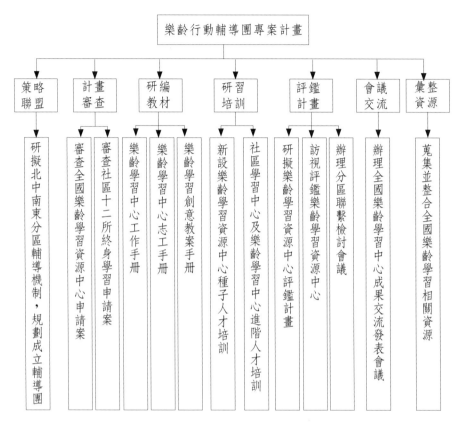

圖2　樂齡教育輔導團第二年整體推動架構圖

組織架構圖各框內容：

樂齡行動輔導團專案計畫
- 策略聯盟
  - 研擬北中南東分區輔導機制，規劃成立輔導團
- 計畫審查
  - 審查全國樂齡學習資源中心申請案
  - 審查社區十二所終身學習申請案
- 研編教材
  - 樂齡學習中心工作手冊
  - 樂齡學習中心志工手冊
  - 樂齡學習創意教案手冊
- 研習培訓
  - 新設樂齡學習資源中心種子人才培訓
  - 社區學習中心及樂齡學習中心進階人才培訓
- 評鑑計畫
  - 研擬樂齡學習資源中心評鑑計畫
  - 訪視評鑑樂齡學習資源中心
  - 辦理分區聯繫檢討會議
- 會議交流
  - 辦理全國樂齡學習中心成果交流發表會議
- 彙整資源
  - 蒐集並整合全國樂齡學習相關資源

第三節　樂齡學習中心的執行方式

　　前述樂齡教育輔導團第一年與第二年的執行圖，說明了樂齡中心的推動架構與工作項目。而樂齡學習計畫的執行，是基於如下的概念：由教育部社教司擔任指導單位，提供政策指導與經費補助；由國立中正大學高齡教育研究中心設立輔導團總團部，負責企劃、訓練、研發及訪視；再由各地區的樂齡中心負責推動與執行樂齡計畫（如圖3）。

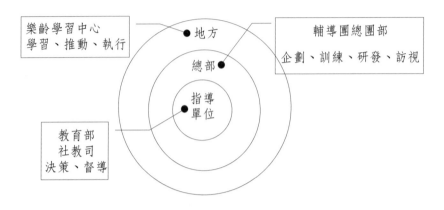

圖中標示：

樂齡學習中心
學習、推動、執行

輔導團總團部
企劃、訓練、研發、訪視

地方

總部

指導單位

教育部
社教司
決策、督導

圖3　樂齡學習中心執行方式概念圖

　　樂齡教育輔導團接受教育部的委託，在上述整體推動架構的引導下開始執行。首先，製作樂齡學習中心工作手冊，建立類似標準作業流程的概念；其次，以工作手冊為基礎來規劃志工培訓研習，輔導團分別根據已設之中心及新設之中心，規劃核心志工（即各樂齡學習中心主要經營團隊）的初階研習與進階研習。2年總計培訓初階志工345名、進階志工326名。各中心核心團隊接受培訓後，回到各個中心，開始展開經營實施。其間，各地方政府亦多會為該縣市規劃志工之研習活動，以擴大溝通樂齡學習中心的理念。

　　輔導團於期中辦理樂齡中心交流觀摩會議，以開拓全臺各中心交流學習的機會，並且透過「樂齡教育輔導團」網站的建立（網址為：http://team.senioredu.moe.gov.tw/），提供各中心資訊整合運用的平臺。最後，則分別進行各中心的訪視輔導，並且於每一年計畫結束前，辦理全國成果展覽之研習交流會議。

　　總之，樂齡教育輔導團扮演樂齡學習中心執行總團部的角色，圖3的基本概念說明高齡教育整體的實踐，需要由中心到圓周的推動，換句話說，要由中央到地方的支持與行動，才能達成綜效。由中央負責政策之建立，高等教育等學術機構負責中心運作機制的發展、相關材料的研

發、辦法的研擬、資源網絡的建立，以及各中心諮詢輔導的提供。分布在各地之樂齡學習中心，則扮演學習基地及策略聯盟的夥伴關係。

　　茲將樂齡教育輔導團所負責推動之事項，略述如下：

一、樂齡學習中心經營手冊的編撰

　　樂齡學習中心的設置，是以創造高齡者快樂學習，以達到「活力老化」的願景。樂齡中心不是上課的教室而已，它提供老人獲取相關資訊的場所，是老人家交流的空間，鼓勵社會參與，結合地方資源，營造無年齡歧視的社區文化。基於這個新的高齡學習與教育規劃概念，輔導團在接受委託之後，先研發一套工作手冊供實務工作者參考。第一年的工作手冊架構如下圖4。

　　對於第一年的中心而言，樂齡學習的概念是新的，全國投遞計畫書要申請辦理的團隊相當多元[1]，因此，工作手冊的重點是在引導各中心思考樂齡中心的願景，並據此來設計樂齡中心的課程與相關活動的系統性思考。亦即強調籌備階段與實施階段的工作內容與操作方式，詳細的手冊內容請見輔導團研編的「樂齡學習資源中心手冊」培訓研習教材。

　　樂齡學習中心計畫進入第二年之後，輔導團針對第二年續辦的中心，除了依照第一年的工作手冊所指引的方式，繼續維持樂齡中心基本的經營運作外，特別著重激勵各中心，在其實施階段時能研發創新的經營策略。輔導團從第一年的訪視成果，發現各中心在下列四個部分還需要創新：課程的規劃、行銷的方法、中心的管理與樂齡學習成果的推廣等。據此，樂齡學習第二年的工作手冊[2]，其架構如下圖5所示。

---

[1]　申請辦理的團隊背景包括：國中小學校、大專院校、老人會組織、社會發展協會、鄉鎮公所、基金會等。

[2]　完整的手冊內容請見教育部出版，由魏惠娟主編（2010）的「樂齡學習系列教材7──樂齡學習中心工作手冊」。

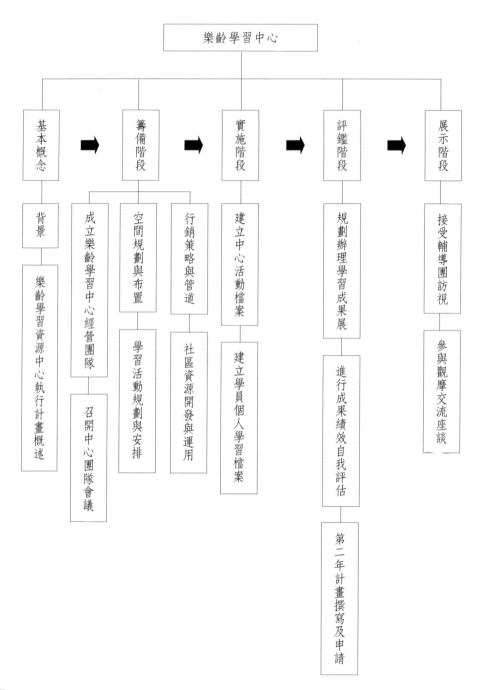

圖4　樂齡學習中心第一年的工作手冊架構圖

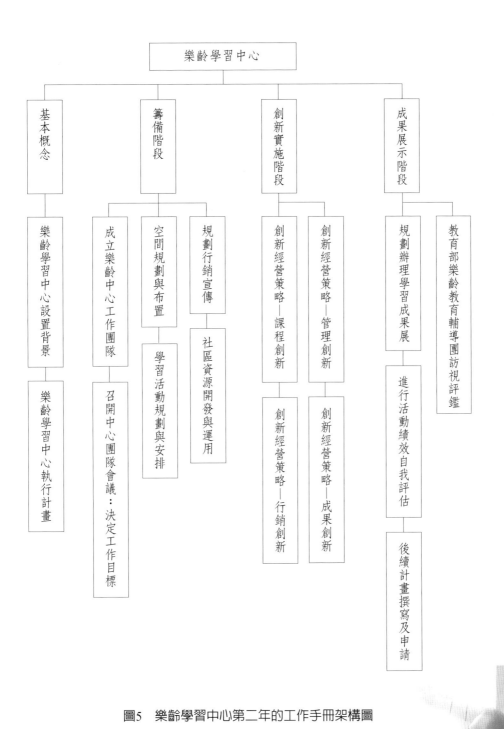

圖5　樂齡學習中心第二年的工作手冊架構圖

二、樂齡學習中心培訓研習之實施

為了使第一年承辦樂齡學習資源中心的經營團隊，能了解中心的運作策略與方向，並學習樂齡中心工作手冊的使用，輔導團在北中南三地各辦理為期2天的「樂齡學習資源中心團隊培訓研習」共計16小時。培訓研習計畫的對象為樂齡學習資源中心之經營團隊，主要是承辦人及志工，另外包括直轄市政府教育局、各縣市政府負責樂齡學習中心或社區終身學習中心之承辦單位科長（主任、課長）或承辦人員，總計有300人報名參加。

為使各中心團隊參與培訓研習更有效能，研習成果更有用，由計畫執行團隊發展出樂齡學習資源中心經營手冊，作為培訓研習之主要教材。教材內容包括：基本概念、籌備階段、實施階段、評鑑階段與展示階段等，編輯團隊再根據這些主題，發展更細部的研習內容，如：中心的營運目標、空間規劃與設計、學習活動規劃與安排、行銷策略與管道、建立中心活動檔案、經營績效自我評估等十五個單元。培訓研習課程規劃如下表3。

表3　樂齡學習中心培訓研習課程表（第一年）

時間	第一天　課程	時間	第二天　課程
08:30-09:00	（報到）	08:30-09:00	（報到）
09:00-09:20	・開幕及致詞	09:00-10:00	・活用樂齡學習資源中心工作手冊：評鑑階段
09:20-10:00	・說明樂齡學習資源中心計畫業務及座談		
10:00-10:20	（茶敘）	10:00-10:20	（茶敘）
10:20-12:00	・創造不一樣的樂齡學習資源中心	10:20-12:00	・樂齡學習中心經營團隊策略規劃 ・創新經營樂齡中心：願景與定位
12:00-13:00	（午餐）	12:00-13:00	（午餐）

（續下表）

時間	第一天　課程	時間	第二天　課程
13:00-14:40	・活用樂齡學習資源中心工作手冊：籌備階段	13:00-14:40	・樂齡學習中心經營團隊策略規劃：小組研討
14:40-15:00	（茶敘）	14:40-15:00	（茶敘）
15:00-16:30	・活用樂齡學習資源中心工作手冊：籌備與實施階段	15:00-16:00	・樂齡學習中心經營團隊策略規劃：小組發表
		16:00-16:30	・綜合座談──摩拳擦掌，創造第一：預告行動

　　第二年的培訓研習計畫則包括「初階培訓」及「進階培訓」兩個部分。初階培訓對象爲第一年的樂齡中心之經營團隊，主要是承辦人及志工，另外包括直轄市政府教育局、各縣市政府負責樂齡學習中心或社區終身學習中心之承辦單位科長（主任、課長）或承辦人員，總計有345人報名參加。

　　輔導團提供的培訓教材設計是以工作手冊爲基礎，初步規劃包括：基本概念、籌備階段、實施階段、評鑑階段與訪視展示階段等，編輯團隊再根據這些主題，發展更細部的研習內容，如：工作手冊的活動、樂齡故事的行銷宣傳、經營策略創新、課程創新等單元。培訓研習課程規劃如下表4。

表4　樂齡學習中心初階培訓研習課程表（第二年）

時間	第一天　課程	時間	第二天　課程
09:30-10:00	（報到）	08:30-09:00	（報到）
10:00-10:20	・開幕及回顧	09:00-10:00	・中高齡者的學習需求與評估方法
10:20-11:00	・教育部推動老人教育政策之說明		

（續下表）

時間	第一天　課程	時間	第二天　課程
		10:00-10:20	（茶敘）
11:00-12:00	・計畫背景及樂齡精神	10:20-12:00	・樂齡中心的課程設計與計畫修正：概念與實作
12:00-13:00	（午餐）	12:00-13:00	（午餐）
13:00-14:40	・樂齡中心的經營理念與評鑑指標	13:00-14:20	・活用樂齡中心工作手冊：樂齡故事與行銷
14:40-15:00	（茶敘）	14:20-14:40	（茶敘）
15:00-17:30	・活用樂齡中心工作手冊：籌備工作內容	14:40-16:00	・活用樂齡中心工作手冊：創新經營策略
		16:00-16:30	・綜合座談Q&A：創造標竿樂齡中心

　　鼓勵樂齡中心經營團隊參與培訓研習，更了解樂齡中心的理念，是成功經營樂齡學習的基礎，因此，輔導團對於各中心參與研習的人員與其出席情形相當注意。輔導團在規範參與研習時，就要求各中心務必派出「真正」要經營的團隊，每中心至少3人與會，而且2天都要參加。

　　針對第二年續辦之樂齡中心，輔導團規劃了進階培訓研習，培訓重點聚焦於激勵各中心能夠在課程規劃、經營管理、行銷推廣與成果發表等層面，做深化與創新的設計，同時進行樂齡學習故事的蒐集、彙整與行銷宣傳，希望強化經營者及社會大眾對於樂齡學習價值的認知、肯定與報導。進階之培訓研習設計如下表5。

表5　樂齡學習中心進階培訓研習課程表（第二年）

時　間	課　程
08:30-09:00	（報到）
09:00-09:50	・開幕致詞 ・教育部對於各學習中心之期許
09:50-10:10	（茶敘）

（續下表）

時　間	課　程
10:10-11:10	・回顧與分享：全國交流會議的啓發 ・本土與國際：認識高齡心理特性與國際趨勢
11 :10-12:00	・創新經營策略(一)：課程設計與觀點深化
12:00-13:10	（午餐）
13:10-14:30	・創新經營策略(二)：建構樂齡故事，行銷樂齡學習
14:30-14:50	（茶敘）
14:50-16:00	・創新經營策略(三)：資源連結與訪視評鑑 （社區學習中心的轉型）
16:00-16:30	・創意與領先：各中心的年度預期成效 ・Q&A

三、樂齡學習中心的培訓研習成效

　　爲了解參與培訓之學員的學習情形，輔導團針對參與第一年（2008年10月）培訓研習的學員，於研習培訓第二天立刻進行學習滿意度的問卷調查（魏惠娟、胡夢鯨、蔡秀美，2009）。問卷是由輔導團所設計，主要的構面包括：學習環境、教師教學、課程教材、行政服務、學習效益及基本資料等六個層面。三個場次總共發放335份問卷，回收281份問卷，回收率爲83%。各場次問卷發放及回收情形如下表6。

表6　樂齡學習中心團隊培訓研習學習滿意度問卷發放及回收情形

培訓場次	發放時間	發出問卷	回收有效問卷	回收率
北區場次	2008年10月03日	100	76	76%
中區場次	2008年10月17日	91	91	100%
南區場次	2008年10月24日	144	114	79%
總　計		335	281	83%

　　根據281份有效問卷所呈現的資料，輔導團對於塡答者的基本資料

進行分析，分別為性別、年齡、教育程度、曾參與老人教育培訓時數、撰寫計畫年資、服務機構、職稱及年資等八項資料。統計結果如下表7。

表7　參與樂齡學習中心培訓者的基本資料

項　目	組　別	臺北場次	臺中場次	臺南場次	小計	百分比
性別	男	30	32	42	104	37%
	女	44	54	68	166	59%
	無填答	2	5	4	11	4%
	小計	76	91	114	281	100%
年齡	20歲以下	1	1	0	2	0.1%
	21-30歲	2	12	16	30	11%
	31-40歲	22	20	19	61	22%
	41-50歲	18	15	36	69	25%
	51-60歲	22	25	21	68	24%
	61歲以上	9	11	16	36	13%
	無填答	2	7	6	15	5%
	小計	76	91	114	281	100%
教育程度	小學	2	4	2	8	3%
	國（初）中	5	4	8	17	6%
	高中（職）	13	17	24	54	20%
	專科或大學	38	40	58	136	48%
	研究所以上	14	20	17	51	18%
	其他	0	1	0	1	0.3%
	無填答	4	5	5	14	5%
	小計	76	91	114	281	100%
培訓時數	未受訓	20	26	38	84	30%
	1-16小時	20	21	14	55	20%
	17-32小時	11	7	13	31	11%
	33-48小時	3	11	8	22	8%
	49-64小時	4	2	2	8	3%
	64小時以上	1	5	6	12	4%

（續下表）

項　目	組　別	臺北場次	臺中場次	臺南場次	小計	百分比
	無填答	17	19	33	69	24%
	小計	76	91	114	281	100%
參與老人教育計畫並執行計畫的年資	未執行過	28	28	32	88	31%
	1-5年	25	35	33	93	33%
	6-10年	3	9	6	18	6%
	11年以上	1	1	0	2	0.7%
	無填答	19	18	43	80	28%
	小計	76	91	114	281	100%
服務機構	學校單位	29	18	30	77	27%
	社區大學、老人大學、長青學苑	7	10	9	26	9%
	圖書館	3	0	1	4	1%
	社區發展協會	12	15	21	48	17%
	民間團體	6	9	20	35	13%
	鄉鎮公所、農漁會	1	22	7	30	11%
	其他	14	10	18	42	15%
	無填答	4	7	8	19	7%
	小計	76	91	114	281	100%
擔任職務	志工	28	27	37	92	33%
	專職人員	11	26	34	71	25%
	管理者	20	19	16	55	20%
	其他	14	12	14	40	14%
	無填答	3	7	13	23	8%
	小計	76	91	114	281	100%
服務年資	10年以下	44	50	64	158	56%
	11-20年	12	15	14	41	15%
	21-30年	5	7	8	20	7%
	31年以上	3	3	1	7	2%
	無填答	12	16	27	55	20%
	小計	76	91	114	281	100%

根據填答者基本資料分析得知，培訓研習活動參與學員以女性學員較多（約占59%）；年齡層集中在31歲至60歲（約占70%）的族群；教育程度則以專科或大學以上占多數（約占67%）；而參與研習活動的人員中，僅有約46%的人曾參與過有關老人教育的培訓，且曾參與老人教育計畫並執行計畫者只占總人數之40%，顯見老人教育工作者的培訓有其必要性；在服務單位方面，老人教育相關單位來參與者僅占了19%，非老人教育單位對樂齡學習中心似乎更有興趣。

參與學員對輔導團所規劃的培訓活動之學習環境、教師教學、課程教材、行政服務，以及學習效益等五個層面的回應，其統計結果摘要列於下表8。

表8　樂齡學習中心成員參與培訓之學習滿意度

層　面	題　項	組　別	臺北場次	臺中場次	臺南場次	小計	百分比
學習環境	我滿意培訓的學習環境地點	同意	59	89	96	244	88%
		普通	14	0	14	28	11%
		不同意	2	0	2	4	1%
		小計	75	89	112	276	100%
教師教學	我滿意培訓的講師教學	同意	76	89	113	278	99%
		普通	0	0	1	1	1%
		不同意	0	0	0	0	0%
		小計	76	89	114	279	100%
課程教材	我滿意培訓的教材內容	同意	72	87	110	269	97%
		普通	3	2	3	8	3%
		不同意	0	0	0	0	0%
		小計	75	89	113	277	100%
行政服務	工作人員有效處理改進事項	同意	72	86	102	260	99%
		普通	1	0	2	3	1%
		不同意	0	0	0	0	0%
		小計	73	86	104	263	100%

（續下表）

層　面	題　項	組　別	臺北場次	臺中場次	臺南場次	小計	百分比
學習效益	整體而言，我滿意這一次培訓的學習成果	同意	72	86	101	259	98%
		普通	0	0	5	5	2%
		不同意	0	0	0	0	0%
		小計	72	86	106	264	100%

N = 281

　　綜合分析結果，發現培訓研習的設計相當成功，學員對於培訓研習在學習環境、教師教學、課程教材、行政服務、學習效益等方面，都表示滿意，總計大致可以歸納出下列三點特色（魏惠娟、胡夢鯨、蔡秀美，2009）：

㈠樂齡學習資源中心經營手冊，創造「立即可應用」的研習成效

　　輔導團所研發的「樂齡學習資源中心經營手冊」，是培訓研習的主要教材，內容包括：基本概念、籌備階段、實施階段、評鑑階段與展示階段等，輔導團根據這些主題，發展更細部的研習內容設計，並以團隊的方式來進行培訓教學。

　　在培訓研習過程中，輔導團的授課講師群都能針對培訓教材內容，以深入淺出的方式，讓學員更加了解樂齡學習中心未來的經營管理與實施策略，研習結束後，並將教材中有助於各中心實際應用的表格，與教師培訓研習時所用的授課講義資料，都放置於樂齡教育輔導團（http://team.senioredu.moe.gov.tw/index.htm）及中正大學高齡教育研究中心之網頁（http://aerc.ccu.edu.tw/），提供學員下載使用，培訓研習設計很重視知識管理與分享。質言之，樂齡教育輔導團的輔導模式是先發展出系統、整體且有「針對性」或「立即應用性」的研習教材，使參與者能立即應用所學，這是創造有效的培訓教學與高學習滿意度的基礎。

㈡以「團隊學習」取代「個人學習」的參與培訓方式，加強學習內容的可應用性

　　樂齡學習中心的研習培訓之設計，除了在培訓教材的編輯上有針對性，對於參與培訓成員的要求也有相當清楚的目標對象及出席的原則，輔導團期望各中心透過團隊學習的方式來參與為期2天的培訓。

　　根據樂齡學習中心學員報名參與情形顯示，中區及南區縣市的中心，以團隊方式報名參與研習的情形最為踴躍。在研習的過程中，學員們私底下也表示，此次培訓跟以往所參加的研習都不一樣，他們不是只有坐在臺下聽課，更是透過團隊合作的學習方式，在培訓時就開始構思中心的經營取向，擷取經營的策略，激盪不同的想法，這種培訓模式有助於加強他們在研習結束後能「立刻上場」的信心。

㈢講師以團隊方式來講授課程，理論與實作兼具的活動設計，有助於學習內容的吸收

　　參與樂齡學習中心培訓研習的講師，都具有豐富的成人教學經驗。教學方式並不是由個別講師輪番上陣，以演講方式進行；而是採用團隊教學的模式，彼此支援，協同教學，並視情況穿插許多互動式的教學活動，如：問答、影片、分組討論、小組實作等多元的教學方式，因此創新了培訓的氛圍，也提升了學習成效。

第四節　樂齡學習中心的訪視評鑑

　　樂齡學習中心的經營團隊，經過研習培訓之後，執行成效如何呢？哪些樂齡學習中心的發展經驗，值得提供其他學習中心參考呢？樂齡教育輔導團在第一年（2009年2月至3月）進行訪視評鑑，主要是以「輔導訪視」的定位來進行，這是因為樂齡學習中心才剛成立，對於實際執行可能還有不清楚的地方，因此輔導團透過訪視的方式，協助各樂齡中心

推動樂齡教育，並針對他們的優缺點提供相關建議。而在第二年（2010年5月至6月）則是以「訪視評鑑」的方式進行，從訪評中評列各中心等第。第一年及第二年的訪視評鑑計畫，整體如下：

一、第一年及第二年的訪視評鑑計畫

㈠第一年的督導訪視計畫

樂齡教育輔導團根據2008年教育部公告的「教育部設置各鄉鎮市區樂齡學習資源中心實施計畫」要點第拾貳條第二款之規定，研擬督導訪視計畫，如附件一。

樂齡教育輔導團除了研發各中心的經營工作手冊外，並且以經營手冊為基礎，編製各中心自評表，目的是希望以評鑑來引導中心的經營及資料蒐集的取向，使中心知道如何經營樂齡中心。以第一年樂齡中心自評表的設計為例，共包括四個部分，即：中心願景與目標、空間設備、志工培訓及運用、課程活動安排方式等，如附件二。

㈡第二年的督導訪視計畫

第一年的樂齡教育實施後，教育部根據第一年的實施結果，修正辦法。樂齡教育輔導團根據教育部於2009年公告之「教育部補助設置各鄉鎮市區樂齡學習資源中心實施要點」第八條之規定，研擬訪視評鑑計畫，其實施計畫如附件三。

第二年各樂齡學習中心所需要填報的基本資料表，是針對第一年的訪視輔導結果所看見的問題加以修正，再加上第二年培訓時對於各中心創新經營的期望所製作的表格。據此，各中心的自評表共包括四個評鑑層面，即：管理創新、課程創新、軟硬體設備與行銷宣傳等，各層面之下分別有細項的指標，指引各中心在經營時要注意的部分。樂齡中心自評表如附件四。

二、樂齡學習中心的訪視評鑑指標

㈠第一年督導訪視指標

　　針對第一年新設的樂齡中心，輔導團的輔導重點是使這些中心將培訓研習及工作手冊上所提到的工作要項，先完成基本的設置。第一年的評鑑指標主要包括四個層面，如：願景目標的確立、經營組織的架構、空間設備的規劃、學習活動的設計。共計二十個指標，包括：中心願景的描述、中心的目標、志工人力的運用、參與培訓情形、行銷規劃、中心檔案建立、空間安排、安全設備、圖書雜誌、師資概況、活動設計主軸、活動內容與產業、學員學習檔案等。記分方式從1分（有待改善）到5分（非常良好），主要在記錄量化的統計資料（評鑑表格如附件五）。

㈡第二年訪視評鑑指標

　　針對第二年繼續辦理的樂齡中心，輔導團的評鑑目標是在看各中心創新的表現，因此，評鑑指標主要包括四個層面，如：管理創新層面、課程創新層面、軟硬體設備層面，以及行銷宣傳等。共計二十個指標，包括：願景與目標連結情形、志工質量及運用情形、學員證核發情形、對外擴點辦理課程活動情形、檔案管理情形、經費使用情形、課程規劃架構、不同層次課程開設情形、特色課程發展情形、中心空間、氛圍與應用情形、師資專業、設備管理、媒體報導、課程上網、行銷推廣活動、資源結合情形。記分方式從1分（有待改善）到5分（非常良好），評鑑表格如附件六。

　　針對第二年的樂齡學習中心之經營評鑑，除了附件六的二十個指標之外，另外有兩個評鑑要項是設計成為開放式的題目，包括：中心特色與改進建議，輔導團希望透過質性評鑑資料，補足上述二十個指標所無法涵蓋的優點或缺點。由評鑑委員依實際訪視結果，加以描述。質性評鑑項目共有五個層面，其意涵如下：

1. 各中心經營的主體性：是指各中心在經營時，其文宣或相關檔案資料陳明該中心是由「教育部設置」的「樂齡學習資源中心」或「社區終身學習中心」的清楚程度及一致情形。各中心經營主體性程度的高低，也可以由評鑑表中的指標，如：專屬空間、軟體呈現、各中心之宣傳資料或DM等所呈現的文字來評定。

2. 團隊成員學習情形：是指各中心參與輔導團所辦理的培訓研習及交流會議之出席情況。為使樂齡學習中心經營團隊都能理解樂齡學習的意涵，掌握中心願景及經營方向，輔導團要求各中心均應至少有3名成員參與研習培訓，輔導團並逐一記錄各中心團隊於初階或近階培訓的出席狀況。在訪視評鑑時，再次確認成員出席會議的情形。

3. 志工自主性：是指各樂齡中心成立樂齡專屬志工的情形，此為輔導團在培訓研習時所引導的方向之一，目的是希望各中心能成立專門經營樂齡學習的志工團體，使志工的水準能更為專業。

4. 課程規劃：是指各中心所規劃提供給樂齡者來學習之課程，能夠回應輔導團所引導的成功老化課程設計原則，其所呈現的課程規劃架構與輔導團培訓研習時所講授之架構的呼應情形，輔導團委員在訪視時會再一次確認各中心的課程規劃狀況。

5. 資源投入情形：是指各中心在經營時，能善用社區相關人力或物力的情形，包括：各中心對外擴點辦理樂齡學習的點數、各中心獲得社區或地方支持，協力辦理樂齡學習的情形。

三、樂齡中心訪視評鑑過程與結果

根據樂齡學習中心訪視評鑑辦法的要求，輔導團需於一個半月內完成樂齡中心的訪視評鑑，因此，如何安排行程以達成評鑑的原則，在訪視評鑑行程的規劃與安排上，便是另一個重要的規劃。以下以第二年訪視評鑑為例，說明輔導團訪視行程的安排，大致如下：

㈠選擇接受訪視評鑑的中心

　　樂齡計畫第二年共計成立202所樂齡學習中心，輔導團勢必無法在一個半月內完成各中心的評鑑，經由輔導團委員們的討論，決定以各地方政府初評的結果爲基礎，挑選出各縣市排序前三分之一的樂齡中心接受複評。樂齡學習中心訪視對象的選擇，大致係依照以下幾個考慮原則，並與各區域輔導團委員討論後確定。這些原則爲：依各縣市續辦中心及新辦中心之排序，參考該縣市老年人口數、每月執行成效、區域平衡及是否資源重疊（如：社區終身學習中心與樂齡學習資源中心設於同鄉鎮市區之情況），最後共選擇85所中心實地訪視。此外，有鑑於區域差異，本評鑑計畫僅做縣市比較，不做區域比較，各項評鑑標準乃是依據教育部所頒布之計畫進行量化及質化之評鑑。

　　根據上述原則，初步規劃訪視北區21所中心，中區26所中心，南區26所中心，東區10所中心，外島3所中心，合計85所樂齡學習中心，1所玩具工坊。上述86個單位係於2010年4月16日的訪視評鑑行前會議中，經由委員們確認後決定。整體接受訪視評鑑的中心統計如下表9。

表9　樂齡學習中心訪視評鑑統計表（第二年）

區域	縣市（樂齡中心間數）	縣市（訪評樂齡中心間數）
北區	基隆市（05）	基隆市（02）
	臺北縣（21）	臺北縣（08）
	臺北市（09）	臺北市（04）
	桃園縣（09）	桃園縣（04）
	新竹縣（05）	新竹縣（02）
	新竹市（03）	新竹市（01）
	6縣市（52）	6縣市（21）
中區	苗栗縣（09）	苗栗縣（03）
	臺中縣（13）	臺中縣（05）
	臺中市（06）	臺中市（02）

（續下表）

區域	縣市（樂齡中心間數）	縣市（訪評樂齡中心間數）
	南投縣（09）	南投縣（03）
	彰化縣（12）	彰化縣（04）
	雲林縣（12）	雲林縣（04）
	嘉義縣（07）	嘉義縣（04）
	嘉義市（02）	嘉義市（01）
	8縣市（70）	8縣市（26）
	臺南縣（17）	臺南縣（07）
	臺南市（07）	臺南市（03）
南區	高雄縣（08）	高雄縣（04）
	高雄市（08）	高雄市（03）
	屏東縣（22）	屏東縣（09）
	5縣市（62）	5縣市（26）
	宜蘭縣（06）	宜蘭縣（02）
東區	花蓮縣（08）	花蓮縣（03）
	臺東縣（14）	臺東縣（05）
	3縣市（28）	3縣市（10）
離島	澎湖縣（04）	澎湖縣（02）
	金門縣（01）	金門縣（01）
	2縣市（05）	2縣市（03）
合計	24縣市（217）	24縣市（86）

資料來源：魏惠娟、胡夢鯨、李藹慈（2010）

(二)訪視評鑑行程規劃

　　輔導團在確定擬訪評之中心後，便開始規劃訪視評鑑行程。首先確定每一個中心訪評時間以一個小時計，內容包括：簡報、資料審查與座談交流等。接著，計算各縣市需要接受訪評的中心共幾間？共需要多少工作天數？其次，評估20位輔導團委員可以參與訪評的時間為何？最後，再根據樂齡學習中心的地理位置來規劃交通行程並與地方政府協商相關之安排。

　　根據訪視規劃，估計每天可以訪視5至6所中心，輔導團委員訪評時間避開委員授課上班時間後，以週一、四、五為主，整體訪視評鑑時程共約18個工作天。輔導團透過上述情境分析的結果，初步擬定一份訪評行程規劃表草案，包含：輔導團組別、訪視委員名單、訪評日期、受訪評中心、行程規劃等。再將此一草案寄給各縣市政府承辦人員，請地方政府評估初步安排的可行性、了解其需求，避免與地方既定之活動衝突，並請地方承辦人視各樂齡中心路程遠近，與兩個受訪中心距離順適程度，調整初步規劃，目的在使訪視評鑑計畫可行。整體而言，在訪視行程的安排上需要不斷的溝通協調、修改與調整。輔導團訪視評鑑行程表如附件七。

㈢第二年訪視評鑑結果

　　輔導團根據上述的訪視評鑑行程，開始評鑑行動。每一次訪視結束後，即由輔導團之助理彙整各委員的訪評結果資料，並針對量化指標，進行分數統計；針對質性意見，則從優點（特色）與改進事項中列出關鍵概念，加以整合，輔導團據此方式，初步完成各項統計分數及質性資料意的彙整，將各中心初步審查成績，依各縣市、各中心列出其分數，並以優等（90分以上）、甲等（80-89分）、乙等（70-79分）與丙等（69分以下）等不同之等第來呈現。

　　輔導團於2010年7月15日召開訪視評鑑結果會議，會議目的主要是在確認輔導團對於各中心評鑑結果意見之分析與彙整意見的一致性。會議結果，確認各樂齡學習中心所獲致不同等地之比例，如下表10（魏惠娟、胡夢鯨、李藹慈，2010）。

表10　樂齡學習中心訪視評鑑結果之等第分布

等第	數量	比例
優等	17	20%

（續下表）

等第	數量	比例
甲等	34	40%
乙等	30	35%
丙等	5	5%
總計	86	100%

資料來源：魏惠娟、胡夢鯨、李藹慈（2010）

（本章修改自本人主編之樂齡學習資源中心經營手冊）

參考文獻

林振揚（1999）。晚年的社交活動。載於柯以煜、高思銘（主編），松柏長青（頁59-63）。新加坡：新加坡樂齡活動聯會。

教育部（2008）。樂齡學習資源中心督導訪視實施計畫。

教育部（2010）。教育部99年度評鑑各鄉鎮市區樂齡學習資源中心及社區終身學習中心實施計畫。

黃富順、林麗惠、梁芷瑄（2008）。臺灣屆齡退休及高齡者參與學習需求意向調查研究報告。教育部委託專案報告。新竹市：玄奘大學教育人力資源與發展學系。

魏惠娟、胡夢鯨、李藹慈（2010）。樂齡行動輔導團第二年專案計畫期末報告書。教育部委託專案報告。嘉義縣：國立中正大學高齡教育研究中心。

魏惠娟、胡夢鯨、蔡秀美（2009）。成立樂齡銀髮教育行動輔導團期末報告書。教育部委託專案報告。嘉義縣：國立中正大學高齡教育研究中心。

魏惠娟主編（2008）。樂齡學習資源中心經營手冊（第一年培訓）。嘉義縣：國立中正大學高齡教育研究中心。

魏惠娟主編（2009a）。樂齡學習資源中心初階培訓工作手冊（第二年培訓）。嘉義縣：國立中正大學高齡教育研究中心。

魏惠娟主編（2009b）。樂齡學習資源中心進階培訓工作手冊（第二年培訓）。嘉義縣：國立中正大學高齡教育研究中心。

附件一　樂齡學習資源中心督導訪視實施計畫（第一年）

樂齡學習資源中心督導訪視實施計畫

壹、目的

　　教育部為落實邁向高齡社會老人教育政策白皮書，於2008年起，預計結合地方之公共圖書館、社教機構、社區活動中心、里民活動中心、社區關懷據點及民間團體等場地，分3年規劃設置368鄉鎮市區「樂齡學習資源中心」，2008年設置100個、2009年設置168個、2010年設置100個，以期建立一個終身學習的健康社區。

　　本訪視計畫係以97年度教育部核准的「樂齡學習資源中心」為輔導訪視對象，訪視之目的如下：

透過實際訪視，了解中心運作狀況，提供各中心經營運作所需之諮詢輔導建議。

　　透過本次訪視輔導，蒐集104所樂齡學習資源中心相關資料，作為未來樂齡學習資源中心設置之參考。透過本次訪視結果，研擬未來發展樂齡學習資源中心之建議。

貳、辦理單位

　　主辦單位：教育部

　　承辦單位：國立中正大學高齡教育研究中心

　　協辦單位：各縣（市）政府

參、訪視行程

　　訪視行程自2009年2月5日起至2009年3月30日止，以各縣市為單位，每個中心訪視時間以一小時內為原則，如有例外以實際聯繫時間為主。

　　屏東縣市、新竹縣市、苗栗縣等，因設置地點較為分散，因此將先集中簡報，每個中心簡報10分鐘，簡報後再由訪視委員赴各中心進行訪視，訪視時間以30分鐘為原則，如有例外以實際聯繫時間為主。

　　訪視當日請各地方政府協助安排訪視細節、派車接送，並派員出席訪視會議。訪視流程如下表11所示。

表11　樂齡教育輔導團督導訪視輔導流程表

訪視時間	訪評內容	備註
10分鐘	中心簡報	部分縣市樂齡學習中心，將集中簡報後，再進行訪視
10分鐘	環境參觀	
20分鐘	意見交流與座談	

肆、訪評對象

　　訪視對象為教育部核准之各鄉鎮市區樂齡學習資源中心，全國合計共104所。

伍、訪評內容與標準

　　為了解各中心的運作狀況，訪視的重點主要分為四個層面：

1. 經營管理層面：中心願景與營運目標、組織運作機制、行銷策略規劃等。
2. 學習活動層面：學習活動內容規劃表、學習活動檔案夾等。
3. 空間配置層面：含中心之軟硬體設備、空間安排、環境氛圍營造、安全設備、圖書雜誌、指標是否明確等。
4. 人員專業層面：志工人力資源管理及運用、中心人員之專業知能。

陸、訪評結果與應用

1. 針對各中心的經營情形，提出改善之建議。
2. 提供訪視結果，供教育部政策之參考與建議。
3. 將訪視結果納入相關資料庫的建置。

柒、注意事項

　　為有利建立完整資料庫，請各中心彙整相關資料，含書面資料及電子檔案（光碟）各一份，於訪視前兩週寄至總部：621嘉義縣民雄鄉大學路168號中正大學高齡教育研究中心，陳冠良先生收。

　　各中心需準備資料如下：樂齡學習資源中心運作情形簡報、樂齡學習資源中心修正後之計畫書、中心經營團隊、空間規劃與布置情形、學習活動課程表、學習活動檔案、學員學習檔案等、其他已經準備好的相關資料。（學習活動檔案及學員學習檔案，若目前尚未有實質資料產出，得以所準備好的架構或資料夾呈現。）

　　以上的相關資料，請製作成電子光碟檔案；書面資料請以簡單扼要、有系統的方式整理成一冊。

資料來源：教育部（2008）

附件二 樂齡學習資源中心基本資料表

_____樂齡學習資源中心自評表

壹、中心基本資料

中心揭牌時間（年／月／日）：	縣市別：_____
中心開放時間（請勾選）：	中心名稱：_____
不定期（請敘明開放時間）：	政府補助經費_____元
定期（請敘明開放時間）：	中心自籌經費_____元
全天（請敘明開放時間）：	

※填表人（含聯絡電話）：

一、中心願景與目標				
(一)中心願景				
(二)中心目標				

二、空間設備				
(一)專用空間	□是	□（平日作為_____用）		
(二)坪數	約為____坪			
(三)所屬樓層	位於____樓			

三、志工培訓及運用				
(一)實際志工人數	□10人以下	□11-30人	□31-50人	□51人以上
(二)志工基本資料				
1.性別	男性____位		女性____位	
2.年齡	20歲以下__位	21-30歲__位	31-40歲__位	
	41-50歲__位	51-64歲__位	65歲以上__位	
3.教育程度	國小__位	國中__位	高中職__位	專科__位
	大學__位	碩士__位	博士__位	其他__位
(三)志工培訓情形				
1.是否已進行志工培訓？	□是	□尚未進行（以下不用勾選）		
2.志工培訓時數	□2-6小時	□7-10小時	□11-16小時	□16小時以上
3.已實施之高齡志工培訓專業課程	□高齡化社會趨勢 □高齡者的形象與特質 □高齡者的需求與評估 □樂齡學習資源中心經營手冊的應用 □樂齡志工實作訓練 □其他：_____			

4. 是否已組織經營團隊？	□是		□籌備中
四、目前課程活動安排方式			
1. 活動設計是否有主軸特色？	□是 （主軸特色為＿＿＿＿＿＿＿）		□還沒有
2. 活動內容是否與產業連結？	□是 （如：＿＿＿＿＿＿＿＿）		□還沒有
3. 是否有建立學員學習檔案？	□是		□還沒有
4. 是否將學習中心資料定期上傳教育部老人教育專區？	□是		□還沒有
5. 目前活動宣傳方式？	□宣傳單	□海報	□打電話通知
	□電視或廣播	□其他＿＿＿＿＿＿	（請註明）
6. 本中心與社區關懷據點的區隔為何？			
※說明：請儘量提供各訪視項目相關佐證資料。			

資料來源：教育部（2008）

教育部99年度評鑑各鄉鎮市區樂齡學習資源中心及
社區終身學習中心實施計畫

一、依據

依據教育部補助設置各鄉鎮市區樂齡學習資源中心實施要點第八點第六項之規定，及教育部補助設置社區終身學習中心實施計畫第八條第二項之規定特訂定本實施計畫。

二、目標

(一)教育部（以下簡稱本部）為了解各直轄市、縣（市）政府所轄各鄉鎮市區樂齡學習資源中心及社區終身學習中心（以下簡稱各中心）之執行成效。

(二)激勵績效良好之直轄市、縣（市）政府與各中心，並輔導及發展在地化的老人教育及學習系統，以落實老人學習權益及營造終身學習的健康環境。

三、辦理單位

主辦單位：教育部

承辦單位：國立中正大學

協辦單位：各直轄市政府教育局、縣市政府

四、辦理期程：99年3月至5月

五、實施方式

(一)初評：各中心依規定填報自評表，於99年3月22日前依限送達各直轄市政府教育局、縣（市）政府。

(二)排序：各直轄市政府教育局、縣（市）政府依據各中心每月之資料提報及相關訪視結果與自評表資料，進行縣市排序，排序分成兩類，分別為續辦之樂齡學習資源中心及社區終身學習中心，及新辦之樂齡學習資源中心。

(三)各直轄市政府教育局、縣（市）政府於99年3月31日前將本計畫「縣市初評排序推薦表」、各中心「自評表」之紙本及電子檔、各中心修正後之計畫電子檔各一份，函送本計畫承辦單位（國立中正大學）。

(四)複評：本計畫承辦單位依各直轄市政府教育局、縣（市）政府推薦序位，召開行前會議，並於會議中擇定86所中心實地進行複評。

(五)評鑑會議：本計畫承辦單位將於實地複評結束後，召開評鑑結果會議，評選出各中心之等第。

六、評鑑指標

(一)評鑑指標含四個評鑑層面，並依據各中心執行性質不同，分為「樂齡學習資源中心及社區終身學習中心（高齡學習中心）評鑑表」、「社區玩具工坊評鑑表」，各項指標如下：

1. 管理創新層面：中心願景與目標連結情形、志工質量與運用情形、對外擴點辦理課程活動情形、檔案管理情形、經費使用情形等。
2. 課程創新層面：課程規劃架構（如：宣導課程、基本課程、興趣系列課程、貢獻與影響課程）、中心特色課程、實施代間教育活動情形等。
3. 軟硬體設備層面：中心的空間、空間使用率、師資專業背景、設備運用情形等。
4. 行銷宣傳層面：媒體報導、課程訊息上傳、行銷推廣及主動結合在地資源辦理活動情形等。
(二)文字描述：評鑑委員得依實際訪視結果針對中心特色、永續經營之規劃等，給予加權。前述中心特色可納入活化歷史之執行成果，另永續經營能力之評估標準如下：
1. 各中心經營的主體性：各中心在經營時，強調係「教育部設置」的「樂齡學習資源中心」或「社區終身學習中心」的程度及一致性。主體性的程度高低可以由指標之專屬空間、軟體呈現、各中心之宣傳資料或DM等評定。
2. 團隊成員學習情形：各中心參與本部委託之輔導團所辦理的培訓研習及交流會議之團隊成員出席情況。
3. 志工自主性：各中心所籌組之志工團隊，服務程度，可由各中心所填報之志工資料了解執行情形。
4. 課程規劃：各中心所提供之課程，回應本部規定與委託之輔導團培訓研習時之課程架構情形。
5. 資源投入情形：各中心所進行之資源整合程度，如：對外擴點情形、各中心主任（或業務主要執行者）投入程度（含：參與培訓情形）。

七、評鑑等第
(一)優等（90分以上）
(二)甲等（80-89分）
(三)乙等（70-79分）
(四)丙等（69分以下）

八、獎勵及改進措施
(一)優等之中心：獲頒「優等」獎牌一面，其相關有功人員由本部函請地方政府記功一次，並於99年度增列相關補助款，未來將輔導轉型為「樂齡學習觀摩示範中心」，詳細實施計畫及辦法另訂之。
(二)甲等之中心：獲頒「甲等」獎牌一面，其相關有功人員由本部函請地方政府記嘉獎二次。
(三)乙等之中心：由本部委由輔導團及地方政府協同訂定輔導改進計畫，並由各縣市獲評為優等之中心協助提供講師與課程支援，必要時得由縣市政府另選承辦單位，詳細辦法另訂之。

(四)丙等之中心：由縣市政府另覓承辦單位或予以撤站，並委由各直轄市政府教育局、縣（市）政府協助追繳97年度、98年度所補助之相關可移動式之設備，移由其他中心續用。

(五)為獎勵表現優異之各中心，本部得依評鑑結果擇優發給各直轄市、縣（市）政府相關獎勵金，其發給數量及額度，依本部年度所編列之預算，由評鑑會議建議額度，俟核定後再行支付。

(六)所發給之獎勵金限用於辦理各續優中心之老人教育相關研習及國內業務觀摩等活動，未依規定支用情形者應予繳回。

九、附則

(一)訪視評鑑行程：自99年4月起，以各縣（市）為單位，每所樂齡中心訪視時間以60分鐘內為原則，如有例外以實際聯繫時間為主。訪視評鑑當日請各地方政府協助安排訪視細節及派員出席訪視評鑑會議，每場訪視評鑑流程如下表。

樂齡教育輔導團訪視評鑑流程表

訪視評鑑時間	訪評內容
10分鐘	中心簡報
20分鐘	環境參觀（資料審查）
20-30分鐘	意見交流與座談

(二)注意事項：

1. 各中心準備資料如下：
   (1)自評表之紙本及電子檔。
   (2)續辦之樂齡學習資源中心請提供第一年及第二年辦理之計畫電子檔（請提供修正核定後計畫）；新辦中心請提供第一年計畫電子檔；社區終身學習中心請提供第二年及第三年辦理之計畫電子檔。
   (3)上述資料如屬電子檔請儲存至光碟，於期限內備齊交由各直轄市政府教育局、縣（市）政府函送本計畫承辦單位（國立中正大學）。

2. 訪視評鑑當日，請備齊簡報資料，如有需補充之資料，請各中心自行決定，簡報時間以10分鐘為限。

3. 各中心必備之檔案資料，請依據「自評表」之序號，依序以檔案夾備齊，如：志工基本資料表、志工工作日誌、志工簽到表、學員個人資料表、學員名冊、講師資料表、學習活動紀錄表、課程表等，請以簡單扼要並有系統的方式整理成冊，以提供訪視評鑑委員檢閱（若涉及到個人隱私資料，可不提供）。

資料來源：教育部（2010）

附件四　樂齡學習資源中心自評表（第二年）

樂齡學習資源中心及社區終身學習中心（高齡學習中心）
自評表

縣市別：＿＿＿＿＿＿＿＿＿；中心名稱：＿＿＿＿＿＿＿。
填表人：姓名＿＿＿＿＿＿；職稱＿＿＿＿＿＿；聯絡電話＿＿＿＿＿＿。
中心揭牌時間（年／月／日）：

一、管理創新層面	
(一)中心願景	
(二)中心目標	
(三)志工運用情形	1. 實際志工人數：＿＿＿＿人 2. 性別：男性＿＿位；女性＿＿位 3. 年齡：20歲以下＿位；21-30歲＿位；31-40歲＿位 　　　41-50歲＿位；51-64歲＿位；65歲以上＿位 4. 教育程度：國小＿位；國中＿位；高中職＿位； 　　　　　　大專以上＿位 5. 志工進階專業培訓情形： 　(1)是否已進行志工培訓：□是　時數＿小時； 　　□尚未進行 　(2)志工專業培訓課程名稱： 　　□高齡化社會趨勢　　□高齡者的形象與特質 　　□高齡者的需求與評估 　　□樂齡學習中心經營手冊的應用 　　□樂齡志工實作訓練　□其他：＿＿＿＿＿ 　(3)是否針對完成培訓之志工核發正式志工證： 　　□是；□否＿＿＿＿＿（請敘明原因）
(四)學員證核發	1. 發出數量：＿張；男性＿＿人；女性：＿＿人 2. 年齡：55-59歲＿位；60-64歲＿位；65-69歲＿位 　　　70-74歲＿位；75-79歲＿位；80歲以上＿位 3. 教育背景：國小＿位；國中＿位；高中職＿位； 　　大專以上＿位 4. 學員參與其他老人會活動＿人；長青學苑＿人； 　關懷據點＿人；其他活動＿人； 　無參與其他活動：＿人
(五)對外擴點辦理課 　　程活動情形	
(六)檔案管理情形	

（七）經費管理	1.是否有建立各項經費支用帳冊：□是， □否＿＿＿＿＿＿（請說明）。 2.教育部所補助之各項經費支用皆依據經費項目核實支用： □是，□否＿＿＿＿＿（請說明）。 3.97年度是否已向縣市政府申請核結（新辦中心免填）： □是，□否＿＿＿＿＿（請說明）。 4.截至目前為止，經費支用情形與教育部所核定之經費項目是否相符：□是，□否＿＿＿＿＿（請說明）。
二、課程創新層面	
（一）課程活動規劃	1.宣導課程共：＿次；時數：＿小時；參與人數：＿人 2.基本課程共：＿門；時數：＿小時；參與人數：＿人 3.興趣課程共：＿門；時數：＿小時；參與人數：＿人 4.貢獻影響課程共：＿門；時數：＿小時；參與人數：＿人 5.課程活動總共：＿門；時數：＿小時；參與人數：＿人
（二）中心特色課程或活動	
三、軟硬體設備層面	
（一）中心空間	1.是否為專屬空間： (1)□是：約為＿＿坪，位於＿＿樓。 (2)□否：□屬於借用場地，借用單位＿＿＿， 　　　須負擔＿＿費用＿＿＿元（一年付費＿＿次）。 　　　□部分時段開放，平日作為＿＿＿＿＿用途。 2.中心開放時間： □不定期（請敘明開放時間）：＿＿＿＿＿ □定期（請敘明開放時間）：＿＿＿＿＿ □全天（請敘明開放時間）：＿＿＿＿＿
（二）師資背景（本項目含至中心定期授課之講師及社區推廣老人教育講師等）	1.教師人數：＿人；性別：男性＿位；女性＿位 2.年齡：20歲以下＿位；21-30歲＿位；31-40歲＿位；41-50歲＿位；51-64歲＿位；65歲以上＿位 3.教育程度：國小＿位；國中＿位；高中職＿位；專科＿位；大學＿位；碩博士＿位 4.開設課程類別（請扼要說明）：＿＿＿＿＿ 5.專業背景（請扼要說明）：＿＿＿＿＿

(三)中心設備管理 （未向教育部申 請設備費者免 填）	1. 建立財產管理清冊及列有財產編號：□是 　□否：＿＿＿＿（請説明）。 2. 向教育部申請及購置之財產設備清單及運用情形 　【本項目請逐年、逐項填列，每一年購置的設備都 　需詳列】： 　※96年（如有多項請依序往下填）： 　(1)設備名稱：＿＿＿＿，價格：＿＿＿＿， 　　　財產號碼：＿＿＿＿，運用情形＿＿＿＿ 　※97年（如有多項請依序往下填）： 　(1)設備名稱：＿＿＿＿，價格：＿＿＿＿， 　　　財產號碼：＿＿＿＿，運用情形＿＿＿＿ 　※98年（如有多項請依序往下填）： 　(1)設備名稱：＿＿＿＿，價格：＿＿＿＿， 　　　財產號碼：＿＿＿＿，運用情形＿＿＿＿
四、行銷宣傳	
(一)媒體報導情形（含 樂齡故事）	截至＿＿年＿＿月＿＿日，平面媒體計＿＿則， 電子網路媒體（含電視及廣播）計＿＿則，合計 ＿＿則。
(二)課程或活動訊息上 傳到各縣市老人教 育網情形	截至＿＿年＿＿月＿＿日，總共＿＿則
(三)結合所在地之各有 關單位聯合辦理相 關推廣活動情形	1. □有：請詳列合作單位名稱、活動時間、活動 　　　名稱、參與大約人數、活動地點（請另 　　　以附件列表提供） 2. □無，請説明：＿＿＿＿＿＿＿＿＿＿＿＿。
(四)網站或部落格宣傳 情形	1. 是否有自建網站或部落格： 　□有（網址：＿＿，建立日期：＿年＿月）□無 2. 是否有建立網路相簿：□有（網址：＿）□無 3. 是否有將樂齡學習影片上傳免費影音網站協助 　宣導（如：youtube） 　□有，截至＿年＿月＿日＿則；□無

資料來源：教育部（2010）

附件五　第一年樂齡學習資源中心督導訪視表

| | | 縣市別：_____
中心名稱：_____ |

第一年樂齡學習資源中心督導訪視表

訪視項目		訪視結果
一、願景 目標	1. 願景描述	☐有：5優　4良　3可　2差　1劣 ☐無（否）
	2. 中心目標	☐有：5優　4良　3可　2差　1劣 ☐無（否）
二、經營 組織	1. 志工人力運用情形	☐有：5優　4良　3可　2差　1劣 ☐無（否）
	2. 培訓情形	☐有：5優　4良　3可　2差　1劣 ☐無（否）
	3. 行銷規劃情形	☐有：5優　4良　3可　2差　1劣 ☐無（否）
	4. 中心檔案建立情形	☐有：5優　4良　3可　2差　1劣 ☐無（否）
三、空間 設備	1. 學習空間安排與學習環境 氛圍	☐有：5優　4良　3可　2差　1劣 ☐無（否）
	2. 安全設備與設備管理	☐有：5優　4良　3可　2差　1劣 ☐無（否）
	3. 圖書雜誌	☐有：5優　4良　3可　2差　1劣 ☐無（否）
	4. 師資概況	☐有：5優　4良　3可　2差　1劣 ☐無（否）
四、學習 活動	1. 活動設計主軸特色	☐有：5優　4良　3可　2差　1劣 ☐無（否）
	2. 活動內容與產業連結	☐有：5優　4良　3可　2差　1劣 ☐無（否）
	3. 學員學習檔案	☐有：5優　4良　3可　2差　1劣 ☐無（否）
具體改善建議		
委　員　簽　名		年　月　日

資料來源：教育部（2008）

附件六　樂齡學習資源中心訪視評鑑表（第二年）

教育部設置各鄉鎮市區樂齡學習資源中心
及社區終身學習中心（高齡學習中心）評鑑表

中心名稱：＿＿＿＿＿＿＿＿＿＿

評鑑項目	評鑑指標	非常良好 5	4	3	2	有待改善 1
管理創新層面	1. 願景與目標連結情形 2. 志工質量及運用情形 3. 學員證核發情形 4. 對外擴點辦理課程活動情形 5. 檔案管理情形 6. 經費使用情形	☐	☐	☐	☐	☐
課程創新層面	7. 課程規劃架構 8. 宣導課程 9. 基本課程 10. 興趣系列課程 11. 貢獻與影響課程 12. 中心特色課程	☐	☐	☐	☐	☐
軟硬體設備層面	13. 中心的空間及開放時間 14. 空間使用率及學習空間氛圍 15. 師資的專業背景（教材與教學） 16. 設備管理及運用情形（財產條碼）	☐	☐	☐	☐	☐
行銷宣傳層面	17. 媒體報導情形（含樂齡故事） 18. 課程或活動訊息上傳到老人教育網情形 19. 中心辦理行銷推廣情形 20. 主動結合所在地單位配合辦理樂齡相關活動情形	☐	☐	☐	☐	☐
總分合計						

中心特色：
（中心經營主體性、團隊學習、志工自主性、課程規劃、資源投入情形）

改進建議：

評鑑委員：＿＿＿＿＿＿　日　期：＿＿＿＿年＿＿＿＿月＿＿＿＿日

資料來源：教育部（2010）

附件七　樂齡學習中心及社區終身學習中心訪視評鑑行程表（第二年）

組別	日期時間	縣市別	設置中心	行程規劃
第一週行程				
1	99/05/03（一）	宜蘭縣 基隆市	羅東鎮樂齡中心 礁溪鄉樂齡中心 中正區樂齡中心 中山區樂齡中心	09:00-10:00羅東鎮 10:30-11:30礁溪鄉 13:50-14:50中正區 15:20-16:20中山區
2	99/05/06（四）	高雄市 高雄縣	第一組 楠梓區樂齡中心 三民區樂齡中心 旗津區樂齡中心 第二組 岡山鎮樂齡中心 仁武鄉樂齡中心 鳳山市樂齡中心 大寮鄉樂齡中心	第一組 13:00-14:00楠梓區 14:40-15:40三民區 16:10-17:10旗津區 第二組 11:00-12:00岡山鎮 13:00-14:00仁武鄉 14:30-15:30鳳山市 16:00-17:00大寮鄉
第二週行程				
3	99/05/10（一）	屏東縣	第一組 九如鄉樂齡中心 高樹鄉樂齡中心 長治鄉樂齡中心 麟洛鄉樂齡中心 竹田鄉樂齡中心 第二組 崁頂鄉樂齡中心 林邊鄉樂齡中心 佳冬鄉樂齡中心 枋山鄉樂齡中心	第一組 10:00-11:00九如鄉 11:30-12:30高樹鄉 13:4 0-14:40長治鄉 15:10-16:10麟洛鄉 16:40-17:40竹田鄉 第二組 10:10-11:10崁頂鄉 11:40-12:40林邊鄉 13:40-14:40佳冬鄉 15:10-16:10枋山鄉
4	99/05/13（四）	臺東縣	臺東市樂齡中心 東河鄉樂齡中心 池上鄉樂齡中心 關山鎮樂齡中心 長濱鄉樂齡中心	08:00-09:00臺東市 09:30-10:30東河鄉 11:40-12:40長濱鄉 14:10-15:10池上鄉 15:40-16:40關山鎮
5	99/05/14（五）	花蓮縣	鳳林鎮樂齡中心 壽豐鄉樂齡中心 花蓮市樂齡中心	10:40-11:40鳳林鎮 14:00-15:00壽豐鄉 15:30-16:30 花蓮市

第三週行程				
6	99/05/17 (一)	臺中縣	大里市樂齡中心 沙鹿鎮樂齡中心 第一組 清水鎮樂齡中心 大甲鎮樂齡中心 霧峰鄉樂齡中心	09:00-10:00大里市 10:40-11:40沙鹿鎮 第一組 13:00-14:00清水鎮 14:40-15:40大甲鎮 16:30-17:30霧峰鄉
		臺中市	第二組 北　　區樂齡中心 北屯區樂齡中心	第二組 13:00-14:00北　　區 14:40-15:40北屯區
7	99/05/20 (四)	臺北市	大安區樂齡中心 松山區樂齡中心 士林區樂齡中心 大同區樂齡中心	08:40-09:40大安區 11:30-12:30士林區 13:30-14:30大同區 15:00-16:00松山區
8	99/05/21 (五)	臺北縣	第一組 新泰國小玩具工坊 板橋市樂齡中心 三重市樂齡中心 萬里鄉樂齡中心 第二組 鶯歌鎮樂齡中心 土城市樂齡中心 永和市樂齡中心 新店市樂齡中心	第一組 09:00-10:00新泰國小玩具工坊 10:30-11:30板橋市 13:00-14:00三重市 14:50-15:50萬里鄉 第二組 09:10-10:10鶯歌鎮 10:40-11:40土城市 13:20-14:20永和市 14:50-15:50新店市
第四週行程				
9	99/05/24 (一)	臺南縣	第一組 白河鎮樂齡中心 鹽水鎮樂齡中心 學甲鎮樂齡中心 第二組 六甲鄉樂齡中心 下營鄉樂齡中心 麻豆鎮樂齡中心 善化鎮樂齡中心	第一組 09:30-10:30白河鎮 11:00-12:00鹽水鎮 13:30-14:30學甲鎮 第二組 09:30-10:30六甲鄉 11:00-12:00下營鄉 13:30-14:30麻豆鎮 15:00-16:00善化鎮
10	99/05/27 (四)	桃園縣	中壢市樂齡中心 平鎮市樂齡中心 龜山鄉樂齡中心 蘆竹鄉樂齡中心	10:00-10:50中壢市 11:20-12:10平鎮市 13:40-14:30龜山鄉 15:00-15:50蘆竹鄉

11	99/05/28 （五）	苗栗縣	第一組 獅潭鄉樂齡中心 通霄鎮鎮樂齡中心 西湖鄉樂齡中心	第一組 09:30-10:30獅潭鄉 11:30-12:30通霄鎮 14:00-15:00西湖鄉
		新竹市 新竹縣	第二組 香山區樂齡中心 竹北市樂齡中心 關西鎮樂齡中心	第二組 10:00-11:00香山區 12:30-13:30竹北市 14:10-15:10關西鎮
第五週行程				
12	99/05/31 （一）	南投縣	竹山鎮樂齡中心 魚池鄉樂齡中心 埔里鎮樂齡中心	12:30-13:30竹山鎮 14:30-15:30魚池鄉 16:00-17:00埔里鎮
13	99/06/02 （三）	嘉義縣 嘉義市	民雄鄉樂齡中心 鹿草鄉樂齡中心 新港鄉樂齡中心 水上鄉樂齡中心 西　　區樂齡中心	09:30-10:30民雄鄉 11:00-12:00鹿草鄉 13:30-14:30新港鄉 15:00-16:00水上鄉 16:30-17:30西區
14	99/06/03 （四）	雲林縣	口湖鄉樂齡中心 土庫鎮樂齡中心 大埤鄉樂齡中心 古坑鄉樂齡中心	09:30-10:30口湖鄉 11:00-12:00土庫鎮 14:00-15:00大埤鄉 15:30-16:30古坑鄉
第六週行程				
15	99/06/07 （一）	澎湖縣	望安鄉樂齡中心 馬公市樂齡中心	10:10-11:10望安鄉 15:40-16:40馬公市
16	99/06/08 （二）	彰化縣	芬園鄉樂齡中心 線西鄉樂齡中心 福興鄉樂齡中心 埤頭鄉樂齡中心	09:30-10:30芬園鄉 11:20-12:10線西鄉 13:30-14:30福興鄉 15:00-16:00埤頭鄉
17	99/06/10 （四）	臺南市	北區樂齡中心 南區樂齡中心 安平區樂齡中心	13:30-14:30北區 15:00-16:00南區 16:30-17:30安平區
18	99/06/11 （五）	金門縣	金寧鄉樂齡中心	13:00-14:00金寧鄉

資料來源：魏惠娟、胡夢鯨、李藹慈（2010）

第四章

樂齡學習中心的課程：
McClusky需求幅度理論的觀點

第一節　前言

　　近年來，臺灣地區由於醫療衛生的進步，國人平均壽命不斷的延長，加上少子化的現象，使得65歲以上的老年人口所占比例不斷上升。根據內政部統計，截至2011年9月底，我國65歲以上老年人口數已達2,506,580人，占總人口數的10.81%（內政部，2011）。推估到2017年時，臺灣地區老年人口數將達到總人口數的14%，正式進入「高齡社會」；到了2025年時，老年人口數占總人口數的比例將超過20%，臺灣將正式成為「超高齡社會」。可見我國在人口結構上老化的速度非常快，高齡人口的議題值得重視。

　　在我國人口快速老化的過程中，政府部門過去較為重視老人的福利與照顧，所以，內政部門有老人福利法及行政院通過的「長期照顧十年計畫」。與老人教育有關的學習活動，二十餘年來也都是由社政部門的長青學苑及民間組織的老人（社會）大學，扮演較為重要的角色。教育部門雖訂有辦理老人教育的「補助辦法」，但是並未有推動主軸。整體而言，我國老人教育的實施缺乏完整的體系，沒有專業培訓的人力，課程規劃的理論觀點不清楚。

　　相關文獻顯示，我國過去有關高齡教育的課程規劃及實施，存在著

下列問題（林月熠，1997；林婷玉，2000；吳永銘，1998；莊雅婷、黃錦山、魏惠娟，2008；教育部，2009）：第一，長期以來，高齡教育課程多由長青學苑及老人大學開設，以休閒、娛樂、語言、藝術的學習為主，沒有太大變化；第二，老人教育課程看來似乎多樣，但並未完全針對高齡者的教育需求而提供，以致有些課程及活動被規劃者認為不需要；第三，高齡教育的課程規劃，並沒有可以參採的理論觀點或模式依據，以致各類課程設計顯得零散，多偏向休閒性及娛樂性，缺乏系統性及教育性；第四，過去的高齡教育課程規劃，雖然學者們呼籲要重視高齡者需求，但真正能夠提升高齡者學習品質及生活價值的「規範性需求」，卻從來未曾受到重視。歸結而言，我國高齡教育課程實施最大的問題，是課程缺乏理論觀點。

從國外文獻可以了解，美國教育老年學的學者Howard McClusky曾經提出需求幅度理論（A Margin Theory of Needs）觀點，指出老年人的需求是有層次的，從基本應付生存的需求，到個人興趣學習的表達需求，進而提升到貢獻社會的需求與影響他人的需求，甚至自我超越的需求（McClusky, 1971）。這些多樣性及層級性的需求，需要有系統地課程設計，提供完整的學習內容，才能幫助老年人適應晚年生活，達到成功老化的境界。

教育部為迎接高齡社會的到來，已在2006年發布「邁向高齡社會老人教育政策白皮書」，其中行動方案二指出，要創新老人教育多元學習內容，之後並陸續推出了許多有關的政策，例如：成立「樂齡教育行動輔導團」，預計分3年的時間，在全臺368個鄉鎮市區設置樂齡學習資源中心（以下簡稱樂齡中心），結合鄉鎮公所、社區發展協會、老人會、社區大學、圖書館及大專校院等多元機構，全面開始推動樂齡學習活動。至2010年3月止，全臺各鄉鎮市區已經成立了202個樂齡中心，合計開出45,760小時的課程，以一門課2小時計，總計約開設了22,880門課程（教育部，2010）。為了迎接6年後高齡社會的來臨，教育部所設

置的樂齡中心已有了政策發展的藍圖，多樣化的課程亦陸續推出。究竟樂齡中心提供的課程屬於哪些主題類型？若以McClusky的理論觀點來檢視，結果如何？以及樂齡中心所開設的課程是否能夠滿足高齡族群各種層次的需求？這些都是本研究想要了解的議題。

基於對我國高齡教育實施方案的目標與實踐問題的省思，研究者常常反思的一個問題爲：爲什麼我們要鼓勵高齡者走出來參與學習、接受教育呢？長久以來，高齡者低參與率的現象，爲什麼是一個問題？這個問題的原因是什麼呢？從文獻探討與實務觀察中，研究者發現高齡者參與學習的比例偏低，與高齡教育的課程有關（林淑敏，2004；林麗惠，2007；魏惠娟、蔡旼璇，2008）。如果多年來高齡學習都是以缺乏理論的娛樂與嗜好層面課程爲多，那麼高齡者參與學習的比例，未來應該也很難有所突破。

另外，許多人也有一種似是而非的觀念，以爲高齡教育就是歌唱休閒，或者覺得「老人喜歡什麼就開設什麼課程吧！」，都影響我國對於高齡教育的理論研究與課程發展之重要性認知，長此以往，實無法解決我國高齡教育的實踐問題，並將滯延高齡教育的研究發展。

當研究者回顧文獻對於高齡教育目標的論述時，發現McClusky早於1971年所提出的理論觀點，從老年晚期生活負擔與能量變動的角度來論述高齡教育的目標，可以提供另一個重要的思考，此乃本研究的主要動機。本章主要目的，首先在探討McClusky的需求幅度理論概念意涵及基礎；其次，在建構一個高齡教育課程分析的架構；最後以該架構來分析樂齡中心之課程，以了解樂齡中心課程在需求幅度理論架構中的分布情形，並作爲日後改進樂齡中心課程之參考。

第二節　樂齡學習課程的相關文獻

一、高齡教育課程相關研究及其缺口

　　回顧近20年來國內高齡教育的相關研究，自1990至2007年止，共計214筆碩博士論文資料，研究主題以下列三者最多：「認知發展研究」、「學習研究」與「課程研究」，分別占了所分析136份資料的31.8%、28.0%及12.6%（陳淑珍，2007）。整體而言，過去高齡教育課程研究主要集中於「課程類型」之分析，例如：休閒教育、健康教育、藝術教育、識字教育、電腦（網路）教育……等問題之研究（王素敏，1997；楊欣恩，2002；戴穎儀，2003；王淑婉，2004；曾淑芬，2007；林麗惠，2007）等。針對課程需求之研究，以調查方式來進行者為多，比較少有理論的關聯。林麗惠（2007）的研究是以文件分析方法來分析六個長青學苑及老人大學的課程，但是該研究也並未以課程設計相關理論為分析的基礎。

　　在高齡教育的實施方面，綜合文獻探討及相關研究，發現參與高齡學習者的社會人口特性，多半是年紀較輕、教育程度較高，以及從事較具技能性的工作者。參與的比率大約在7%以下，而且老人重複參與機構課程的情形很高，學習課程的設計普遍缺乏更新（吳永銘，1998；莊雅婷等，2008；黃國彥，1991；魏惠娟、蔡旼璇，2008）。

　　在課程類型方面，研究發現老人所偏好的課程以休閒類科、語文類科、電腦和健康類科為主（林淑敏，2004；賴銹慧，1990）。林麗惠（2007）研究長青學苑課程，結果發現以健康保健類之課程最少，以人文藝術、休閒及語文類別的課程最多。無論是調查研究或是質性研究，其結果有相當的一致性。據此可以推論，長青學苑與老人大學所開設的課程之主題與類型，多年來並沒有太多的變化。

　　回顧高齡教育課程相關之研究，發現有下列三個研究缺口，包括：

高齡教育課程規劃之研究不足、高齡教育課程目標的論述缺乏、高齡教育的實務推廣沒有理論基礎。我國於距今不到10年，即將達到聯合國世界衛生組織高齡社會的門檻。隨著戰後嬰兒潮世代的陸續退休，即將出現更多元面貌與差異需求的高齡人口，市場的變化將進一步挑戰目前高齡教育課程實踐弱化、缺乏理論，以及低參與率的問題。

二、Howard McClusky的需求幅度理論

美國聯邦政府自1961年開始，大約每隔10年舉辦一次白宮老化會議，目的在探討高齡教育相關問題。在其1971年的會議中，密西根大學榮譽退休教授Howard McClusky就提出老人教育的背景議題，為美國老人教育的發展提出實施的觀點與政策方向。

McClusky（1971）指出，為了改善個人晚年的生活情況，有參與繼續教育的必要，在論述高齡教育的意義與目標時，他提出一個需求幅度理論。其主要論點為：老人經常面對的是需要想辦法維持他們在過去的歲月中所享受的能量（energy）及權力（power），如果個人在老年期時無法維持良好的狀況，他們可能會失去這些生存的資源；而如果他們能維持好一點的狀況，則他們可能獲得新的資源、產生新的角色與責任，也可能因此獲致新的生命發展層次。

所謂的「幅度」或者「空間」（margin），是指老人的負擔（load）相對於其擁有的能量或權力，兩者比例變化的關係如圖1所示。

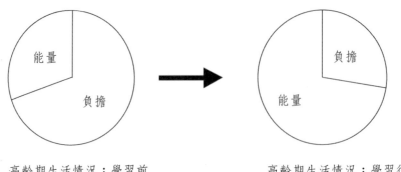

高齡期生活情況：學習前　　　　　　高齡期生活情況：學習後

圖1　高齡者「能量」與「負擔」比例變化期望關係圖

資料來源：研究者自繪

　　McClusky認為個體一生中，無論任何一個階段的生命發展週期，都是在適應、處理並經歷其「能量」與「負擔」兩者比例的變動，這個變動的幅度在老年期尤其大。無論兩者的變動關係如何，老年期需求學習的關鍵乃是要讓能量有盈餘，亦即希望在老年期時，其所擁有的能量之幅度，能超過老年期生活負擔的幅度。老人晚年生活主要的任務，就是在學習重新安排生活中的負擔與能量，使老人能擁有更有利的盈餘空間，這也就是為什麼需要鼓勵高齡者繼續發展或繼續學習的本質及必要性。

　　McClusky指出，所謂需求，意指個人為了達到某一種程度的成就，所期望的狀況。需求通常涉及缺乏或不足的概念，因此，「需求」也可以說是缺乏某種必要條件所產生的情形。換言之，個人為了生存、成長、健康或者為社會所接受的必要條件，若是以「最低限度」至「最理想」的情形來衡量（minimal-optimal scale），「生存」可以說是最低限度的需求；而個人的成長發展之需求，則是高於生存的需求。在分析老年期的教育需求時，McClusky提出了需求等級（range of needs）的概念，他指出從身體的適當性而言，個人最低限度的需求是為了生存；而超過了最低限度的適當性，就是為了健康的需求。就收入的適當性而

言，個人最低限度的收入是爲了能活命，而收入實質上的增加，則是爲了自尊的需求，以及自由選擇的需求，擁有這種選擇的機會，也會帶來個人的成長（McClusky, 1971; Weiman, 1987）。

　　基於這些論述，McClusky提出五個層次的需求等級概念，如圖2所示。

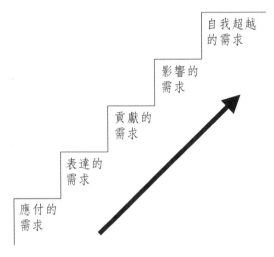

圖2　McClusky需求等級概念圖

資料來源：研究者自繪

　　McClusky（1971）所提出高齡者的第一個等級之需求爲應付的需求。所謂「應付的需求」（coping needs），是指個人由於進入高齡期，首先面對的就是每天生活實質上的減少，例如：收入的減少、職位的減少、影響力與連結性的減少，以及個人精力的消減。在這種情形下，McClusky所提出的「負擔」與「能量」關係比例之變化，就是影響生活品質相當重要的因素。如果能幫助老人透過教育，能學習到變遷社會中所需求的生存技能，以因應前述各方面力量實質的減少，這是最首要的高齡教育需求。除非一個人的應付需求得到基本的滿足，否則就談不上爲了滿足個人貢獻、成長或利他的需求而參與的學習課程。

第二個需求層面為「表達的需求」（expressive needs），這是指人們為了想要參加活動而參加活動的需求。而參加活動的動機，則是來自於本身的興趣，例如：鍛鍊肌肉、或運用視覺、聽覺、嗅覺等不同感官的活動，多屬於自發性的活動需求，例如：瑜伽、氣功、排舞、美術、音樂、歌唱、烹飪等課程。McClusky認為高齡教育課程提供，應該讓表達的需求愈少受到限制愈好。

第三個層面為「貢獻的需求」（contributive needs），此乃是基於高齡者也有想要「付出」的假設，他們仍然希望自己能對社會有所貢獻、希望自己的貢獻能被別人所接受。貢獻的需求又可以稱之為服務的需求。貢獻需求最常見的例子如：參與各種志工服務學習。

第四個層面的需求為「影響的需求」（influence needs），意指高齡者晚年對於其生活環境及世界，還是有想要發揮其影響力的需求。老年人在各方面的能力雖然逐漸衰減，但是他們並非完全沒有能力的一群人，如果能賦予適當的教育，他們所失去的能力將可以被恢復。高齡者影響需求之滿足，如：參與社團領導的訓練、或擔任社團領導人，如：獅子會、扶輪社、老人會等皆是。

至於第五個層面是屬於「自我超越的需求」（transcendent needs）層面，是關於獲致對於生命意義更深層了解的需求。老年人若能回顧自己的一生，並了解生命的意義，則雖然身體功能下降，卻仍然能繼續往前。許多研究都曾經論述，由於高齡者有想要更深入探索生命意義的需求，因此需要參與教育課程。關於生命意義的探討，通常是透過生命回顧的方式，高齡者很喜歡藉著再一次檢視生命中的轉折點，來反省自己這一生的生活意義與價值。

三、其他相關研究與反思

除了McClusky的需求幅度理論觀點之外，相關研究也曾指出，高齡者之所以參與學習，有其內在深刻的需求，包括：意義尋找、價值

重建及經驗回饋等。例如：老年社會學的研究指出，當人們進入生命最後的數十年，變得比較會反省以及更為深入內心，愈到老年期的時候，會有更大的智慧，以及所謂的「超越老化」（gerotranscendence）（Johnson & Barer, 2003）。當人們進入生命晚年期時，其人際關係變得更有選擇性，他們寧可與個人建立比較深的感情，而不是與許多人維持膚淺的感情（Tornstam, 1997）。Krause（2006）的研究也發現，當老人面臨沒有預期的生活事件時，藉由顯著的他人以及網絡的成員提供協助與諮詢，會使他們重新維持生活的意義。至於所謂生活的意義，係來自於一組價值、意義及值得奮鬥的目標，人生的意義也是來自於對過去的反思，人生不同的階段尋求生命的意義都是必要的，在老年期尤其明顯。前述這些需求，並不是過去許多的學習需求調查之研究報告所能完全呈現的（Peterson, 1983；魏惠娟、蔡旼璇，2008）。

　　Peterson（1983）也曾經論述高齡者的教育需要（needs）與想要（wants），他指出老人的需求相當多樣化，有些學習主題持續受到注意，如：宗教、健康、旅行等；技術相關課程如：藝術、工藝、橋牌、園藝等；而其他如：科學與科技則是一直都比較少被提到的。他強調教育需要與教育想要是不同的，需要源於個人的發展與社會發展的脈絡，但是可能不被認為是學習者直接的需求，至於想要的或渴望的，則代表個人的偏好，一般會先被提供。

　　通常在教育方案設計之初，需要以學習者「想要」的學習為基礎，鼓勵參與。但是長期而言，高齡教育方案規劃者應該要發展出更實質、對於社區及個人有普遍「需要」的課程，因為，畢竟資源提供者及上級監督者會希望看見他們的組織（或機構）對於高齡教育的投入能有比較好的效益。因此，教育方案的提供應該從娛樂與個人享受性的「想要」課程，提升至以協助解決問題、學習尊嚴與獨立的生活之「需要」課程。Peterson認為這是合適的高齡教育方案規劃方向，研究者亦深有同感。

從前述的McClusky需求幅度理論與相關文獻的對比可以發現，彼此之間有著相同之處，可以相互呼應。例如，Peterson（1983）的教育「需要」（needs）與「想要」（wants）的界分，相當程度地呼應了老年人到了人生後期，除了「想要」的興趣學習以外，還可以有、或者應該有「需要」學習的課程，如貢獻影響、自我超越課程即是。Johnson & Barer（2003）的超越老化概念，與McClusky所指自我超越的需求是一致的，皆是指涉對於生命意義更深層了解的需求。Krause（2006）認為老年人對於生命意義的追尋是值得重視的，此點亦與McClusky所指貢獻影響的需求是一致的，老年人雖已逐漸失去原有的角色地位，但仍可藉由服務貢獻他人而尋得生命的意義。

雖然McClusky的論述早在1971年就已經提出來，且成為白宮老化會議關於高齡教育目標論述之背景與基礎，但是我國對於他的理論觀點之探討與相關的研究卻很少，而且都集中在應用他的需求層次來做現況的調查而已（詹涵雯，2008）；並沒有反映出McClusky原典的精神，也就是並沒有回歸McClusky對於各個需求層級的定義，以及其在該層面定義下所建議的教育主題，也沒有相關研究根據McClusky的理論來發展高齡教育課程或學習內容。

總而言之，研究者之所以選擇McClusky需求幅度理論，用以分析我國樂齡中心的課程，主要理由在於：我國過去高齡教育的相關研究雖多，但多是一再的重述老人教育的問題，缺乏整體課程的建構及分析，以及缺乏高齡教育課程目標的論述，而高齡教育的實務推廣更是缺乏理論基礎。McClusky的需求幅度理論，一方面提供了一個相當完整的架構，可以用來分析高齡教育的課程；另一方面可以幫助課程規劃者，完整掌握高齡教育者的各種需求，達到成功老化的教育目標。此一理論可謂是兼具理論指引與實務檢核雙重作用的理論。

基於上述的原因，研究者乃以McClusky的需求幅度理論，以及五個需求層級的概念，作為高齡教育課程設計的架構基礎；需求幅度理論

可以爲高齡教育的目標與正當性，梳理出一個課程實施的完整框架。

第三節　課程分析的方法與實施

一、研究架構

　　本研究的分析架構，是以McClusky的需求幅度理論及其需求等級概念爲基礎所建構。由於McClusky理論中的貢獻與影響需求之課程，在國內高齡教育的實踐，比較多見於志工服務的貢獻課程。就階層性而言，貢獻與影響的課程，有其連續性的關係。不過，在未有夠多的實踐之前，從本研究資料中，兩者並不容易具體切割，故本研究架構初步將兩者整合成爲「貢獻影響課程」。至於McClusky所謂的自我超越需求，雖屬第五個層級，但是其實在個體一生中不同的發展階段，都有需求。根據本研究所蒐集到不多的實證資料，把超越課程歸屬於自我超越需求的課程。

　　本研究初步建構的課程分析架構，包括：基本課程（即滿足應付需求的課程）、興趣課程（即滿足表達需求的課程）、貢獻影響課程（即滿足貢獻與影響需求的課程），以及超越課程（即滿足自我超越需求的課程）。基本課程的學習主題類型包括：基本學習能力、保健學習、體適能學習、財務管理、生活法律、時間管理、居住安排、臨終教育等。興趣課程的學習主題類型包括：語文類、音樂類、戲劇表演、電影欣賞、烹飪類、手工藝類、休閒旅遊等。貢獻影響課程的學習主題類型包括：志工培訓、志工服務、社團領導培訓等。超越課程則包括生命回顧、宗教課程、靈性課程等學習類型等，整體架構如下圖3。

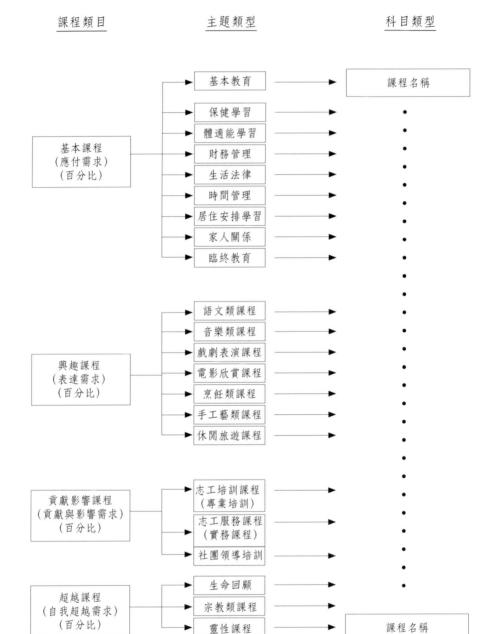

圖3　樂齡中心課程分析架構圖

二、研究問題

本研究應用上述的分析架構，以樂齡中心所提供的課程為分析之材料。根據研究目的，本研究所探討的問題如下：

㈠以McClusky的理論為基礎，應用本研究架構，我國樂齡中心課程整體的分布情形如何？

㈡我國樂齡中心的課程，在McClusky各需求層級的分布情形分別如何？

㈢綜合本研究分析結果，對於樂齡中心課程設計的現象與問題之發現為何？

㈣根據整體研究結果，對於我國未來高齡教育課程設計建議如何？

三、研究對象

在全國202所樂齡中心中，縣市政府及教育部曾經針對樂齡中心表現予以評鑑，排出評鑑結果之等第順序。本研究受限於時間及經費，無法將全部202所樂齡中心課程列入分析，故採取立意抽樣方式，選取其中全國排序前三分之一表現較佳的樂齡中心（不含玩具工坊），共計85所作為研究對象。研究的時間及課程實施的範圍，涵蓋從2009年10月起至2010年5月止的課程。

本研究之所以選取表現較佳的前三分之一，是因為這些中心的課程實施較為完整，且評鑑成效較佳，研究者想要了解這些表現較佳的中心，課程實施的狀況是否符合理論上的觀點。其他後三分之二者，或者資料不全，或者表現平平，相較而言，暫無研究的必要與價值。然而，在所選取的85所樂齡中心中，還是有部分資料不全，難以與其他中心一同比較。故最後剔除資料不全者，總計分析58個樂齡中心的課程，分布情形如下表1。

表1 本研究所分析之樂齡中心分布情形

縣市	樂齡中心數量	縣市	樂齡中心數量	縣市	樂齡中心數量
基隆市	2	臺中市	1	高雄市	2
臺北市	3	南投縣	2	屏東縣	3
臺北縣	4	彰化縣	4	宜蘭縣	2
桃園縣	4	雲林縣	2	花蓮市	2
新竹縣	2	嘉義縣	3	臺東縣	4
新竹市	1	臺南市	1	澎湖縣	2
苗栗縣	2	臺南縣	3	金門縣	1
臺中縣	4	高雄縣	4		

總　　計　23縣市58所樂齡中心

N＝58（資料來源：研究者整理）

四、研究方法

　　本研究採用探索性的研究設計，探索性研究的目的是在描述或評估某一複雜現象或問題，以熟悉該現象並獲得新觀點。探索性研究強調「發現」而非「檢定」，藉由研究發現，希望對於某些現象有更深入的了解，並由此發展未來的研究問題及假設。本研究希望透過樂齡中心課程的分析，探索我國高齡教育在課程規劃上的現象及問題。

　　本研究採用次級資料分析的方法來進行，次級資料分析法包括：檔案記錄研究、內容分析、後設分析等，本研究主要是應用內容分析的方法來分析樂齡中心的課程。內容分析法的分析單位是研究者進行內容分析時，用來檢視資料的最小範圍。一般來說，內容分析常採用五種分析單位：單一的字、句子或段落、整篇文件、人物（如：小說、戲劇中的人物），以及主題。本研究係以樂齡中心所開設的「課程名稱」當作「主題」作為分析單位。

五、效度與信度

　　本研究之分析類目是依據理論及相關文獻發展而來，係由研究者針對主題類目，邀請成人教育與高齡教育專長領域之專家學者（包括國立大學成人教育系研究高齡主題的學者，計有教授2人、副教授2人），審查修訂而成。並多次以編擬中的類目表，分析本研究資料，並反覆修正，期使研究類目更切合本研究目的。在進行正式分析之前，還要建立分析的信度，本研究是透過兩個以上的分析者，分析相同的文件，再比較分析結果的一致性，一致性高者，即有較高的信度（吳明清，1991）。本研究在進行課程類目分析時，共蒐集到420項課程，依據信度檢測公式[1]，求得同意值P為0.96，信度值R為0.97，本研究分析的信度算是很高（楊孝濚，1989）。

六、資料分析

　　本研究在分析架構確定後，即進行資料分析。最常用以詮釋內容分析資料的方法，經常是經由內容出現的次數、百分比、或者某一特別內容相對於整體內容出現的比例。本研究在各中心課程資料表的內容分析

---

[1] 本研究採用下列的信度檢測公式（歐用生，1991），計算信度如下：

㈠求相互同意值P：

$$P = \frac{2M}{N1 + N2}$$　（M：兩人同意的項目數；N：評定員應評定的數目）

本研究在進行課程類目分析時，共蒐集到樂齡學習中心420項課程，在進行分類時，兩人同意的數目共有404項，相互同意值之計算如下：

$$P = \frac{2 \times 404}{420 + 420} = 0.96$$

㈡求信度R：

$$R = \frac{NP}{1 + [(N-1)P]}$$　（N：評定員人數）

經算出相互同意值為0.96後，帶入信度公式，本研究信度值為：

$$R = \frac{2 \times 0.96}{1 + [(2-1) \times 0.96]} = 0.97$$

方面，是以「課程名稱」當作「主題」為分析單位，本研究資料計算的方法，主要是以前述各類目的時數及百分比來計算。

第四節　課程分析的結果與討論

一、樂齡中心課程整體分布情形

本研究應用McClusky的理論為基礎，針對樂齡中心課程進行分析，研究結果發現，我國樂齡中心所開設的課程，在本研究的分析架構下之分布情形，如下表2。

表2　樂齡中心課程整體分布情形

課程類目	區域（所數）	時數（小時）	各類課程總時數占整體課程比例
基本課程	北區（16）	2,220	5,505（31%）
	中區（15）	1,587	
	南區（16）	1,101	
	東區（08）	320	
	離島（03）	277	
興趣課程	北區（16）	3,694	10,078（56%）
	中區（15）	3,287	
	南區（16）	2,291	
	東區（08）	351	
	離島（03）	455	
貢獻影響課程	北區（16）	512	2,201（12%）
	中區（15）	1,167	
	南區（16）	411	
	東區（08）	81	
	離島（03）	30	

（續下表）

課程 類目	區域 （所數）	時數 （小時）	各類課程總時數 占整體課程比例
超越課程	北區（16）	44	193 （1%）
	中區（15）	101	
	南區（16）	45	
	東區（08）	3	
	離島（03）	0	
總　　計	23縣市58所樂齡中心		17,977

資料來源：研究者自行整理

　　我國樂齡中心課程，從開課總時數與各類型課程比例來看，以興趣課程所占的時數最多，居所有開課總時數的56%，其次為基本課程占31%，貢獻影響類課程占12%，以自我超越的超越課程開課時數193小時，僅占總時數的1%，份量最少。

　　從各區域開設課程時數來看其基本課程比例，發現北區開設基本課程計2,220小時（占34%）；中區開設基本課程1,587小時（占25%）；南區開設基本課程計1,101小時（占28.6%）；東區開設基本課程計320小時（占40%）；離島地區共計開設基本課程277小時（占36%）。東區及離島地區開設基本課程的比例最高，其次為北部地區。由此顯示，愈是偏鄉地區的高齡教育課程，愈重視基本生活的需求。各區域開設基本課程比例，依序如下表3。

表3　樂齡中心各區域開設基本課程比例順序

區域（所數）	基本課程時數	課程總時數	比例順序
東區（08）	320	755	42%(1)
離島（03）	277	762	36%(2)
北區（16）	2,220	6,470	34%(3)
中區（15）	1,587	6,142	26%(4)
南區（16）	1,101	3,848,	29%(5)

資料來源：研究者自行整理

在興趣課程方面，北區興趣課程總計開設3,694小時，占北部地區課程總數的57%；中區的興趣課程計3,287小時，占該地區課程總數的54%；南區共計開設3,848小時的課程，其中興趣課程占60%；東區共計開設797小時的課程，其中興趣課占44%；離島地區共計開設762小時的課程，其中興趣課程占60%。整體而言，各地區的興趣課程比例均相當高，顯示無論在哪一種地區，興趣課程都是高齡者最歡迎的課程。基本上，興趣課程就是Peterson（1983）所謂高齡者「想要」的課程。雖然樂齡中心顧及了高齡者想要的課程，但是高齡者「需要」的課程也是不能偏廢的，比例依序如下表4。

表4　樂齡中心各區域開設興趣課程比例順序

區域（所數）	興趣課程時數	課程總時數	比例順序
離島（03）	455	762	60%(1)
南區（16）	2,291	3,848	60%(1)
北區（16）	3,694	6,470	57%(3)
中區（15）	3,287	6,142	53%(4)
東區（08）	351	755	46%(5)

資料來源：研究者自行整理

至於屬於McClusky的貢獻與影響需求層次的貢獻影響課程，北部地區有8%、中區19%、南區11%、東區10%、離島地區4%，各地區的貢獻影響課程比例均低，依序如下表5。

表5　樂齡中心各區域開設貢獻影響課程比例順序

區域（所數）	貢獻影響課程時數	課程總時數	比例順序
中區（15）	1,167	6,142	19%(1)
東區（08）	81	755	11%(2)
南區（16）	411	3,848	10%(3)
北區（16）	512	6,470	8%(4)

（續下表）

區域（所數）	貢獻影響課程時數	課程總時數	比例順序
離島（03）	30	762	4%(5)

資料來源：研究者自行整理

　　最後，滿足高齡者自我超越需求的課程，在各地區的課程時數比例看來更是微不足道，各區域的超越課程開設比例依序為：中區（1.6%）、南區（1.1%）、北區（0.6%）、東區（0.3%），外島（0%）。

二、樂齡中心在各需求層級課程類型分布情形

㈠樂齡中心開設滿足應付需求的基本課程情形

　　我國樂齡中心所開設的各類課程，根據本研究的分析架構，從課程類目、主題類型與實際開設的科目來檢視，在基本課程的開設情形如下圖4。

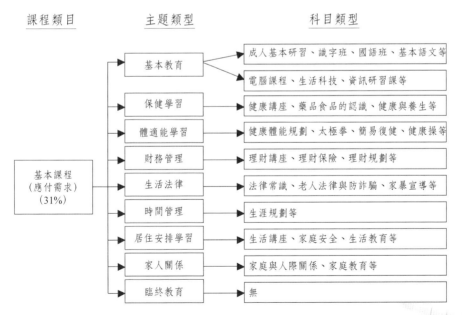

圖4　樂齡中心開設基本課程情形

　　根據McCluskyt的理論，所謂應付的需求，就是高齡者為了生活（生存）所一定要學習的項目。這些學習內涵多是與飲食、居住、交通、保健相關的內涵，為了學習這些基本課程，高齡者要有基本的識字（學習）能力。基本課程的學習也有順序性，如：識字能力比一切的學習都要更優先。從McClusky理論架構中的主題類型的分析看來，樂齡中心為了滿足高齡者生活基本需求的識字課程、保健課程，以及體適能課程等開設較多，而在時間管理、臨終教育部分的開設情形則相對較少。

㈡樂齡中心開設滿足表達需求的興趣課程情形

　　所謂興趣課程是指人們為了想要參加活動而參加活動的需求，參加活動的動機是來自於本身的興趣，興趣課程愈不受規範愈好。根據McClusky的架構，把樂齡中心的興趣課程歸納成七類，各樂齡中心所開設的科目林林總總非常多樣，總計開設了10,078小時，占所有課程的56%。興趣課程的開設情形如下圖5。

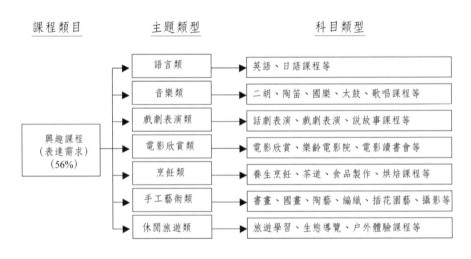

圖5　樂齡中心開設興趣課程情形

㈢樂齡中心開設滿足貢獻與影響需求的貢獻影響課程情形

　　貢獻需求的課程是指高齡者還是有「想要」、也「能夠」付出的假設，他們雖然年紀漸增，但是仍然希望自己會對社會有貢獻，也希望自己的貢獻能被認可與接受，貢獻的需求因此也就是服務的需求。影響的需求是比貢獻更高一層的需求，意指高齡者晚年對於其生活環境及世界仍然有要發揮影響力的感覺。貢獻與影響的需求意味著老年人在各方面的能力雖然逐漸衰退，但是若能賦予適當的教育，他們因為年紀大所失去的能力還是可以被恢復。以本研究架構檢視樂齡中心的課程，發現在這一個課程類目上所開設的課程並不豐富，整體比例也只有12%，一方面顯示我國樂齡中心並未重視高齡者還有能力及意願服務他人；另一方面也顯示在服務性課程、尤其在社團領導人培訓方面，仍有很大的成長空間。貢獻影響課程的開設情形如下圖6。

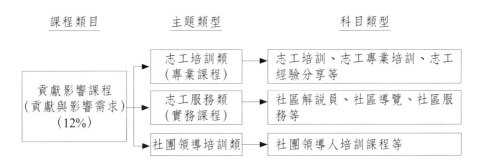

圖6　樂齡中心開設貢獻影響課程情形

㈣樂齡中心開設滿足自我超越需求的超越課程情形

　　自我超越的需求是指高齡者雖然身體功能下降，但是當他（她）回顧自己的一生，了解並肯定自己的生命意義與價值後，還是能繼續往前。當然，McClusky也指出在一生中的任何階段，都會有自我超越的需求，只是在老年期尤其明顯。根據本研究架構，樂齡中心開設這一類

的課程非常不足，一共只有193小時（1%），缺少靈性學習的課程和生命回顧類的課程，也只有生命故事這一個學習主題比較貼近自我超越需求的意涵。從McClusky需求階層理論的觀點分析，此一屬於人生最高階層需求的課程，在我國的高齡者需求中最弱，也最不受重視，未來實有必要逐步提升其開設的比例。超越課程的開設情形如下圖7。

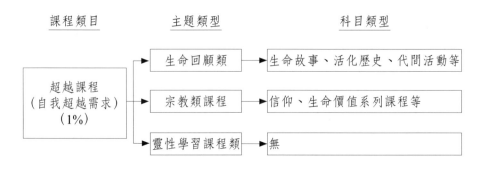

圖7　樂齡中心開設超越課程情形

三、樂齡中心課程規劃的現象

本研究分析23縣市一共58所樂齡中心過去半年多所開設的課程，分析方式是以McClusky的需求層次理論為基礎所發展的架構，根據各樂齡中心所填報的課程類型、科目分布與開課時數統計，發現本研究所分析的樂齡中心以開設興趣需求的課程為最多，McClusky所認為很重要的高齡教育目標之一就是滿足老年期應付需求的「基本課程」則居次，在貢獻影響課程與自我超越部分的課程都很少。根據資料分析結果，本研究歸納出以下的現象：

㈠樂齡中心經營者對於課程的規劃，係處於「依樣畫葫蘆」的階段，但是已經初步具備「需求層次」概念

樂齡中心應該開設什麼課程呢？根據教育部2008年的實施要點，

對於這個問題並未有任何規範；然而，樂齡教育輔導團在輔導培訓過程中，對於課程的規劃開始把McClusky的理論架構融入教學中。教育部2009年的實施要點在補助項目基準上，增加了對於補助各中心開設學習活動的規定，包括：系列課程、宣導課程、特色課程、志工培訓課程、專業連結課程與深耕增能課程。然這些規定的課程類型，其實還都是屬於McClusky的興趣課程，其中所謂的專業連結課程，嚴格說來並非課程類目，而是課程的實施方式，強調要與大學院校相關系所合作。深耕增能課程主要在培訓志工，此又與其志工培訓課程相似。由於主管單位在課程規劃上一開始並未規範，第二年開始雖有規範，但是實施要點上的各類目之間卻又有重疊的現象，突顯了樂齡中心課程規劃缺乏理論基礎的問題。

透過樂齡教育輔導團的培訓研習，為樂齡中心建構出高齡教育的課程架構與理論觀點，並以該架構為評鑑課程的架構。然由於各中心是以上述2009年的要點獲得教育部的補助，經過培訓後，在評鑑的指引下，學習把課程填入課程架構中，雖是如此，從本研究的資料，可以看出各中心開始領會課程規劃要有「層次」的想法，只是目前仍處於「依樣畫葫蘆」的階段，照著培訓研習的教導規劃課程。

㈡樂齡中心的興趣課程很多元，這種現象與目前的長青學苑或老人大學之高齡教育活動類型，並沒有太大的差異

樂齡中心的設置比長青學苑晚了26年，從教育部門「預防未來」的角度，如果能掌握高齡教育課程，應該要協助高齡者「預防」老年期的生活幅度窄化的觀點，在各中心的課程規劃上參考老化理論（如McClusky的架構），特別是對於基本課程的規範，這樣才能使得樂齡中心的設置超越歷史悠久的長青學苑，並且引領社會上對於高齡教育基本學習課題的重視與規劃。只不過從目前樂齡中心的課程實施來看，主體的課程內容係屬於興趣課程，此種結果與長青學苑或老人大學之高齡

教育活動類型，並沒有太大的差異。

㈢東部地區、離島地區與北部地區所開設的基本課程類型最多，比例
　超過所分析資料開設基本課程的平均值

　　從各地區的課程類型來看，東部地區與離島地區所開出的基本課程
比例最高。從McClusky的觀點而言，雖然所有的人都需要基本課程的
學習，但是尤以識字程度較低的高齡者，為了達成成功老化的願景，更
需要基本的課程。東部與離島地區有比較高比例的基本課程，可能原因
是該地區的高齡者比較需要基本的識字課程。此外，基本課程中如果識
字能力獲得滿足，基本的保健、運動、財務規劃等課程也都開設了，接
著需要的基本課程就是生活科技類型的學習，包括：電腦及電腦科技相
關的學習課程。或許這就是北部地區基本課程比例高的因素。

㈣樂齡中心課程規劃者並未將高齡學習者、高齡教育課程與高齡教育
　目標作有意義的連結

　　前文曾經提及，Krause（2006）的研究發現，人生不同階段尋求生
命的意義都是必要的，在老年期尤其明顯。所謂生活的意義，來自於
一組價值、意義及值得奮鬥的目標，人生的意義也是來自於對過去的反
思。本研究從資料分析發現，無論是都會地區或離島地區，所開設的興
趣課程都超過50%以上；而北部地區與離島地區的貢獻影響課程比例都
只是個位數，從這個初步的發現，可以了解樂齡中心在課程規劃上缺乏
系統的連結，同時，課程的規劃與實踐亟需在均衡性方面有所加強。除
了顧及高齡者想要的課程外，亦應加強高齡者需要的課程，尤其是有關
生命意義的課程極度缺乏。

　　以上結果顯示，我國樂齡中心的課程雖然已經在培訓的基礎下，逐
步具備需求的概念及層次感，但整體而言，大部分的課程均不夠均衡，
距離McClusky（1971）高齡者自我超越的需求尚有很大的距離；同樣
地，距離Peterson（1983）所謂「需要」的課程也有一段差距。可見我

國樂齡中心的課程規劃與實施，基本上顧及了高齡者生活及「想要」的課程，但卻未能均衡地開設貢獻影響、自我超越等「需要」的課程。

第五節　結論與建議

如前所述，本章主要目的，首先在探討McClusky的需求幅度理論概念意涵及基礎；其次，在建構一個高齡教育課程分析的架構；最後以該架構來分析樂齡中心之課程，以了解樂齡中心課程在需求幅度理論架構中的分布情形，並作為日後改進樂齡中心課程之參考。根據研究分析結果，本章歸納下列的結論與建議：

一、結論

(一)我國樂齡中心的課程，從McClusky的理論來檢視，並未能呼應「要擴大老年期生活能量」的高齡教育目標

各地區提供比例過高的興趣課程，雖然滿足了高齡者參與的興趣，但是卻未必有助於高齡者學到老年期應該要學到的「生存」內涵，也就是未能符應「透過高齡教育增加高齡者的能量，藉由學習減輕其生活負擔」的重要哲理。換言之，我國樂齡中心的課程規劃與實施，需要進一步與「擴大老年期生活能量」的高齡教育目標密切結合。

(二)樂齡學習課程的興趣課程比例偏高，弱化了教育部門設置「樂齡中心」的必要性與正當性

McClusky的論述雖然指出，對於老年人的興趣課程應該愈少限制愈好，但是基於我國自1982年起，就已經由社會福利部門與民間攜手開設滿足高齡者學習興趣的各種課程，發展26年來已頗具規模，各中心除申請內政部的補助，甚且發展出中心的收費標準。樂齡中心的成立既然是由「教育部門」來主導，就應該發揮「看見未來、預防未來」的教育本質，在目前高齡教育課程目標的缺口上加以引導，並有所規範，才有

設置的必要，否則就將弱化了教育部門設置「樂齡中心」的必要性與正當性。再者，由於樂齡中心課程係完全免費，如果教育部門所支持設置的高齡教育課程並沒有發揮高齡教育應有的使命與目標，甚且與其他單位所開設的課程性質接近，則推出這一個方案的必要性與正當性如何，值得主管當局思考。

㈢樂齡中心的經營者對於高齡者的教育需求與其層次的理解不足，也沒有反映在課程的規劃上

各樂齡中心在輔導培訓與評鑑的要求下，雖然都試圖將課程與McClusky的理論架構做連結，但是經過本研究分析結果，發現各中心只是在要求下「依樣畫葫蘆」的呈現課程架構，但是並未思考課程類型意涵，也沒有將其課程與該地區高齡者特質作連結，更未能與同區域已經有的其他高齡學習方案作比較，並規劃出差異化的課程。顯示樂齡中心的經營者對於高齡者的教育需求與其需求層次，並未有充分的理解，也沒有反映在課程的規劃上。此一現象間接顯示了樂齡中心課程規劃者的老化專業訓練是不足的。

㈣樂齡中心的課程實施，在McClusky的四種課程類型分布上極不均衡，在各類型課程的學習主題上，層次性也不足

本研究發現各樂齡中心還是以興趣課程居多，比例分配上相當失衡，愈高階的需求課程愈少，高齡期生存所必要的基本課程也不夠，在各課程類型中所提供的學習主題沒有層次性，並且嚴重缺乏一些重要的高齡教育主題，例如：高齡者生命意義的探討、高齡者價值與獨立功能的學習、未來生存技能的學習、靈性滿足的學習等課程內容。

㈤樂齡政策的制定，並未從理論的觀點思考高齡教育的課程規劃，將使得高齡教育持續被邊陲化

綜合本研究分析結果，我國推動高齡教育最關鍵的問題，還是在於「觀念」。樂齡教育實施要點的訂定，並未從高齡教育的「理論基礎

與教育目標」來構思並提供輔導策略[2]。主管機關所制定的實施辦法，主要是基於樂齡中心的行政執行層面來考量，因此，在中心的運作機制上，如：申請方式、場地、經費等雖有規範[3]，但在最重要的「牛肉」方面，也就是樂齡中心的「課程」以及「教學」方面，卻並未有任何的規範，也缺乏適當的理論依據，致使各中心所提供的課程類型，仍停留在市場上已經有、而且已經有很多的「興趣或嗜好」的學習活動上。

二、建議

綜合研究結果，研究者提供下列建議供參考：

(一)對於樂齡中心課程規劃的建議

1. 樂齡中心的課程，要能呼應「擴大老年期生活能量」的高齡教育目標。

   實務工作者一定要認識高齡者參與學習的目標，不是只有「好玩、喜歡」而已，而應透過課程的提供，幫助高齡者增加生活能量，達到成功老化的生存願景，這才是高齡教育最首要的課程目標。因此，建議樂齡中心未來加強基本課程的持續與全面開設，時數與比例要配合學習者的特質，藉此擴大高齡者的生活能量。

2. 樂齡中心宜降低興趣課程比例，均衡開設各種課程，並朝向滿足更高層次需求的課程發展。

   針對經常參與學習、中上程度的高齡者，要引導他們參加貢獻影響課程，並提供超越課程。高齡者還是有想要「付出」的想法，透過「付出」使自己的能量增加，這是高齡教育上層的目標，但在目前

---

[2] 關於樂齡政策的輔導方式與策略等相關資料，請參見樂齡教育輔導團，網址：http://team.senioredu.moe.gov.tw/

[3] 樂齡中心的實施運作辦法，請查閱教育部頒布「教育部補助設置各鄉鎮市區樂齡學習資源中心實施要點」。

的高齡教育學習上並沒有被全面的領會。樂齡中心的課程規劃者要學習區隔學習者，並且區隔課程，逐步朝向更高層次的角度來設計課程。因此，未來的課程規劃宜在既有基礎之上，酌量增加貢獻影響、自我超越的需要課程，以幫助高齡者圓滿地實現其自我尊嚴與生命意義。

3. 課程規劃者要加強老化專業知識，以充分理解成功老化之各種需求，逐步建構成功老化的完整課程架構。

目前樂齡中心的課程實施，基本上均是依據教育部的樂齡中心補助要點中的課程架構而訂定。換言之，樂齡中心的課程規劃者目前只能依樣畫葫蘆式地參考規劃，他們並沒有足夠的老化專業訓練和理論素養，可以發展出既符合高齡者需求、又符合理論要求的課程。因此，未來對於課程規劃者老化專業知識的提升，應屬當務之急。

㈡對於主管機關政策的建議

1. 政策要明確揭示高齡教育的目標，具體規範各樂齡中心的課程比例，尤其是加強基本課程與貢獻影響課程的規劃。

樂齡中心課程的實施，基本上均是以教育部的規範作為依據。教育部的樂齡教育實施要點，需要以高齡教育理論為基礎，有願景來引導，重新修正。而修正的重點，並不是在行政層面上的規定而已，一定要引導各樂齡中心規劃出更高比例的「基本課程」，並依區域特性與高齡者特質，規劃出滿足高齡者貢獻影響需求的貢獻影響課程，如此才能引導樂齡中心走向均衡的成功老化方向開課。

2. 研訂「樂齡學習課程綱要」，明確規範課程的學習主題、順序與內涵，使實務工作者能有所依循。

課程是高齡教育能不能突破創新，以及能否吸引學習者的關鍵。課程設計本質上是極高的專業，不是現階段樂齡中心、甚或其他高齡教育機構，沒有受過任何培訓的實務工作者所能為之。因此，建

議主管機關一方面可以McClusky理論為基礎，另一方面可以參酌本土特色為學習內涵設計之參考，研訂出一套「樂齡學習課程綱要」，先將高齡教育課程做完整的規劃，然後逐步建立高齡教育課程的實施內容，作為整體推動的參考依循。

3. 加強實務工作者的老化專業培訓，以強化其高齡教育專業素養。

目前的樂齡中心課程規劃者，雖多具有社區經營或老人服務等實務經驗，但因樂齡中心屬於新的政策，樂齡課程屬於新的架構，一般實務工作者很難在短時間內完全掌握，這就有賴長期的專業培訓予以解決。因此，建議主管機關每年應該定期培訓樂齡中心的負責人及課程規劃者，藉此增進其老化專業知識，進而提升樂齡中心的課程品質。

㈢ 對於未來高齡教育課程研究的建議

由於時間及資料的限制，本研究未能分析所有樂齡中心的課程，也沒有進一步分析各課程類目的學習內涵。如何針對規劃者及學習者進行訪談或調查，以了解他們對於高齡教育目標、課程規範的看法，據此修改McClusky的需求幅度理論與架構及內涵，這些都是未來研究可以深化的。此外，研究者亦建議可以採用問卷調查或訪談的方式，以了解課程設計者的目標或思維邏輯，亦或是直接透過課程內容分析的方式，探究各類課程所蘊含的價值信念與內涵，以發展出屬於臺灣高齡教育的課程目標與理論基礎。

（本章修改自成人及終身教育學刊，15期，頁115-150之論文：臺灣樂齡學習中心課程分析：McClosky需求幅度理論的應用。）

參考文獻

內政部（2011）。現住人口按五歲年齡分。2011年10月19日，取自http://sowf.moi.gov.tw/stat/month/m1-06.xls

王素敏（1997）。老人的休閒滿意及其休閒教育取向之研究。國立高雄師範大學成人教育研究所碩士論文，未出版，高雄。

王淑婉（2004）。南投縣老人參與識字教育動機之研究。國立中正大學成人及繼續教育學系碩士論文，未出版，嘉義。

吳永銘（1998）。我國老人教育辦理現況暨發展取向之研究。國立高雄師範大學成人教育研究所碩士論文，高雄，未出版。

吳明清（1991）。教育研究——基本觀念與方法之分析。臺北：五南。

林月熠（1997）。臺灣鄉村地區老人教育之探討。國立臺灣大學農業推廣學系碩士論文，未出版，臺北。

林亭玉（2000）。社區老人教育之研究——以高雄市本館社區和君正社區為例。國立高雄師範大學成人教育研究所碩士論文，未出版，高雄。

林淑敏（2004）。我國老人教育實施途徑之調查研究。國立中正大學成人及繼續教育學系碩士論文，未出版，嘉義。

林麗惠（2007）。從高齡教育機構開設的課程類別評析高齡學習內容之發展趨勢。課程與教學季刊，10(1)，83-96。

教育部（2009）。教育部97年度委託辦理樂齡銀髮教育行動輔導團期末報告書。2010年8月17日，取自http://moe.senioredu.moe.gov.tw/front/bin/home.phtml

教育部（2010）。99年度樂齡學習資源中心抽訪評鑑結果報告。臺北：教育部。

莊雅婷、黃錦山、魏惠娟（2008）。臺灣地區高齡教育的現況分析。載於魏惠娟主編，高齡教育政策與實踐（頁121-178）。臺北：五南。

陳淑珍（2007）。高齡教育學術研究趨向之探討：1990-2007國內碩博士論文分析。國立中正大學成人及繼續教育學系碩士論文，未出版，嘉義。

曾淑芬（2007）。高齡者電腦網路使用行為與生活滿意度關係之研究。國立

中正大學成人及繼續教育學系碩士論文，未出版，嘉義。

黃國彥（1991）。臺灣地區老人學習需求與內涵之研究。教育部委託專案。

楊孝濚（1989）。內容分析法。載於楊國樞、文崇一、吳聰賢、李亦園主編，社會及行為科學研究法下冊（頁809-831）。臺北市：東華書局。

楊欣恩（2002）。臺北市長青學苑藝術學習需求與現況之調查研究。國立臺灣師範大學音樂研究所碩士論文，未出版，臺北。

詹涵雯（2008）。桃園縣高齡者學習需求與參與意願之研究。中央大學客家政治經濟與政策研究所碩士論文，未出版，桃園。

歐用生（1991）。內容分析法。載於黃光雄、簡茂發主編，教育研究法（頁229-254）。臺北：師大書苑。

賴錦慧（1990）。我國高齡者學習需求及其相關因素之研究。臺灣師範大學社會教育學系碩士論文，未出版，臺北市。

戴穎儀（2003）。中老年婦女參與醫院減重課程之動機與身體意象之研究。國立高雄師範大學成人教育研究所碩士論文，未出版，高雄。

魏惠娟、蔡旼璇（2008年5月）。高齡教育需求評估之次級資料分析。論文發表於落實高齡社會老人教育政策願景研討會，新竹縣。

Johnson, C. L., & Barer, B. M. (2003). *Life beyond 85 years*. Amherst, NY: Prometheus Books.

Krause, N. (2006). Social relationships in later life. In Robert H. Binstock & Linda K. George (Editors). *Handbook of aging and social sciences*. Academic Press. Burlington, MA. USA.

Manheimer, R. (2008). *Philosophy of Aging*, 2008年10月於中正大學演講稿件，未出版，嘉義縣。

McClusky, H. Y.(1971). Education: Background issues. *White House Conference on Aging*, Washington, D. C.

Peterson, D. A. (1983). *Facilitation education for older learners*. San Francisco: Jossey-Bass.

Tornstam, L. (1997). Gerotranscendence: The contemplative dimensions of aging. *Journal of Aging Studies*, *11*, 143-154.

Weiman, E. R. (1987). *McClusky's Power-Load-Margin theory and adult*

119

students, Unpublished Dissertation, University of Southern Illinois University at Carbondale. UMI, 300 N. Zeeb Rd. Ann Arbor, MI 48106. (Order Number 8922403).

（本章撰寫感謝國科會計畫經費補助，計畫編號：NSC99-2410-H-194-034-SS3）

第五章

樂齡學習人力的培訓模式

第一節　前言

　　臺灣高齡教育的發展，在2008年教育部社教司訂頒「教育部設置各鄉鎮市區樂齡學習資源中心實施計畫」，預計分3年於全臺各地設置「樂齡學習資源中心」（現已改為樂齡學習中心）後，進入了一個新紀元。至2011年，全臺灣共已設置209所樂齡學習中心。樂齡學習中心設置的目的在深入基層，希望能夠更廣泛、更全面的提供多元學習課程，讓更多的高齡者成為快樂學習、忘記年齡的樂齡實踐者，以打造活力老化的臺灣社會。在這樣新的思維與理念的驅動下，樂齡學習的發展，亟需優質的人力以推動樂齡學習中心的經營、課程的設計及環境的營造等，因而人力的培訓成為樂齡學習推展是否成功的重要關鍵。

　　有鑑於此，教育部委託國立中正大學高齡教育研究中心成立輔導團，針對地方政府負責人、樂齡學習中心的領導者及志工，進行培訓，以具備經營樂齡中心之正確的理念與知識。由於此計畫是國內高齡教育的一項創舉，不僅理念創新、執行方式創新，投入的經費比例亦較以往提升，在人力的培訓上更是高齡教育實務領域上的一大突破。樂齡輔導團花了2年的時間，針對1,453人次進行培訓，所採用的培訓理念、方法、流程是否可以梳理出一套供成人教育或高齡教育參考的模式，是本章的焦點所在。

　　據此，本章以輔導團在對樂齡學習中心經營者的培訓經驗為探討核

心，試圖發展臺灣樂齡學習人力培訓模式。文章除前言外，共分爲五個部分，首先談及樂齡學習人力培訓之源起；其次，透過文獻探討，呈現人力培訓模式的派典；第三，分析輔導團培訓實務；第四，提出臺灣樂齡學習人力培訓模式；最後則提出結語。

第二節　樂齡學習人力培訓之源起

臺灣針對高齡者提供相關的學習活動已有二十餘年的歷史，然過去主要是由內政部社會司所補助的長青學苑及民間組織的老人（社會）大學，扮演較爲重要的角色，教育部門雖訂有辦理補助老人教育的「補助辦法」，但是並未有推動的主軸（魏惠娟、胡夢鯨、陳冠良，2010）。不論在老人教育機構的經營上、專業人才的培訓上、或是學習課程的規劃與設計上等，都缺乏整體且系統的規劃與推展。一直到2006年，教育部公布了「邁向高齡社會：老人教育政策白皮書」，爲落實其願景，社教司訂頒「教育部設置各鄉鎮市區樂齡學習資源中心實施計畫」，計畫分3年於全臺各地設置「樂齡學習資源中心」（現已改爲樂齡學習中心），2008年係爲計畫第一年，於臺灣本島各地及金門、澎湖設置了104所，2009年設置了202所，至2010年，全臺灣共已設置209所樂齡學習中心。

「樂齡」一詞援引自新加坡及馬來西亞對於老年人之尊稱（樂齡族），爲鼓勵老年人快樂學習而忘記年齡，是以「樂齡」作爲學習中心之名稱。鼓勵各鄉鎮現有機構申請爲承辦執行單位，包括正規學校（中小學）、社教機構（公共圖書館、社區大學）、民間團體（農漁會、老人會、社區發展協會、社區關懷據點）及非營利組織等，目的在整合鄉鎮市區老人學習資源，提供多元的學習管道及學習活動，以利樂齡者參與學習。

樂齡學習中心的成立，除原有機構的領導者作爲中心的經營者之

外，尚招募社區人士及樂齡學習者擔任中心志工，協助中心運作，藉由老人服務老人，鼓勵老人社會參與，拓展人際關係，促進老人身心健康，使其生活更充實快樂。除此之外，並期許這群經營團隊能夠由依賴者、學習者，逐漸轉為自主引導者，永續經營樂齡中心。

既然樂齡學習中心在國內是一項新的嘗試，教育部也投入相當比例的經費，為使中心經營展現效能，中心的經營者及志工即是樂齡學習中心的重要資產，是經營樂齡學習中心的關鍵推手，因而必須清楚的讓樂齡中心的人員了解中心的使命與定位，以及自身的角色與任務，這自然需透過有計畫的、系統的培訓活動來達成。

有鑑於此，教育部委由國立中正大學高齡教育研究中心團隊，針對樂齡中心的經營者、專案管理人、行政人員或志工，進行整體系統的培訓與輔導，以打造陣容堅強的中心人才，設置符合地區特性的中心，創意開發出滿足社區老人需求的學習模式，落實政策目標。

導入系統化培訓的理由如下：

一、嶄新的成立理念及經營方向

樂齡學習中心的成立目標，乃根據教育部設置各鄉鎮樂齡銀髮學習資源中心計畫辦理，分別為彙集區域老人教育學習資源；提供老人學習之場所，落實在地化學習模式；鼓勵老人終身學習及社會參與，以促進老人身心健康；結合地方資源，共同營造無年齡歧視之社區文化。但就以申請承辦單位而言，可分為四類：以非營利組織（社區發展協會、福利協會、教育協會及學會等）為主，共計95所；其次為學校系統（國高中、國小學及大學等），共計70所；第三為公部門系統（鄉鎮公所、圖書館等），共計29所；第四為社區大學系統，共計12所；最後為老人會系統，共計11所。這些機構有其原有存在的目的，如何找到樂齡學習中心的定位和主軸、使命和目標，並且根據在地資源，展現中心特色，是所有中心承辦人員在經營之初所應有的認識，以使其與現有的高齡教育

機構有所區隔，避免教育資源的重疊及浪費，並展現其獨一無二的品牌特色。

二、區隔化的課程設計與內容

樂齡學習中心在經營上最重要的就是其提供的課程品質，是否能突破傳統或與現有課程有所區隔，決定了其存在的價值。國內的高齡教育雖然已有二十餘年的歷史，然而在提供的課程方面卻有著下列問題（魏惠娟、胡夢鯨、陳冠良，2010）：第一，課程大都以休閒、娛樂、語言、藝術的學習為主，長期以來沒有太大變化；第二，未完全針對高齡者的需求來提供課程；第三，課程缺乏理論觀點或模式依據，多偏向休閒性及娛樂性，缺乏系統性及教育性；第四，未重視能提升高齡者學習品質及生活價值的規範性需求課程。植基於此，輔導團根據McClusky的需求幅度理論建構一套課程架構，以使中心規劃者能更清楚的貼近高齡者的各種需求層面，提出更能提升其能量，減少負擔的課程內容；並進一步與社區大學、長青學苑、老人大學等高齡教育機構開設之課程有所區隔，建立自己的課程品牌特色。

三、多元化背景的經營人員

由於樂齡學習中心的承辦人員來自各個不同類型的機構，原來機構有其屬性及目標，對於高齡教育的目標及作法未必有清楚正確的了解，加上許多實務工作者雖有豐富的現場經驗，但卻未必了解行動背後的理論基礎及思維架構；更有甚者，有些已在組織服務數十寒暑，有些卻是才剛進入組織的新人；有些是組織的經營管理者，有些是職員，也有新手志工，這些起點知識不同、來自多元背景的經營人員，如何讓其在認知上共享一套樂齡學習的經營哲學、熱愛樂齡學習、並具備推動樂齡學習的行動力，是樂齡人力培訓要達成的最重要目標之一。

第三節　人力培訓模式的派典

　　人力培訓，或者亦稱爲教育訓練，是屬於一種結構式的學習，透過具體的訓練計畫的擬定、執行與評估，以達到提升個人績效與組織績效的目的。運用適當的培訓模式，除了提供方案設計上的指引，以避免設計上可能犯的錯誤，同時也會產出較有效能的方案設計，再者也可確保類似性質的方案有同樣品質的效果。

　　回顧訓練模式的發展，大部分來自於企業領域或人力資源發展方面的文獻。最早提出訓練的規劃模式，始於Dooley於1945年提出的四步驟訓練法（Allen & Swanson, 2006）。該訓練模式爲教育訓練講師提供一良好的架構，但因只專注於講師與受訓者之間的互動，太過窄化了訓練的功能。之後，適逢二次世界大戰，軍隊需要有系統的訓練，促使了ADDIE模式的發展。ADDIE模式雖廣泛運用，但由於它的特性和大多數工商業訓練需求及環境並不相容，所使用的工具也不足夠，加上該模式未與組織的績效連結，於是便促使了以績效爲主的訓練系統的發展（Training for Performance System）。

　　以績效爲主的訓練系統發展，大抵開始重視訓練的成效，將訓練視爲組織中的一個系統，而非只是一個單一的方案。如Brinkerhoff（2005）所言，當訓練只是單一的一項介入方案，它是不足以改善績效的。同時，培訓設計無法單獨存在，必須同步思考訓練遷移和訓練績效。

　　Swanson和Holton認爲績效導向教育訓練有五項核心的標準實務（葉俊偉譯，2005）：㈠以系統化訓練流程爲核心；㈡專業的教育訓練人員；㈢有趣的和有效的教學，特別是要符合成人學習者的特性；㈣將學習遷移到工作場所中；㈤有效地應用資訊科技。

　　Baldwin和Ford（1988）及Tannenbaum和Yukl（1992）發現，訓練後，平均只有10%的成功率，亦即以100人的訓練而言，只有約10個人

訓練後真正的改善了工作上的績效。因此，真正關心訓練效果，不僅僅要改善訓練方案的品質，還要重視整個訓練到績效的過程（training-to-performance process）（Brinkerhoff, 2005）。而此過程或訓練後的結果，受到許多相關因素的影響，雖然說這些影響因素不一而足，但可以確定的是，僅有好的訓練方案，是無法產生好的訓練效果的。Rummler和Brache（1995）將訓練成效定義為「績效改善」，並發現影響訓練成效的因素有學習者本身、工作場域、組織因素，以及訓練本身的因素，和各因素之間的互動情形。

　　根據上述論點，並參照Cowell, Hopkins, McWhorter和Jorden（2006）的分類，筆者將培訓模式分為教學設計為核心的模式，以及績效導向的模式。

一、教學設計為核心的模式

㈠教學系統設計（instructional system design, ISD）

　　ADDIE是教學系統設計中最廣泛使用的一種系統規劃模式，AD-DIE分別代表著分析（analysis）、設計（design）、發展（develop）、執行（implement）與評鑑（evaluate）五個階段。原是由美國陸軍發展出來的，當初的目的是有系統及有效率地，在一個龐大的軍隊訓練機構的情境脈絡中進行訓練，並且希望能夠提供一個共同的語言和程序，將訓練傳達到陸軍各部門的分支機構中，該模式提供了一個系統化架構，對於同質性及高度結構化的工作環境相當適合。有許多企業以此模式作為概念架構來進行訓練，並加以修正，如會計公司Arthur Anderson、3M、General Motors等。

　　後續根據教學系統模式所延伸的模式有一百多種以上的變型（Allen, 2006），但不論模式如何發展，大抵不脫ADDIE的原型──分析、設計、發展、執行與評鑑。然而，此初始模式因為較適用於同質性高的學習者、課室內的教學、技術方面的訓練，特別是採用講述或是示範

的教學方法；然而隨著教學環境的改變、工作複雜性的提高、新的教學科技的發展，使得ADDIE也隨之加以修正。根據Tennyson和Michaels（1991），ADDIE經過了四個世代的演變：

1. 行為主義世代：強調學習是一種行為改變的過程，注重教學目標前測、教學及後測。

2. 系統理論世代：開始運用系統理論來控制及管理複雜的教學發展過程。仍重視行為主義，但更強調教學的發展過程。

3. 互動觀點世代：強調ADDIE是一個互動的過程，任何一要素都可作為起始點。行為主義仍然盛行，但也開始漸漸注重認知理論在學習上的影響。

4. 評鑑及問題解決世代：開始整合系統工程、行為及認知心理學、教學科技，以及績效改善等觀點。

　　圖1為原美國軍中所使用的ADDIE模式；圖2為修正後的模式。

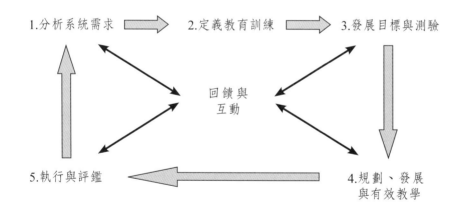

圖1　ADDIE原型

資料來源：University of Maintenance (1990, p.iii)；引自Allen（2006, p.433）

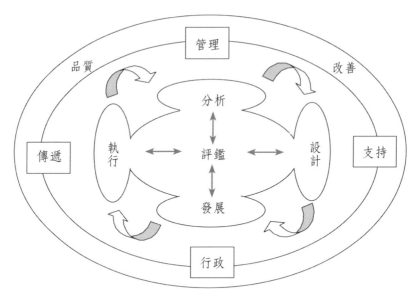

圖2　ADDIE修正後模式

資料來源：Department of the Air Force (2001, p.18)；引自Allen（2006, p. 438）

㈡教學設計方法

Knirk和Gusafson（1986）提出了教學設計的方法，共分為三個步驟，每個步驟可分為三至四個特定的任務，詳述如下：

1. 定義問題階段

此階段主要在確認問題並設定教學目標。有四個主要的工作任務：需求評估及任務分析、了解學員的起點行為、確認一般的教學目標，以及教學的發展。在此階段還有一個很重要的功能，亦即組織管理的功能，負責所有的規劃、組織、協調、評鑑及報告。

2. 設計階段

主要在發展目標、確認策略及使用的教學媒體。

3. 發展階段

主要是教材的發展、分析、修正及執行，包括四項任務：首先，根

據教學目標選擇或發展教材；其次，進行效能、效率或成本的分析，亦即形成性評鑑；其三，根據形成性評鑑結果，修訂教材；第四，根據一個標準的模型，執行方案。

　　整個模式強調：教學目標的達成才代表方案成功的被執行。

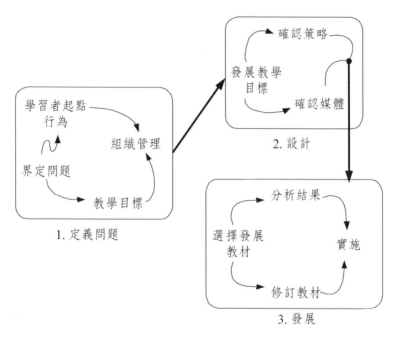

圖3　教學設計方法

資源來源：Knirk & Gustafson (1986, p.27)

二、績效導向的模式

　　績效導向觀點的培訓模式，立基於訓練本身無法改善個人或組織績效，因此很強調分析與評鑑階段，以及訓練與整體環境或組織的關係。

㈠績效為主的訓練系統（Training for Performance System, TPS）

　　此模式為Swanson於1978年根據ADDIE模式修正而來，包含了分

析、設計、發展、實行,以及評鑑,其中不同之處,是特別強調領導者在該訓練過程中的支援與領導(圖4)。

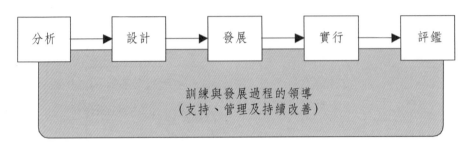

圖4　以績效為主的訓練系統

資料來源:Swanson(1996),引自葉俊偉譯(2005)

以下針對各步驟作一說明(葉俊偉譯,2005;Swanson, 1996):

1. 分析階段

包括兩個部分,第一部分為組織績效需求診斷,旨在確認組織的目標,以及可以達成組織目標的相關變數。訓練課程結束後,便可進一步了解:組織是否表現得更好?工作過程是否表現得更好?以及個人(或團體)是否表現得更好?第二部分為工作和任務分析,以確認員工需要知道些什麼,以及能夠做些什麼。透過特殊的工具來進行程序性的、系統的,以及知識的工作分析,並將其文件化(documentation)。

2. 設計階段

此階段主要為課程設計,考慮的項目包括教學方法、受訓者的數目、授課內容的穩定性。設計的策略必須合乎經濟的、系統的,以及心理學的。在教學方法上特別要考慮是以媒體為主或是以講師為主,此階段要發展出課程計畫,並須與前一階段的績效需求、訓練目標、專業文件加以結合。

3. 發展階段

此階段主要指發展教材,包括教師訓練的教材和學員使用的教材。

由於不論是以講師爲主或是以媒體爲主的教學方法，其教材及媒體的選項，範圍非常大，因此，大部分的訓練課程只利用非常有限的教材，例如：投影片、幻燈片、錄影帶、模擬、書面的訓練手冊等。

4. 實行階段

此階段主要是訓練課程的管理，包括執行特定訓練課程可能碰到的相關事情、狀況，以及決策，亦即訓練課程開課前、開課中或開課後的相關事件的紀錄與管理。這時可利用以紙張爲主的專案管理系統、或是以電腦爲主的專案管理系統，翔實記錄描述活動、活動的細節、開始和結束的日期，以及每件事負責的部門。

5. 評鑑階段

此階段主要在確認訓練的效能，以績效（從個人到組織）、學習（從知識到專業）和知覺（學員的滿意度）三個層面來衡量。這個部分必須與第一個分析階段連結在一起，並且在一開始要釐清訓練課程最後預期的產物爲何。預期的產物是增進組織績效和提高學員滿意度，此兩者不同的預期會導致訓練專家採用不同的訓練活動，而了解預期的產物爲何，有助於訓練課程的整體規劃和實行。

除了上述五個階段，TPS的訓練模式仍強調領導者在此過程中的角色。領導者必須確保受訓練員工參與訓練後提升工作績效，因此，訓練前、訓練過程、訓練後，領導者都必須了解自己所扮演的角色與責任，一旦確認了角色、責任與過程當中要達到的品質標準，就能將其轉化爲訓練政策，作爲日後訓練發展的指引。Swanson（1996）特別強調，分析和評鑑階段是訓練是否能夠成功的關鍵階段。

(二)成果導向的訓練

Robinson和Robinson（1989）提出了兩種不同類型的訓練：活動式的訓練及成果導向的訓練。過去大部分的訓練傾向是活動式的訓練，亦即由某部門或單位提出具體的要求（needs），希望以訓練方式處

理；訓練部門確認並澄清訓練的必要性及預算額度，開始進行課程設計（design）及行政安排（administration），並完成課程講授（deliver）及評估（evaluation），這個流程很明確，但是卻也顯現其爲何無法展現成效。此種活動式訓練的特點在於：訓練人員只負責學習活動，卻未考量成果；訓練人員只關心訓練方案的設計和執行；教室裡的訓練是否能遷移至工作上的行爲是個未知數；訓練未與整體組織或環境的策略目標相結合；缺乏管理者對於訓練結果所應負的責任；若有評估，也僅是在滿意度的層次。

然而，隨著外在環境的變動，人才素質的提升在組織中愈來愈重要之後，培訓的定位應從活動式的訓練（activity training）轉移到成果導向的訓練（impact training），前者的焦點在於辦理多樣化的訓練活動，未與整體組織環境的需求與策略目標相結合，而後者則企圖讓訓練眞正有效。

Robinson和Robinson（1989）也進一步強調，要讓訓練發揮影響力，很重要的一個基本思維是成果的產生，來自於學習經驗與工作環境的相乘積，亦即：

$$學習經驗 \times 工作環境 = 組織成果$$

在這個方程式中，唯有當訓練中所學應用在工作上時，才能產生績效。因此，訓練方案本身在設計及執行時，需注意是否有助於受訓者的學習；然而，學習本身並不能對工作上產生直接的效果，必須有賴於工作環境對於所學技能的強化，若是任何一項乘數等於0，則此方程式將等於0，表示訓練未帶來任何績效的改進。亦即當受訓者從訓練課程回到工作場域時，工作環境一定要提供其運用所學的機會。

成果導向的訓練流程如下圖5。

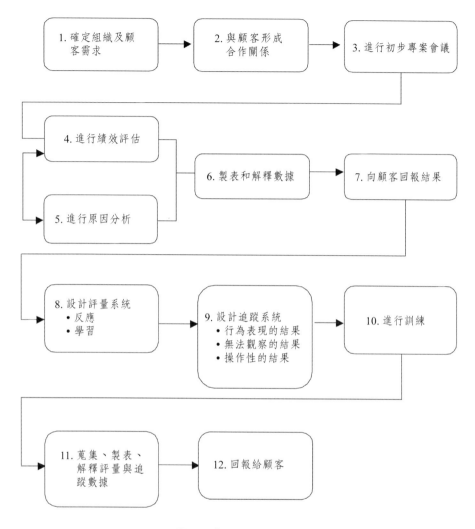

圖5　成果導向的訓練

資料來源：Robinson & Robinson (1989, p.15)

1. 確定組織及顧客需求：訓練應是專案導向，而不應僅是課程導向。
2. 與顧客形成合作關係：目的在強化受訓後的工作環境的支持，此處顧客指的是主管及受訓者。
3. 進行初步專案會議：訓練人員與主管階層取得共識。

4. 進行績效評估：這是成果導向訓練很重要的一個步驟，目的在決定受訓者原先具備的KSA，以及訓練後應達到的KSA。

5. 進行原因分析：當發現績效落差後，應進一步分析造成落差的原因。

6. 製表和解釋數據，並向顧客回報結果：培訓人員應進一步將評估結果提供給管理者，讓其了解管理層面應提供的支持。

7. 向顧客回報結果。

8. 設計評量系統：主要是滿意度及學習層面的評量。

9. 設計追蹤系統：追蹤受訓後的成果，包括可具體觀察的行為或技能、無法觀察的內在能力，以及操作性的指標。

10. 進行訓練：設計並執行有效的教學方案。

11. 蒐集、製表、解釋評量與追蹤數據：培訓者應了解受訓者之起點行為，並持續追蹤受訓後的成果。

12. 回報給顧客：讓顧客了解整體評估的結果，特別是追蹤的數據，以顯現訓練的成效。

㈢訓練到績效的六項修鍊模式

此模式由Wick, Pollock, Jefferson和Flanagan（2010）所提出，也是一種系統的觀點，同時將設計與執行及評鑑同步考量。此模式所談的六項修鍊（6D）如圖6，說明如下：

1. 定義組織面的成果（Define business outcomes）

作者強調應以組織的術語來定義方案目標。每個培訓方案都有以教育術語來定義的學習目標，但若從主管或是組織的角度來看，這樣的目標是模糊的，無法具體表達達成該學習目標後，能如何為組織創造價值。換句話說，在決定目標之前，應從組織的目標思考，再推演為方案的學習目標。

2. 設計完整的學習經驗（Design complete experience）

傳統以來，教育訓練只著重教學，重視教室內的學習，而忽略了教學之後及離開教室後的發展。但在績效導向的方案中，必須將學習視為一個持續的過程，學習始於方案之前，並持續發酵於方案之後，受訓者的主管及工作環境對於學習者的學習遷移及應用，具有重要影響力。因此，若從訓練遷移的觀點來設計課程，必須從訓練前、訓練中、訓練後，分別思考學員、訓練講師及主管所扮演的角色，以充分掌握時間及對訓練的關鍵影響因素，而讓訓練發揮成效。

3. 有助於應用的教學（Deliver for application）

此項修鍊強調，不論教學的傳遞方式為何，最重要的是能將教學中提供的訊息、概念和技能，真正讓學員應用在工作上。長期以來，培訓為人詬病之處即為方案和工作間、學習和應用間，一直有道鴻溝。因此，作者認為培訓人員必須要掌握七項要素：第一，讓受訓者有學習的熱情，樂於應用所學；第二，所學必須與其工作有關；第三，要讓學習者知道如何應用（know-how）；第四，強化學習保留；第五，提供利於遷移的行動計畫；第六，與學習者溝通所學；第七，檢核過程，確保目標的達成。

4. 建立持續追蹤的機制（Drive follow-through）

此階段旨在確保訓練遷移及應用的過程。然而，訓練的持續追蹤（follow-through）卻是相當困難的一個階段，但卻也是許多訓練失敗的重要階段。此時，需要主管及組織共同建造一個追蹤的系統，包括：為學員訂出合理的期許、蒐集訓後資料、不斷提醒並設定里程碑、強調績效責任、提供回饋等。作者特別強調時間的槓桿效應，如果只有幾天或幾小時的訓練，是不足以抵擋組織或個人抗拒改變的惰性；但若訓練後輔以定期或不定期的檢核，則能延伸訓練的效果。

5. 展開具體的支持（Deploy active support）

此項修鍊強調主管、培訓講師、同儕及組織環境的角色。主管是否

清楚員工上了哪些課、是否選對人才參與培訓、培訓目標是否清楚、培訓中是否協助減輕工作負擔、培訓後是否提供機會運用所學等。培訓講師是否提供「售後服務」，亦即講師的角色已不限於課堂，而必須延伸至工作上應用的協助。整個組織的文化是否鼓勵學習，同儕是否互相支持，都對訓練後的效果有很關鍵的影響。

6. 記錄成果（Document results）

所有訓練過程中，課程設計者、教學設計者、學習參與者、主管等所投入的工作，若無具體資料可呈現投入的成果，那麼就無法顯現訓練成果對組織的重要性。成果的記錄有利於學習、適應及改進，並可作為下一個訓練循環的參考依據。

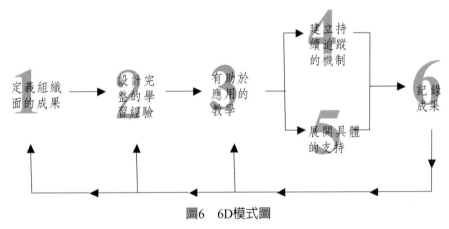

圖6　6D模式圖

資料來源：Wick, Pollock, Jefferson, & Flanagan (2010, p. 2)

㈣人力培訓派典分析

從上述兩種派典的分析，可以發現這兩種派典都強調系統性，只是著重的焦點不同。從不同派典的各模式中，亦可看出模式的各階段有其連貫性，每個階段亦有其應注意的設計重點。上述人力培訓模式的分析，提供了三項重要的啟示：

1. 培訓方案必須是成果導向的，「以終為始」思考培訓目標

參與培訓的最終極目的不外乎，「所學能用」，並對個人或組織有具體的績效改善。因此，在規劃培訓方案時，必須「以終為始」，先思考該培訓在組織層面要達成的具體可衡量的成果為何，再據以開始後續的教學方案，如此方可避免訓而無用、訓而他用、訓而少用，以及訓不及用等弊端。

2. 分析及評鑑是培訓方案成功的關鍵

大部分的方案規劃者誤以為評鑑是方案執行的最後階段，殊不知在方案設計時的分析階段就必須同步運用評鑑的結果，例如：學習者已知道什麼？尚需知道什麼？並進一步思考該次培訓評鑑的方式及內涵，並以其作為培訓方案設計的指引，包括：教學設計、教學內容及執行方式。

3. 教學方案設計必須融入利於訓練遷移的要素

成果導向的培訓模式，重視訓練後的學習與應用，因此在進行教學設計時，必須考量如何在參訓前提升受訓者學習動機、參訓中如何讓學習者積極參與，以及參訓後的檢核與追蹤。

第四節　樂齡學習人力培訓實務

教育部委託國立中正大學高齡教育研究中心成立樂齡教育輔導團，分別針對第一年及第二年成立的中心，進行培訓、輔導訪視與評鑑。期許透過培訓，培養高齡教育的專業人員，以及打造具有特色的在地學習場所。2年培訓的流程與方法大致雷同，但基於第一年的經驗，第二年在教學設計上，有更多實際的案例得以分享並舉例，同時更清楚的將樂齡中心的定位與課程規劃理念傳遞給學員。以下以第二年樂齡教育輔導團的實際作法，加以敘述。

本團隊先蒐集具有高齡教育理論研究或實務推廣經驗之專業機構為

單位，以策略聯盟的方式，從臺灣北中南東四個區域，延聘四區共計22位學者專家擔任輔導團委員。總團部與各分區的輔導團委員進行聯繫會議，說明樂齡中心的精神、經營方式，以及策略聯盟輔導方式。各區委員協助輔導當地的樂齡學習中心經營運作及志工、教師培訓，並出席參與輔導團會議，協助樂齡學習中心的訪視評鑑。

接著由培訓講師團隊研編樂齡學習中心工作手冊，主要為中心經營的標準化作業流程及操作手冊，共分為四個部分，內容涵蓋經營樂齡中心所需要了解的理念與實務。研讀本工作手冊，將可幫助樂齡推手了解如何撰寫樂齡計畫、如何籌組經營團隊、如何規劃多元課程、如何設計溫馨空間，以及如何辦理成果展示等。工作手冊以實務操作為定位，有助於樂齡中心的順利推展，並且符合專業的要求，提高樂齡學習的品質。

整個教學的目標在於使樂齡學習中心的設置與經營，能逐漸超越現有的老人學習活動之規劃層次，提供深化的學習課程，以創造學習、改變、增能與貢獻的成果。

在研編教材的同時，輔導團逐步規劃研習培訓，針對第一年設置與第二年設置的樂齡中心，分別辦理初階、進階培訓研習活動。

初階培訓是為2008年度教育部設置第1年的104所樂齡學習中心，協助工作團隊了解樂齡中心的經營策略方向、工作手冊的使用，並建立經營團隊與志工團隊。根據本團隊所編輯的教材架構，初階整體培訓時間計14至16小時。除了培訓教材之外，也發展研習投影片資料，輔助教學之成效。並將培訓相關資料放置教育部樂齡學習網專區及樂齡教育輔導團網頁，提供學員們下載。課程包括：老人教育政策說明、樂齡精神、樂齡中心經營理念與評鑑指標、中高齡者的學習需求與評估方法、樂齡中心的課程設計與修正、樂齡故事說給你聽等。

進階培訓是為92所續辦之樂齡學習中心以及12所社區學習中心之工作團隊，進階整體培訓時間計6.5小時，協助中心的工作團隊於學習

課程、經營管理、行銷推廣與成果發表等層面作深化與創新的設計，並進行樂齡學習故事的蒐集、彙整與行銷宣傳，強化經營者及社會大眾對於樂齡學習價值的認知、肯定與報導。除了培訓教材之外，也發展研習投影片資料，以輔助教學之成效。並將培訓相關資料放置教育部樂齡學習網專區及樂齡教育輔導團網頁上，提供學員們下載。原則上，培訓的內容即是評鑑的重點，具體清楚的將評鑑的指標轉化為教學內容。

　　講師團共計4人，分別至北中南東四區進行培訓，每場平均約150人參與。培訓方式採團隊教學的模式（team teaching），4位講師從培訓前的教材編撰、課程主題及內容規劃，即共同參與討論，16小時的培訓，全程在場，依主題與需要協同教學。教學方式包括：講述、小組討論、實作、影音分享、角色扮演、綜合座談等。在上課中隨時依據學員們的學習狀況，機動調整教學內容與順序，並互相支援，協助講解，同時為使學員投入於學習，尚輔以醒腦活動與帶動唱，營造輕鬆、歡愉的學習氣氛。

　　各中心承接計畫後一個半月內開始接受培訓，培訓輔導團要求每個中心至少派出3名成員參與培訓，包括：主任、志工或講師，亦將學員參與培訓的出席情形翔實記錄。

　　培訓後，各中心陸續啟動，大約經營4個月後，由樂齡輔導團進行每個中心約1小時的訪視與輔導活動，旨在了解中心經營的概況，提供諮詢服務、協助問題解決，以延續培訓成效；並且於訪視2至3個月後於各區進行6小時的期中交流會議，目的在促進各中心彼此的交流與觀摩，分享在規劃與執行計畫時所面臨之問題與解決策略，以收他山之石可以攻錯之效。最後，於年度結束時，辦理一場約8小時的全國樂齡學習中心成果交流發表會議，除了靜態成果展示，尚包括各樂齡執行團隊的實際見證分享，以提供參與人員更多相關樂齡學習推動策略，匯聚未來創新實行作法，來加強所有經營推動團隊的交流，並行銷推廣樂齡學習的理念。培訓流程如圖7所示。

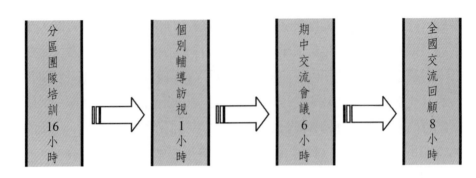

圖7　樂齡學習中心培訓流程圖

　　評鑑部分，則由樂齡教育輔導團與各分區委員共同進行，主要在檢核各中心經營績效，亦即是否具體落實培訓中教授的內容於中心的營運上，包括四項評鑑層面：管理創新層面、課程創新層面、軟硬體設備層面、行銷宣傳層面等。

　　除此之外，第一年培訓結束後，尚以訓練遷移的角度來了解培訓的成效（李藹慈、魏惠娟、陳宏婷，2011）。研究發現，經過四場次之團隊培訓，學員在訓練遷移的四個層面：中心基本理念的認識、中心的方案規劃執行、中心的經營運作、中心的行銷推廣等的表現良好，當受訓者參與訓練的動機愈高；以及回到中心後，得到主管或是工作團隊夥伴的支持、有機會運用所學，或是能與其他同儕夥伴共同討論、切磋交流、分享所學，有較好的訓練遷移成效。整體而言，學員所處的工作環境是否支持與學習動機的高低，是預測訓練遷移成效的關鍵因素。

　　除了由參與培訓者的角度來了解培訓成效，另從樂齡學習中心的樂齡學習者的滿意度，亦提供了一些訊息。樂齡中心成立第二年後，輔導團即針對全國樂齡學習中心學員進行滿意度的調查（鄭羽珺，2010），共抽樣82所樂齡中心，每個中心放發25份問卷，共有效回收1,516份問卷。研究結果發現，樂齡學習者對於樂齡學習中心的參與皆為滿意以上之程度，依序為教師教學、行政支援、課程內容、學習環境，且教學層

面顯著高於行政支援、課程內容及學習環境，顯示各中心經營者在安排師資及教學部分表現最佳，但學習環境的營造則是四項中偏低的項目。

學員滿意度之外，另一針對大臺南地區樂齡學習中心的學員，進行學習成效評估的研究發現（鍾秀琴，2011），與現有的其他高齡教育機構相比，如：長青學苑、松年大學及社區大學，樂齡者參與樂齡學習中心之學習成效最佳，幸福感亦最佳。雖然此研究只針對大臺南地區，然大臺南市擁有34個中心，是全國設置點最多的縣市，此研究結果也證實了大臺南地區樂齡學習中心的經營，的確與其他高齡機構所帶來的學習成效有所不同。

第五節　樂齡學習人力培訓模式

根據上述實務資料，輔導團的培訓模式可歸納為下列六個階段：

一、定位階段（Identification）

樂齡學習中心首次成立，輔導團思考了政策面及參訓學員面的需求及最終具體預期成果（desired result），由此開展了後續的培訓與輔導體系。

政策上的需求，即為創造209所不同文化特色之樂齡學習中心，並永續經營，以幫助中高齡者快樂學習，成功老化。在此政策的引導下，具體要達成的成果為以下五項：

　　㈠成立經營團隊；
　　㈡營造友善的在地學習環境與氛圍；
　　㈢規劃具教育與學習意涵之課程及活動；
　　㈣發展與應用創意的行銷宣傳計畫；
　　㈤做好檔案與知識管理。
此五項成果的達成，無法一蹴可幾，因此，第一年首重在中心的經

營管理及基礎建設（infrastructure）的打造，即前兩項成果的達成——團隊的成立，以及空間的塑造；再者，中心的服務對象是該鄉鎮所有55歲以上的樂齡者，在提供中高齡者在地化的學習場域的理念下，尚希望中心能將學習送至鄉鎮各角落，同時，期許參與者參與樂齡學習中心的課程或活動後，逐漸達到「學習、改變、增能」三個目標。因此，第二年再將重心逐步深化到樂齡教育課程的設計，以及如何永續經營樂齡中心。而第四及第五項成果，行銷宣傳及知識管理則為使中心永續經營的充分條件。此五項成果融入為教材內容，也作為後續中心的評鑑指標。

參訓人員的學習需求，則透過差距分析（gap analysis），以了解參訓學員所需要強化的能力（表1），並轉化為設計階段的教材及教學內容。

表1　參訓學員差距分析

現狀	能力或實務上的差距	需強化的能力
首次聽聞樂齡	缺乏對樂齡精神的認識	樂齡精神 樂齡學習中心設置內涵
原從事工作未必與高齡教育有關	不了解高齡教育，以及中高齡學習者的特性與需求	高齡教育的理念；樂齡對象
同步經營其他性質機構（如關懷據點）	不知如何將機構定位清楚，以及區隔課程	中心理念及定位、樂齡經營哲學
實務經驗豐富，但面臨新的挑戰	缺乏經營管理、課程企劃、行銷企劃、資訊科技等相關知能	經營管理、課程規劃、行銷宣傳策略、部落格、網路、影片剪輯等資訊能力

二、設計階段（Design）

根據前一階段的界定與分析，為找出達成成果的方法，輔導團並加以參考國內外文獻及高齡教育相關理論，發展出學習目標及教材內容。樂齡學習中心的訓練教材——工作手冊，手冊主要依據中心經營的時

程，分為基本理念、籌備、實施、成果展示等四個部分，內容涵蓋經營樂齡中心所需要了解的理念及實務，是一本實務操作手冊。

教材的設計，引導了教學；手冊的編撰者即為輔導團隊，同時也是培訓師資群，能有效傳達手冊內容，並依據實際培訓情況即時調整教學方法、內容或是修訂教材內容。整體培訓結束後，再將修訂後的教材上網，供學習者日後下載使用。同時，現也將教材出版，以利廣大的高齡教育工作者參考使用。

三、傳遞階段（Delivery）

教學內容即為參訓學員回至中心必須實踐的行為，強調問題為中心的成人教學策略，善用成人的經驗，在培訓的過程中，培訓講師講述重點後，隨即在現場進行實況演練、角色扮演、問題導向討論，深化參與培訓者的印象，幫助其面對未來可能發生的問題，提出可行的因應策略，並集思廣益分享不同中心的經營經驗，從實務個案中有效學習。同時，培訓講師以生動、活潑的語態，配合地區性的特色，讓參與培訓者能夠在短時間內吸收教學內容，並應用在樂齡學習中心之經營操作上。

除此之外，培訓團隊強調合作及專長分工的方式進行教學，經過多次團隊會議討論達成教學目標及內容的共識，並依據每位教師的主要專長決定教學主題。即使如此，各項培訓課程均以團隊師資群授課，2天課室內的培訓，培訓團隊全員在場，主講師授課時，其他講師得視實際情形隨時支援，或者得因參訓學員學習狀況，調整教學順序，且一位講師一次培訓不重複授課超過4小時，以增加學員的專注力。

四、工作中追蹤階段（On-the-job follow up）

整體培訓設計除了有課室內的訓練，尚包括回到工作上的追蹤與輔導。為了解各參訓學員返回中心的實際運作情形，輔導團會同教育部人員逐一訪視各個中心經營的情況，提出優點及改進建議事項，透過訪視

了解中心仍應加強的部分，納入下次培訓的內容，並於培訓中表揚各項目表現良好的中心，建立標竿學習典範。

五、成果階段（Outcomes）

為促進各中心彼此的交流與觀摩，並收「見賢思齊」之效，輔導團構思了分區交流會議及成果展演。具體言之，分區交流會議，旨在凝聚各鄉鎮市區樂齡學習中心執行人員及志工團隊，共同交流與分享在規劃與執行計畫時所面臨之問題與解決策略；而邀請績優中心表演或展覽，則在展現執行的成果以供其他中心仿效。除此之外，輔導團在此階段將各中心的問題及成果加以記錄，一方面作為未來培訓上不斷改進的依據，績優的中心則可作為未來培訓的成功案例，而成果展的設計，也在對教育部展現輔導團培訓及輔導的價值。

六、評鑑階段（Evaluation）

在整個培訓過程中，秉持著「持續改善」的精神，落實形成性評鑑及總結性評鑑。從培訓的定位、教材的設計、教學的現場到訪視輔導及交流觀摩，無不時時思考如何能做到最好，不斷的根據實務上的回饋加以調整。

總結性評鑑則在於了解培訓後各學員回至中心將所學落實的情形，分為自評及他評。輔導團委員與各分區委員共同發展了「教育部設置各鄉鎮市區樂齡學習資源中心及社區中心學習中心自評表」，以及「教育部設置各鄉鎮市區樂齡學習資源中心及社區中心學習中心評鑑表」。先由各樂齡學習中心自評，再由輔導團委員會同各分區委員，與教育部官員及縣市政府主管一同進行他評。同時，除了有量化的指標之外，也輔以質性的文字描述，以利樂齡中心經營人員更清楚了解未來待改進之處。而此評鑑的結果，也提供輔導團未來在進行相關樂齡專業人才培訓規劃的修正依據。

根據上述分析，此次樂齡輔導團的培訓過程，可建構爲AALC-IDDOOE模式，說明如下：

AALC爲樂齡學習中心（Active Aging Learning Center）的英文縮寫，在此則代表樂齡教育輔導團在整個培訓過程中的角色。輔導團在整個協助樂齡學習中心成立的過程中，扮演著總團部的角色，根據教育部所擬定的老人教育政策，由輔導團構思、擬定策略，以建立樂齡學習中心的運作機制、提供系統化的培訓活動、研擬訪視評鑑辦法、形塑資源網絡，以及提供各學習中心諮詢輔導的支援。整體而言，扮演了行政（Administration）、支持（Aid）、領導（Leadership）及輔導（Consultation）的角色。

IDDOOE模式（可讀爲I do），則代表了培訓的定位（Identification）、設計（Design）、傳遞（Delivery）、工作上的追蹤（On-the-job follow up）、成果（Outcome）及評鑑（Evaluation）的循環，一方面結合了教學設計模式中強調的教學目標的擬定及教學內容的設計，一方面則突顯成果導向模式中所重視的行爲改變及應用（圖8）。

此模式共有六個階段，從各個階段的發展，可梳理出七項標準實務，是未來不論在成教或高齡領域的培訓上都應具備與落實的：

㈠培訓定位清楚；

㈡教材與教學一氣呵成；

㈢掌握成人學習特性，運用團隊協同教學以強化學習效果；

㈣重視培訓後的行爲改變與應用；

㈤利用成果交流達到觀摩與標竿學習之效；

㈥持續改進，止於至善；

㈦培訓體系的完整性有賴於行政、支持、領導與輔導的功能。

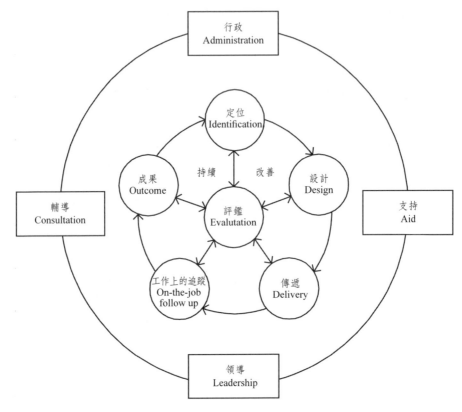

圖8　樂齡學習人力培訓模式

第六節　結語

　　綜上所述,本章以教學模式及成果導向的觀點,建立一適合樂齡學習的培訓模式,從培訓績效的角度,修正傳統上以教學設計為主之培訓課程的不足。從培訓成果出發,結合樂齡學習中心成立之目標,同步思考訓練內容與實際運用至工作場合之連結性,此作法不僅呼應了前述人力培訓派典的重要觀點,更配合受訓者實際需求而進行規劃。此模式之建立,有助於未來在成人教育及高齡教育人力培訓實務上的應用。

　　綜觀此模式的特色,可歸納為以下四項:

一、定位清楚，培訓強調持續改善

教育部初始設立樂齡學習中心時，即希望能與一般高齡教育機構有所區隔，因此，輔導團在訓練規劃之初，即強調「定位」之重要性，且整體模式強調持續改善的過程，能在過程中透過不斷的修正，以達最適合受訓者及國家政策的需求。

同時，本模式在「工作上的追蹤」階段，要求各中心必須做好檔案資源管理，對於後續評鑑提供相當的助益。

二、團隊協同教學，有助於活化學習氛圍，提升學習成效

樂齡人力培訓採用團隊協同教學的方式，與過往以單打獨鬥或是獨立教學的型態不同。無論在課前之準備、教材的編撰及教學過程，都是以專長分工再加以合作的方式進行，不僅教學內容與實施方式能夠彈性多元，教學的時間及空間也可因不同教師而有不同的變化，而有益於營造活潑的學習氣氛，提升參訓學員的學習滿意度與學習成效。

三、重視訓練成效，以系統觀點進行設計

以往的人力培訓，較為著重在培訓前的準備及教學的過程，對於成果鮮少進行有系統的規劃與評估，本計畫則採用以績效為主的培訓系統發展，重視訓練後的成效，同步思考訓練遷移和訓練績效，以提升培訓的投資報酬率。

四、輔導團的多元角色，強化培訓體系的完整性

根據文獻中所言，過去的培訓不易看見成效，即在於培訓中及培訓後缺乏強而有力的引導機制。此次培訓最大的特色之一即在於，輔導團發揮了多元的角色，在培訓、輔導、訪視、檔案管理等層面，提供行政的支援，針對參訓學員在落實所學時的不安，提供心理的支持，在整個樂齡中心的策略方向上發揮領導的功能，以及不斷的提供輔導諮詢的服

務，以期讓樂齡中心的設立能符合政策目標及民眾的需求。此種多元角色的扮演，讓整個培訓體系的連結更加的完整與周延，進而提升培訓成效。

參考文獻

李藹慈、魏惠娟、陳宏婷（2011）。樂齡學習中心人力培訓方案成效之研究：訓練遷移的觀點。成人及終身教育學刊，16，113-154。

教育部（2008）。樂齡教育輔導團。2011/04/26取自http://team.senioredu.moe.gov.tw/011.htm

葉俊偉譯（2005）。人力資源發展。臺北市：五南。

鄭羽玞（2010）。我國樂齡學習資源中心課程類型、學習需求及滿意度之研究。國立中正大學成人及繼續教育學系碩士論文，未出版，嘉義縣。

鍾秀琴（2011）。大臺南市樂齡者學習成效及幸福感之研究。國立中正大學成人及繼續教育學系碩士論文，未出版，嘉義縣。

魏惠娟、胡夢鯨、陳冠良（2010）。臺灣樂齡學習中心課程之分析：McClusky需求幅度理論的應用。成人及終身教育學刊，15，115-150。

Allen, W. C. (2006). Overview and evolution of the ADDIE training system. *Advances in Developing Human Resources*, 8(4), 430-441.

Allen, W. C., & Swanson, R. A. (2006). Systematic training: Straightforward and effective. *Advances in Developing Human Resources*, 8(4), 427-429.

Baldwin, T. T., & Ford, J. K. (1988). Transfer of training: a review and direction for future research, *Personnel Psychology, 41*(1): 63-105.

Brinkerhoff, R. O. (2005). The success case method: A strategic evaluation approach to increasing the value and effect of training. *Advances in Developing Human Resources*, 7(1), 86-101.

Cowell, C., Hopkins, P. C., McWhorter, R., & Jorden D. L. (2006). Alternative training models. *Advances in Developing Human Resources, 8*(4), 460-475.

Knirk, F. G., & Gustafson, K. L. (1986). *Instructional technology: A systematic approach to eudcation*. New York: Holt, Rinehart & Winston.

Robinson, D. G., & Robinson, J. C. (1989). *Training for impact*. San Francisco: Jossey-Bass.

Rummler, G. A., & Brache, A. P. (1995). *Improving performance: How to manage the white space on the organization chart* (2nd ed.). San Francisco: Berrett-Koehler.

Swanson, R. A. (1996). *Analysis for improving performance: Tools for diagnosing organizations & documenting workplace expertise*. San Francisco: Berrett-Koehler.

Tannenbaum, S. I., & Yukl, G. (1992). Training and development in work organizations. *Annual Review of Psychology*, 43, 339-441.

Tennyson, R. D., & Michaels, M. (1991). *Foundations of educational technology: Past, present and future*. Englewood Cliffs, NJ: Educational Technology Publications.

Wick, C. W., Pollock, R. V. H., Jefferson, A. M., & Flanagan, R. D. (2010). *The Six Disciplines of Breakthrough Learning: How to Turn Training and Development into Business Results* (2nd ed.). San Francisco: Preiffer.

第六章

樂齡學習中心經營策略之研究：CIPP模式的應用

第一節　前言

　　近年來，臺灣因高齡少子化現象對於社會、政治、經濟、醫療、教育及家庭所造成的衝擊，受到愈來愈多的關注。根據內政部統計，截至2011年9月底，我國65歲以上老年人口數已達2,506,580人，占總人口數的10.81%（內政部，2011）。預計到了2017年時，臺灣老年人口的比例將超過14%，正式成為高齡社會；到了2025年時，臺灣老年人口的比例更將超過20%，成為超高齡社會。臺灣人口老化的速度較歐美國家更為迅速，因此，有關高齡學習的議題，逐漸受到了政府及學界的重視。

　　在邁向高齡社會的趨勢下，教育部於2006年頒布了「邁向高齡社會老人教育政策白皮書」（教育部，2006）。為落實老人教育政策白皮書，建構老人終身學習體系，增設老人教育學習場所，教育部陸續推出了樂齡中心、樂齡學堂、樂齡大學等政策。至2011年時，臺灣共有209所樂齡學習中心（以下簡稱樂齡中心）。目前樂齡中心的經營，幾乎都靠教育部經費支持，未來教育部能否長期補助樂齡中心？樂齡中心是否能夠永續發展？已經開始受到學界、經營者及高齡學習者的關注。

　　以經營主體而論，樂齡中心主要由社區發展協會、學校、圖書館、鄉鎮公所、老人會、大專院校等不同單位承辦，其經營者也有不同的背

景。在2009年教育部的樂齡中心訪視報告提及，樂齡中心如要永續經營，經營者的觀點會影響經營的方向（教育部，2009a）。樂齡中心是執行教育部樂齡政策的關鍵主體，經營者的觀念與作法，將直接攸關樂齡學習活動的品質，與是否能夠有效推展樂齡學習。此外，經營者究竟採用何種策略推動樂齡學習，也將影響整體計畫的實施能否朝向正確的方向發展。因此，有關樂齡經營者的觀點至關重要，是關係著樂齡能否永續發展值得深入探討的一項重要議題。

　　本研究之所以要選擇從經營者的觀點，了解樂齡中心經營策略的相關議題，主要理由是：第一，經營者在第一線接觸老人，他們的觀念和作法直接影響到老人的學習權益和品質；第二，他們雖然接受過樂齡專業培訓，但是他們畢竟多數都是長期參與社區工作或老人相關活動，為何會選擇投入或轉向從事樂齡？他們在經營過程中的想法如何？第三，他們在經營過程中有無遭遇任何困難，需要協助解決？第四，從他們在實務工作中的觀點，未來樂齡中心要如何才能永續經營？第五，根據教育部的訪視報告顯示，樂齡學習者均表現出樂於持續學習之意願，以及對於政策的感恩之心，受訪單位長者普遍希望中心能長期獲得政府補助，永續經營（教育部，2009a）。但樂齡中心要如何才能永續發展呢？研究團隊希望從經營者的敘事當中，分析他們投入樂齡的動機，了解他們對於樂齡心中的願景，發掘樂齡中心經營上的成果與困難，並透過他們從實務現場的觀點，提出對未來推動樂齡學習的一些策略性建議，作為政府施政的參考。

　　此外，為了實際了解樂齡中心經營者對於經營策略上的觀點，本研究還採用了CIPP（Context, Input, Process, Product, CIPP）的模式進行探討（Stufflebeam, 2000; 2003）。本研究之所以要選擇此一模式作為分析的架構，是因為此一模式可以完整地協助研究者達到研究的目的。例如：模式中的背景分析，可以讓研究者了解經營者辦理樂齡學習的背景與動機；模式中的輸入分析，可以讓研究者了解樂齡中心經營者對於樂

齡經營的願景目標；模式中的過程分析，可以讓研究者了解樂齡中心經營上有哪些困難問題；而模式中的產出分析，則可以幫助研究者了解樂齡中心經營的成果，以及經營者對於永續發展策略的建議。

綜觀上述，樂齡中心的經營如何才能永續，不僅為各中心長者及經營團隊共同關心的事，也是本研究主要關心的議題。基此，本研究從經營者觀點，並實際應用CIPP的模式，試圖了解樂齡中心的經營動機、願景、成果、困難與永續發展之策略，主要有下列四個目的：

一、分析樂齡中心經營者辦理樂齡學習的背景與動機；
二、了解樂齡中心經營者對於樂齡經營的願景目標；
三、探索樂齡中心經營的成果與困難問題；
四、探討樂齡中心經營者對於永續發展策略的建議。

第二節　文獻探討

在教育研究的文獻中，為了解教育實施的歷程與成果，研究者常採用CIPP模式進行分析，分別從背景、輸入、過程與成果四個向度，評鑑各種教育相關的結果（曾淑惠，2004）。本研究的主要目的是要從經營者觀點，並應用CIPP的評鑑模式，了解樂齡中心的經營動機、願景、成果、困境與永續發展之策略。為能深入了解研究個案的經營歷程，本研究即透過CIPP模式，採用半結構訪談的方法，探討經營者心中的觀點與想法。

一、樂齡中心的發展現況與課題

㈠樂齡中心設置的目的與現況

2006年教育部委託研究報告，調查民眾退休後最想做的事，結果約有三分之一的人「不知道退休後要做什麼」（教育部，2006）。教育部於同年委託進行的另一項研究，結果發現臺灣有八成左右的老人從未

出來學習（教育部，2006）。因此，教育部於2008年頒訂「教育部設置各鄉鎮市區樂齡學習資源中心計畫」，當時預訂在臺灣368個鄉鎮市區普遍設置樂齡學習資源中心（現已改名樂齡學習中心），以整合教育資源，擴大老人學習據點，鼓勵老人參與終身學習。

　　教育部設置樂齡中心的目的，主要是為了提供中高齡者能夠有在地化的學習場所，並鼓勵未曾參與學習活動的老人「出來」參與學習，使其在參與學習活動後，能達到終身學習、自我改變與貢獻自我的目標。樂齡中心服務對象為55歲以上之中高齡者，至2010年止，全臺共成立了209所樂齡中心，共有947人次參加了2年的培訓，共有6,436位樂齡志工投入服務，3,168位教師參與授課，總計開設樂齡學習課程超過47,000小時，開拓了458個樂齡學習據點，招收學員29,495人，以及330,612人次老人參與活動。若從Yahoo網站以「樂齡學習中心」進行關鍵字搜尋，則可以找到1,417,209筆資料；若透過Youtube網站進行相同的關鍵字搜尋，則可找到537筆影片（教育部，2010b），顯示臺灣的老人教育開始進入了一個新的里程碑。

(二)樂齡中心的課程規劃

　　臺灣過去長青學苑及老人大學的課程，多半以興趣休閒為主，不僅缺乏高齡教育學的理論基礎，並且多年來沒有太大的改變。為使樂齡中心的課程與過去老人教育課程有所區隔，以幫助高齡者更能夠成功老化，樂齡中心的課程是以McClusky（1971）在白宮老化會議（White House Conference on Aging）中所提出的高齡者學習需求，作為樂齡學習課程規劃的理論依據，並規劃出樂齡中心的課程架構（教育部，2009a；2010a）。

　　在教育部（2010a）補助直轄市及縣（市）政府設置樂齡學習中心實施要點中，列舉之課程內涵包括：1.基礎生活課程；2.興趣特色課程；3.貢獻影響課程。樂齡中心的課程設計架構，不僅具有理論基礎，

同時也考量能讓學習者進行循序漸進的學習與成長，透過基礎生活的課程，讓高齡者了解與老化有關的社會、家庭、生活與個體所需學習的各項知識與技能；並且藉由興趣特色的課程，讓他們選擇自己喜歡學習的課程活動；最後，則希望他們能進一步貢獻自我的能力，同時也可以自行籌組各式各樣的自主學習團體。由此一課程架構已可看出樂齡中心與長青學苑之不同。

(三)樂齡中心經營者的重要課題

　　教育部為了讓經營者更清楚樂齡中心如何經營，特在全臺北中南東各地辦理四個階段的培訓活動，目的在讓經營者了解樂齡中心的定位、活用樂齡中心經營手冊、思考中心的特色、願景與目標，共築中心經營團隊的策略（陳宏婷，2009；魏惠娟等，2011）。透過培訓課程，希望能夠加強樂齡中心經營者的核心能力，包括：核心企劃能力、行政能力、溝通能力及評鑑能力（魏惠娟、施宇澤，2008）。樂齡中心經營者最主要的一項職責就是樂齡方案的規劃與執行。經營者必須在充滿權力關係與興趣衝突的情境中，了解應該怎麼做，才能作出更有效、更負責任的規劃（Cervero & Wilson, 1994; 2006）。樂齡中心經營者所規劃的方案在社區中實踐，通常需要經過許多權力關係的協商，並和高齡學習者的興趣進行調和，方能規劃出最有利的方案。

　　經營者對於方案規劃的系統思考，以及處理組織內外不同影響的能力，攸關樂齡中心經營的成效。魏惠娟（2005）曾從系統的觀點指出，經營者在作方案規劃時，能否考慮相互關聯的六個次系統：情境分析、市場區隔、目標設定、學習活動設計、行銷設計、方案執行與評鑑等之間的關係，將影響方案執行的成效。Smith和Offerman（1989）亦從系統的觀點指出，成人教育組織能否執行其基本的任務，受到組織內外在環境因素的影響甚鉅。此外，經營者的理念與角色，對整個組織的走向與發展亦有很大的影響（高寶華，2006）。Sork和Caffarella（1991）更

直接指出，方案經營失敗最主要的原因是：學費、時間或地點不適合；顧客群對方案沒興趣；方案內容與學習者期望不符或需求不合。

　　歸結而言，經營者有無受過專業培訓，以及是否懂得系統思考，在整個經營過程中實扮演著相當重要的角色。樂齡中心經營者必須透過系統觀點，考量外在環境背景、資源輸入、經營歷程，以及預期產出的成果，進行每一個方案規劃，才能設計出符合學習需求的課程。由於經營者個人背景不同，實際經營上所遇到的困難及問題也都不盡相同，因此，究竟其在執行樂齡中心業務時產生了哪些願景？投入了哪些資源？有何實際困難？等問題，實值得進一步探討。本研究透過訪談了解樂齡中心經營者執行的歷程與心中的想法，將有助於問題的釐清，以及樂齡中心的永續發展。

二、CIPP模式的相關概念意涵

　　所謂CIPP模式，是由Stufflebeam在對Taylor行為目標模式的反思後，所發展出來的分析模式，包括：背景、輸入、過程與結果四種項目（Stufflebeam, 2003）。關於CIPP模式的概念內涵分析如下（曾淑惠，2004；王全興，2009；Stufflebeam, 2000）：㈠背景分析：在CIPP模式中，背景分析是最基本的分析項目，其具體作法是定義與計畫有關的環境，描述此環境所包含的理想情境及實際情境，並診斷有礙需求達成的問題；㈡輸入分析：輸入分析的目標在確認並評估系統能力及可能服務的策略，其實施方式是透過工作計畫、設備、經費與人力等資源，評量承辦機構的能力、達成計畫的策略，以及履行策略的設計；㈢過程分析：過程分析旨在持續檢查計畫的實施，從計畫執行中偵測設計之缺失，提供計畫決策所需之資訊；㈣成果分析：成果分析的目的在測量、解釋、判斷計畫的成就，確定方案符合需求的程度，並廣泛檢視方案的效果，實施方式是在計畫進行期間及告一段落時，評量並解釋計畫，界定評量目標活動的準據，將結果作合理解釋，並提供考核性決定

的參考。

　　本研究將根據上述CIPP模式四種評鑑項目的內涵，分別探討樂齡中心的政策背景及經營者的經營動機與願景，並且從專業培訓的角度來探討輸入評鑑的層面，以及培訓對於樂齡中心永續發展的助益；在過程評鑑方面，將了解樂齡中心的經營願景、策略及困難。最後，透過成果評鑑的角度來了解樂齡中心的經營結果，包含經營者自身的改變與樂齡永續發展的建議。

第三節　研究設計與實施

　　為了達成本研究的目的，本研究以CIPP模式為概念架構，並且應用個案研究的方法，從經營者觀點來了解樂齡中心經營歷程、策略與成果。本研究的設計與實施，主要分為：研究概念架構、研究方法、研究對象、資料分析，以及研究效度等部分。

一、研究概念架構

　　本研究主要是藉由樂齡中心經營者的觀點，探討樂齡中心之經營歷程與永續發展策略。在本研究的架構中，主要從CIPP模式的背景分析中，探索經營者參與樂齡中心的背景與動機；在輸入分析的層面中，了解經營者參與專業培訓的幫助；藉由過程層面的分析，了解樂齡中心的經營願景與經營困難，以及對經營策略所產生的影響；最後則是透過成果層面的分析，探討經營者推動樂齡中心的成果，經營者自身的改變與永續發展策略的建議等。研究概念架構如圖1所示。

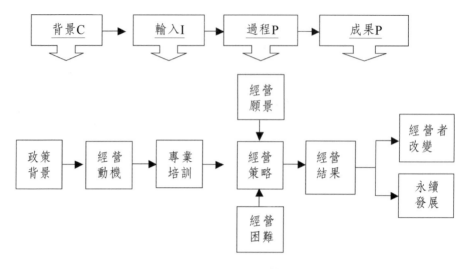

圖1　研究概念架構圖

二、研究方法

　　本研究主要採用個案研究法，從經營者的觀點探討樂齡中心的經營歷程、困難與成果。所謂個案研究旨在探討個案在特定情境脈絡下的活動性質，以了解它的獨特性與複雜性。研究者的興趣通常在於了解過程，而非一個特殊的變項，希望藉由研究的發現和理解，回歸到教育實踐問題的思考（林佩璇，2000；Frankel & Wallen, 2004）。本研究採用個案研究的理由是：㈠本研究著重於探索樂齡經營者的經營策略及困難，每個經營者情況都不一樣，個案研究法有助於對每個經營者的情境深入分析；㈡樂齡中心在臺灣已邁向第四年，尚無人深入探討經營者的經營情況及永續的策略；㈢個案研究法有助於深入了解樂齡中心經營者獨特的看法與經驗，以作為未來經營者的參考方向。

　　為能深入了解個案的情境，本研究還採用半結構式訪談，輔以文件分析的資料蒐集方法，進行個案資料的蒐集。其中半結構訪談是指在半開放性的訪談中，研究者對訪談的結構具有一定的控制作用，研究者事

先備有一個訪談大綱，對受訪者提出問題，引導訪談的進行（陳向明，2002）。本研究半結構式訪談的實施過程，先由研究團隊透過電話聯繫取得受訪意願後，再將訪談大綱給受訪者參考，進一步確認訪談時間與地點。本研究的訪談自2011年5月6日至6月30日，透過研究小組的6位訪問員與6位受訪者進行一對一的訪談，每次訪談60到120分鐘，訪談地點以樂齡中心為主。

　　研究小組在第一次訪談結束後，立即根據訪談錄音檔謄寫訪談逐字稿，並且進行訪談過程與資料蒐集情況的討論，針對可以深入追問的問題，研究成員用電話聯繫的方式與經營者再次進行訪談，使資料蒐集更完整。此外，本研究亦輔以文件分析的方法，針對樂齡中心的重要文件，如：教育部訪視成果報告、教育部樂齡學習資源中心實施計畫、樂齡中心評鑑報告等，藉此探討樂齡中心的經營背景、願景、困境與永續發展之策略。

三、研究對象

　　本研究選取6位樂齡中心的經營者為訪談對象，這些對象分別來自於公家機關、社會教育、學校等單位所承辦的樂齡中心。本研究選擇樂齡中心的標準為：㈠曾獲教育部評鑑甲等以上樂齡中心之經營者；㈡範圍涵蓋臺灣從北到南、城市型與鄉村型的樂齡中心；㈢經營團隊曾經參與輔導團辦理的培訓課程。受訪者包括基隆、新北市、臺中、雲林、嘉義、臺南等縣市的樂齡中心之經營者，他們投入樂齡中心的經營年資為2到3年，年齡從40歲到65歲，包括5位女性以及1位男性。本研究為尊重研究倫理，所有受訪者皆以匿名方式呈現，每位受訪者的編碼皆以一個數字、兩個英文字母所組成，其中第一個數字代表受訪者的訪談先後順序，從數字1到6做排序，共6位受訪者；第二碼的英文字母D，代表經營者（Director）的英文縮寫；第三碼則代表性別，女性受訪者的代碼為F，男性的代碼為M。有關受訪者的基本資料，如表1所示。

表1　受訪者基本資料表

編　碼	地　區	性　別	年　齡	年　資	單位性質
1-D-F	基隆	女	64	2	社教單位
2-D-F	雲林	女	48	2.5	學校單位
3-D-F	臺中	女	57	2	公家機關
4-D-F	嘉義	女	43	2	公家機關
5-D-M	臺南	女	40	2	社教單位
6-D-F	新北	男	65	3	學校單位

資料來源：研究者自行整理

四、資料分析

　　本研究資料分析的項目，主要分爲：「主題」、「次主題」、「意義單元」、「代碼」四個層級架構，進行訪談資料的編碼與歸納，其中資料分析的主題是根據CIPP模式之背景、輸入、過程與成果分析四個項目，界定出四個研究主題，分別爲：經營背景、經營輸入、經營過程，以及經營的結果分析。之後，研究小組根據受訪者訪談的逐字稿，擷取能符合本研究目的的重要代碼，將每個有相關或相同意涵的代碼進行歸納，並且形成若干意義單元，接著將意義單元再次作歸納，以形成本研究的次主題。最後檢視從代碼、意義單元到次主題的編碼與歸納，是否能符合該主題的內涵。以下列舉資料分析的代表範例（詳見表2）。

表2　資料分析範例表

主　題	次主題	意義單元	代　碼
經營策略的結果	永續發展的策略	經營者方面	熱忱與使命
			高齡學習需求
			結合在地文化
			自主學習模式

資料來源：研究者自行整理

五、研究效度

　　本研究小組是由8位研究成員所組成，包含2位專家學者及6名研究生，透過小組分工的方式，進行資料的蒐集、分析與檢證的工作。本研究運用文件分析、半結構式訪談進行資料的蒐集，以達到運用多元的方式進行資料蒐集，使研究資料更爲完備（潘淑滿，2006）。且在資料分析過程中透過專家學者與研究同儕，針對資料分析的編碼與詮釋，不斷討論與確認，希望讓資料眞實呈現，也就是透過三角檢證的方法來增加質性研究的效度（葉重新，2004）。在本研究中，每項訪談資料均經過2位學者及2組研究生的交叉檢核，經逐項多次討論，確認其內容具有效度無誤後，方才列入結果分析與討論之中。

第四節　研究結果分析與討論

　　本研究的目的主要是依據CIPP理論模式的架構，從經營者觀點探討樂齡中心經營者的動機、願景、經營策略、困難，以及推動成果。研究團隊根據研究目的訪談6位樂齡中心的經營者，研究結果包含四個主題：經營背景、經營輸入、經營過程，以及經營結果的分析。茲將研究結果分析如下：

一、樂齡中心經營的背景分析：經營者的動機與願景

(一)經營動機

　　經營動機是經營者投入樂齡學習的開端，經營者當初投入樂齡中心的動機，主要包含四種原因，分別爲：高齡化社會趨勢的影響、受重要他人的啓發、個人專業背景的影響，以及服務貢獻的信念。

　　1. 經營者認爲老人愈來愈多，其生活與學習需要關注
　　爲因應高齡人口發展的趨勢，本研究對象的經營者體察高齡人口已

呈現逐年增長的趨勢，以及推展樂齡學習的重要性。特別是在省思社區高齡者生活型態缺乏生活重心、甚至無所事事之後，決定投入經營樂齡學習的工作。例如：

> ……發覺社區老年人口愈來愈多，在地居民有學習的需求，就申請了。（2-D-F）
> 看到市場很多老人，每天無所事事，……沒辦法和人家互動，我們才開始介入。（1-D-F）

2. 經營者受到重要他人的啓發與影響而投入樂齡學習

本研究受訪者指出，自己投入樂齡學習是受到重要他人的影響，如：家人與學者專家的影響。有經營者提到，他從自己父親晚年生活的經驗，體驗高齡學習的重要性，因此，開始推動樂齡學習的工作，希望更多高齡者能擁有快樂學習的生活；另外，也有經營者受到學者專家的影響，而決定投入樂齡學習的經營。由於經營者感覺樂齡輔導團學者專家的理念與策略，比較著重活躍老化與成功老化的追求，有別於過去她所接觸的老人照顧，因而引發其投入樂齡學習的興趣。例如：

> 他（父親）過去太注意自己的光環……沒學到怎樣快樂生活，反而著迷名跟利，對我衝擊很大。（1-D-F）
> 她（樂齡輔導團的學者）的想法，推展的方向，有別於以前我所接觸的老人照護，是我比較有興趣的。（5-D-M）

3. 經營者基於專業背景的敏感，覺察樂齡教育的重要

樂齡中心的經營者也受個人過去從事老人教育相關背景的影響，而投入樂齡學習的推展工作。基於他們過去的工作經驗與教育背景，已累積不少與高齡教育相關的意識與認知，成為推展樂齡學習的一項動因。

魏惠娟（2008）曾經指出，高齡學習方案的企劃師，若具有高齡教育相關的專業知識與實務經驗，則較具備敏察高齡教育重要性與需求性的核心能力，本研究的對象即呈現出此種敏覺性。例如：

> 在推動樂齡之前，我們已經在做社教站，有辦老人教育，……我們已推動7年了。（1-D-F）
> 剛好我們是讀成人教育，了解教育部老人教育的政策比較不一樣，所以開始認真去關心。（5-D-M）

4. 經營者本身擁有服務貢獻的信念與熱忱

高齡學習機構的領導者個人需有理念，才能擔任領導與推動的工作（高寶華，2006）。本研究受訪的經營者秉持服務高齡者的信念，認為服務他人不僅是利他，也是一種利己的表現，更是一個體驗服務學習的歷程。尤其是可以從被服務的對象身上，學習到不同的東西，如同受訪者強調的：

> 服務別人就是服務自己的概念，最少就是服務自己，然後可以照顧這些老人。（3-D-F）
> 服務學習是無止盡的，可以學到很多東西，從他們身上看到很多不同的感觸。（5-D-M）

（二）經營願景

由於經營者當初投入樂齡學習的動機十分清楚明確，因而也促使他們在經營上激發出具體明晰的樂齡學習願景。經由訪談結果得知，樂齡經營者的願景主要包括四項：發展符合在地需求的高齡學習活動、促進健康快樂與有意義的學習、提升高齡者的價值與貢獻，以及拓展樂齡學

習的規模。從這些願景可以充分了解，這些受過培訓的樂齡經營者，其心中的願景相當符合當前高齡教育與活躍老化理論所追求的理想，而非只是提供休閒娛樂學習活動而已。其願景包括：

1. 發展符合在地需求的高齡學習活動，讓老人願意來學習

參與訪談的經營者指出，推展樂齡學習的主要願景與目標，就是發展符合在地需求的學習活動。他們期望能根據高齡學習者的健康與經濟狀況、日常生活與工作的作息時間、人文素養與高齡心理方面等的需求進行評估，並且設計適合在地高齡者的學習活動。此願景的建構與目標的擬定，正符合教育部推展樂齡學習，強調樂齡中心須規劃辦理高齡者教育意涵的課程與活動之目標（教育部，2010a）。例如受訪者表示：

> 老人除了健康之外應該還有其他需求，讓老人了解人文素養的提升、心靈成長、藝文活動等。（2-D-F）
>
> 考量他們的素養，這邊有些老人白天要去田裡工作，他們都是靠老人年金過活，開設課程不要讓他們有負擔，是他們願意來的。（4-D-F）

2. 結交學習夥伴，促進健康快樂與有意義的學習

教育部推展樂齡學習的願景目標，旨在鼓勵老人終身學習及社會參與，促進身心健康（教育部，2010a）。有經營者即指出，他們的經營願景與目標是提供高齡者良好的學習環境，希望他們能在學習的過程中結交學習夥伴，共同進行學習，並且體驗健康快樂的學習歷程，進而發掘與建立學習與生活的意義。例如：

> 希望帶給大家一塊園地，學習不只是尋找快樂，必須建立自己的生活意義，為了有伴、好玩、有東西好學。（1-D-F）
>
> 希望老人的智慧可以傳承，能夠健康老化，愛學習，來樂

齡中心一起學習的夥伴，有付出也有學習。（6-D-F）

3. 提升高齡者的價值與貢獻，回饋社區，引導年輕族群成長

樂齡學習的願景目標，不僅希望高齡者滿足學習需求，體驗學習的快樂與意義，更希望能協助其進一步發揮他們的經驗與價值。經營者若能妥善運用高齡者的經驗，將可促使其經驗與智慧貢獻於社區，或是引導年輕人進行學習與成長。此一概念正與教育部（2009a）所指出，樂齡學習的功能在於能夠讓高齡者參與課程與活動後，達到終身學習、自我改變與貢獻自我的目標相符。例如：

> 期待老而有用，希望有一個引導作用，以老人的經驗帶動
> 更多年輕人的省思。（1-D-F）
> 我們樂齡的目標，除了讓你學習以外，還希望學習完了有
> 一點能力協助社區。（3-D-F）

4. 擴展樂齡學習的據點，促進老人更普遍的參與

樂齡中心是一個提供老人在地化且常態性學習的據點，目的在廣泛鼓勵社區的老人出來參與學習（教育部，2010a）。為了讓更多高齡者參與學習活動，經營者心中的一項願景是：希望開拓更多的樂齡學習據點，使其深入社區，讓更多的老人加入樂齡學習，參與人數在各社區獲得平均的成長。此外，也期盼吸引更多的男性高齡學習者加入樂齡學習活動。例如：

> 希望樂齡能落實到各個角落，……讓獨居老人或身體健康
> 的阿公阿媽走出來，尤其是男生，樂齡中心的中年男生比較
> 少。（3-D-F）
> 應該會再拓三個點（學習據點），……期許的人數……現

在是七八百，希望明年能破千。各個村都平均增加，不是集中在某些地方。（4-D-F）

二、樂齡中心經營的輸入分析：參與樂齡培訓，學習經營策略

在經營過程中的輸入（input）部分，研究者最想了解的是經營者參與培訓的情況，以及在培訓中習得了些什麼，也就是想要了解透過培訓活動的參與，經營者「輸入」了些什麼？為能有效經營樂齡中心，經營者在推展樂齡學習之前，多半參與了教育部舉辦的樂齡初階與進階培訓課程；執行計畫過程中，並且參與了期中交流研習與全國成果分享的會議。參與的對象包括經營者、行政人員，以及志工成員。陳宏婷的研究發現，曾經參與樂齡培訓的經營者，多半較未參與者更能夠了解樂齡中心的經營策略（陳宏婷，2009）。

本研究經由訪談發現，經營者參與培訓課程後，多半學習到了經營樂齡學習的策略，同時也較熟悉工作的執行與評鑑指標，例如：樂齡學習的願景與方向、課程設計的理念與原則等，此一發現與陳宏婷（2009）的研究相一致，顯示經營者參與培訓後，最重要的是輸入（學習到）了經營策略和方法，掌握住了經營的指標，以及真正要推動的是什麼。例如受訪者表示：

> 參加過老人教育種子培訓，還有樂齡幹部訓練也去了兩次以上，還有樂齡論壇。（3-D-F）
> 我們會找行政人員、志工組長一起去研習進修。……教育部的訪評委員希望願景跟實際活動可以結合，所以有重新設計願景。目前我們樂齡中心的願景是智慧、長壽、愛學習。（6-D-F）
> 我參加過初階訓練，還有進階的培訓，包括每年的全國成

果分享的研習，讓我們互相學習。……參加研習後知道怎樣讓老人喜歡來學習。（1-D-F）

　　像四大課程的觀念，高齡化推動的願景……因為有辦研習，就知道整個評比，還有教育部跟教授們要推的是什麼。（4-D-F）

三、樂齡中心經營的過程分析：實際經營的策略與困難

　　在經營策略的過程（process）中，研究者想要了解的是經營者究竟採用何種策略經營樂齡中心？以及他們遭遇了哪些困難有待解決？經由訪談結果發現，經營者主要根據樂齡學習的願景，推展樂齡學習的工作，進而擬定經營的策略。其在經營樂齡中心的過程中，主要採取的策略為：掌握學習者的需求、彈性調整課程的設計，以及代間學習的策略。此外，訪談結果亦發現，經營者在推展的過程中，主要面臨三個困難因素：政治勢力的影響、人力有限工作負擔較重，以及學習者對必修與收費課程參與意願低。

（一）經營過程所採用的策略

1. 掌握學習者的需求

　　經營者在經營過程所採用的第一項策略是掌握學習者的需求。根據魏惠娟（2000）的觀點，成人教育方案規劃須著重目標市場的界定，並且依據對象的需求設計適合的學習活動。樂齡學習服務的對象是高齡者，在設計學習活動時，不僅須考量不同機構與對象特質，也要以高齡者的角度思考其需求、學習的期望、合適的教學方式及設備資源。經由訪談得知，經營者在經營過程中，十分強調老人的學習需求的掌握，甚至認為最好能為其量身訂做一些課程，此一策略的應用與學者的主張相一致。例如受訪者表示：

不同的機構，不同的對象，要<u>量身訂做</u>，讓阿公阿嬤可以接受。（5-D-M）

會從銀髮族的角色來看，比方規劃、資料、簡報、場地規劃等方面，會<u>設身處地思考他們的需求</u>。（6-D-F）

2. 彈性調整課程的設計

經營者在過程中所採取的第二個策略是彈性調整課程的設計，藉由調整課程實施的方式以增強高齡者的學習動機。受訪者指出，首先要以學習者有興趣的課程，引導他們加入樂齡學習的行列，再擴及其他類型的學習活動。此種課程設計的原則，相當符合教育部（2010a）樂齡中心課程創新的評鑑原則。在教育部課程規劃的架構中，雖有規範性課程的設計，但在實際應用的過程中是鼓勵彈性發揮及調整的，以強化學習者的興趣與參與感。此外，針對行動不便與不想走出來的學習者，更鼓勵採用設計宅配的學習策略，使高齡者可以就近學習，並且容易在家自學。此種彈性調整課程的策略，受訪者多半表示能夠做到。例如：

用唱歌讓他們有一點學習，讓他們先走出來上課，或來做志工，去了解還有哪些課程適合他們，<u>然後彈性調整</u>，這樣他們的學習動力會比較好。（4-D-F）

我們有樂齡悠遊卡、蓋章、樂齡存摺，他們會更有意願上<u>講座的課程</u>。……我還想做宅配課程，把老師上課的發音嘴型製作教學CD，手做課程可以拍他們的操作步驟。（6-D-F）

因為有些學員行動不便，我們就提供<u>宅配學習</u>。我們是<u>老師動，學員不動</u>，在自家騎樓也可以學習。（2-D-F）

3. 混齡組合學員，透過代間學習追求創新

經營者在過程中所採取的第三個策略是混齡學習策略。受訪者指

出，參與樂齡的學習者，他們上課的組成方式，可考量年齡差異以及參與學習的年資，透過混齡的方式加以組合，也就是透過年輕的協助年長者、學習經驗資深者引導新進者學習。此種調整學習成員組成的學習方式，也就是一種代間教育活動的策略，可以有助於課程與教學的創新（教育部，2010a）。例如受訪者表示：

> 有些來樂齡2-3年，有些是新來的，想把他們放在一個班級裡，看效果怎樣。……不能全部是長者，他們有些事情做不來，<u>需要年輕的去帶領他們</u>。（4-D-F）
> <u>每一個班級會有3、4位的銀髮志工去教手工藝</u>，小朋友5、6個一組，跟他們一起搭配，一方面做手工藝，一方面也可以跟老師協同教學。（6-D-F）

㈡樂齡經營過程中的困難

1. 樂齡中心易受政治勢力的影響

樂齡經營的第一項困難是必須面對政治勢力的影響。從本研究的訪談中發現，政治勢力的確對於樂齡學習的推展會有影響。主政者如果支持，樂齡就能永續；反之則否。受訪的經營者認為，地方政治勢力對樂齡學習的支持與否，將影響課程的開設與學習資源的分配。此外，政府樂齡學習經費的縮減，也會影響樂齡學習的推展，例如：影響師資聘請，以及教學設備與資源的使用。例如受訪者指出：

> 未來誰當選，會不會重視樂齡，我就不知道了。……<u>如果連地方都不支持了，你要開課，教室不讓你用，還是沒辦法</u>。（4-D-F）
> <u>樂齡經費被砍</u>，……師資的鐘點費是400塊錢，我們希望

聘請講師可以更多元，400塊不好請。（6-D-F）

這些發現與學者的觀點不謀而合，例如：學者Cervero和Wilson（2005）就曾指出，在方案規劃及執行的過程中，政治勢力的介入及支持與否，是影響方案能否有效執行的一項重要關鍵。魏惠娟（2005）也曾指出，方案規劃與執行過程中，經營者往往需要面對政治勢力的相互影響，透過進行折衝樽俎以推動計畫與活動。

2. 樂齡中心人力有限，工作負擔沉重

樂齡經營的第二項困難是人力不足。Smith和Offerman（1989）曾經指出，成人教育組織的規劃者必須考量人力規劃的因素，來執行各種學習方案。透過本研究的訪談，發現樂齡中心的經營者反應，在人力規劃的影響因素方面，人力不足的情況相當普遍，以致有的經營者工作時間過長，一週工作6天；加上工作內容繁重，他們必須花費許多時間來處理文書的工作，工作負擔過重。例如受訪者表示：

從星期一忙到禮拜六，我覺得文書作業太多，……每天都是給樂齡中心，因為有源源不絕的工作，一下要寫報表、一下子又推出新的制度。（1-D-F）

學校業務繁重，白天照顧小朋友，晚上有樂齡，……人力是比較大的問題。（6-D-F）

3. 學習者對必修與收費課程參與意願低

樂齡經營的第三項困難是收費問題。根據樂齡經營者的觀點，他們認為影響學習者的因素之一是學習者對必修課程學習意願較低；而在課程收費的情況下，也會降低學習者的參與意願，這明顯與高齡者的經濟狀況有關。受訪者表示：

必修課程，他們根本就不想來。……是社區媽媽做手工餅乾給大家吃，才願意來。另外，民國20到30年出生的長者，要自己掏腰包去學習，會有很大的困難。（4-D-F）

課程免費開得成，收費可能會開不成。（6-D-F）

由此可知，學習者對必修與收費課程參與意願低，此點與學者的研究是一致的。例如：Sork和Caffarella（1991）就曾指出，顧客群若是對於方案規劃的內容缺乏興趣，或是對於活動的收費不能接受，都會影響其活動的參與。

四、樂齡中心經營的結果分析：經營者的改變與永續發展的策略

在CIPP模式中，產出結果的分析至為重要，因為它將代表整個組織運作的實際成果。本研究想要了解的成果是：經營者有何改變，以及樂齡學習永續發展的策略為何。樂齡學習經營者透過願景與目標的擬定，以及經營策略的實踐，不僅幫助了老人學習，是否也促進了自我的改變與增能，是本研究所關心的一項重要議題；而從經營者的觀點來看，未來的樂齡中心要如何永續經營，更是本研究想要了解的一項重要目的。茲從下列兩個面向分析之：

(一)經營者自身的改變

1. 經營者自身與家庭也是樂齡學習的受惠者

樂齡學習的經營者，在推動的過程中會從高齡者身上獲得省思與學習，特別是學習有關健康老化的知識，以及晚年生涯的規劃與準備。因此，經營者不只是扮演規劃者與推動者的角色，他們在經營的過程中，也達到自我改變與提升的樂齡學習目標（教育部，2010a）。此外，經營者的家庭也成為樂齡學習的受惠者，他們協助自己家中的長者，重新適應晚年生涯，做好生活的調適與規劃。例如：

看到年紀大的，可以作爲借鏡，自己會警惕，開始準備老化，對自己有好處。（1-D-F）

我婆婆原本要去看精神科，後來有自己的生活圈，……最後會自己安排生活，不用我們操心。（4-D-F）

……也是在幫助自己，可以反思自己家裡的老人。……今天讓課程更多元，相對的是幫助自己，或許我們退休可以來學習、當志工、交朋友。（6-D-F）

2. 經營者透過樂齡學習拓展了自身的人際網絡

魏惠娟（2008）指出，高齡學習方案企劃師核心能力之一，爲溝通能力的養成。在經營樂齡學習的過程中，經營者會與機構、高齡者，以及專家學者建立溝通網絡，不僅建立良好的互動關係，彼此互相學習與了解，也可以說樂齡學習的經營者亦兼具協調與溝通者的角色（高寶華，2006）。很明顯地，經營者透過樂齡學習拓展了自身的人際網絡，例如：

接觸的人（高齡者）很多，很不一樣。……會跟他們（教授）互動，彼此了解，會讓他們了解這邊有城鄉差距，所以在要求上就會轉個彎。（4-D-F）

我們也學到滿多，交到很多好朋友，跟學校關係也不錯。（5-D-M）

3. 經營者獲得充實愉快的工作成就感，自身學到很多東西

在經營者與高齡者的互動中，產生了共同的學習與成長，達到終身學習、自我改變，以及身心健康的學習目標（教育部，2010a），他們認爲在此過程中是一種快樂與充實的感受。此外，當受訪者獲得社區民眾的支持與認同時，更可產生工作的成就感，此種成就感完全從工作中

獲得，進而可以轉化爲持續工作的動力。例如：

> 跟老人一起學很快樂，……我把時間規劃得滿滿的，過得很充實。……能讓社區的人，還有爸媽認同，這是我很有成就的地方。（2-D-F）

> 服務學習是無止盡的，能學到很多東西，從他們身上看到很多不同的感觸。……樂齡中心也滿辛苦的，但是是快樂的。（5-D-M）

(二)經營者觀點中的永續發展策略

為協助樂齡中心因應各種的挑戰與困難，並且能夠永續發展，本研究從經營者的觀點，建構出樂齡學習永續發展的策略，主要可分爲：政府、經營者，以及學習者三個層面的策略。分述如下：

1. 政府方面的永續發展策略

(1) 地方政府首長須有樂齡學習的意識與支持的行動

樂齡中心目前的經費補助主要來自教育部，相對而言，地方政府提供的經費相當有限。樂齡若要永續發展，不僅要靠中央的補助，更重要的另一個關鍵是地方政府的支持。根據教育部（2009a）樂齡中心的訪視報告可知，地方政府支持程度會影響樂齡中心的永續發展。而本研究的受訪者也認爲，樂齡學習在地方能否永續發展的關鍵，在於能否獲得地方政府首長的重視，並且給予實際的支持與學習的資源。因此，就政府層面而言，地方政府首長須有樂齡學習的意識與支持的行動，才可能使樂齡得以永續。受訪者表示：

> 在位者用心很重要，像我們鄉長就很重視，交代課長處理與輔導，希望老人都能獲得學習。（2-D-F）

跟上位者有很大關係，我們鄉長很支持，……獲得的資源比較多，比較會有執行的能力。（4-D-F）

(2) 政府應協助樂齡中心進行機構與學習資源的整合

在教育部（2010a）對樂齡中心的評鑑指標中，希望樂齡中心結合在地資源辦理活動。為達到評鑑的標準，受訪者建議政府應協助樂齡中心與其他學習機構進行整合，例如：與學校互相合作，推廣代間教育，或與關懷據點合作，辦理樂齡學習。此外，樂齡學習不僅需要機構間的資源整合，政府各部門間亦應進行協調合作；尤其是政府的不同部門間，常舉辦同質性高的學習活動，在資源的運用與分配上，實有必要予以整合。受訪者的意見如下：

樂齡中心跟學校合作去推代間教育，這才叫終身教育。……學校有場地、老師，民間有熱情，最好學校寫計畫，民間來執行。（1-D-F）

關懷據點可以結合樂齡中心，多一點學習到關懷據點裡面。（5-D-M）

我覺得政府資源太散，像交通安全的課程，樂齡有，公所有，警察局也有，缺乏整合。……有些課程可以合辦，不要讓同樣的東西一再重複。（4-D-F）

(3) 樂齡中心應設置專職人員

教育部設置樂齡中心的主要目標之一，在於培植樂齡教育專業人員，藉以深耕社區高齡教育的工作（教育部，2010a）。受訪的經營者認為，政府應設置有給職的專職人員，這些人員的選擇，可優先考量成人與高齡教育相關系所培育的人才。因此，樂齡學習專職人員之設置，不僅有助於經營品質的提升，更將有助於未來高齡教育專業化的發展。

受訪者的意見如下：

> 政府應該給人家薪水，很多人說你沒有薪水，怎麼做到這樣的程度，我們一毛錢都沒有拿，而且還貼錢。（1-D-F）
>
> 希望教育部配置一個專屬人力，……對永續是比較有利的。（6-D-F）
>
> 很多成教、高齡的學生經過學校專業的訓練，……應該擔任高齡工作者或老師。（5-D-M）

2. 經營者方面的永續發展策略

(1) 經營者應具有推動高齡學習的熱忱與使命

根據高寶華（2006）的觀點，經營者的理念與特質會影響組織的發展。本研究受訪的經營者即認為，樂齡學習要永續發展，必須要找到適合的經營者。經營者的特質，必須具備推動高齡學習的熱忱與使命，並且是願意付出與貢獻的人，才能有助於樂齡永續發展。受訪者的意見如下：

> 要找對人，團隊頭頭滿重要的，願意服務的人。（3-D-F）
>
> 你要有人，要有心、有興趣，也願意的人。……領導者非常重要，……把對的人放到社區裡就好了。（5-D-M）

(2) 經營者應掌握在地高齡者的學習需求

為能設計符合在地高齡者的學習需求，樂齡學習的規劃必須以高齡者的角度進行思考，考量城鄉差距的問題、學習者的特徵、期望與需求、適合的學習方式，以及何種方式能引導學習者進行改變，以便設計能促進樂齡發展的學習活動。Sork和Caffarella（1991）即指出，經營者

必須有能力掌握學習者的學習需求，甚至邀請學習者共同參與決策與討論，藉以規劃出合適的學習活動方案。受訪者的意見如下：

要站在學習者的角度去思考，把長者當作是自己家人，有一個同理心，就會知道哪些適合他們。（4-D-F）

想一想社區需求是什麼，我們想要一個什麼社區。……必須考量城鄉差距，各地特色與人口問題。……課程內容深度、符合在地需求、吸引社區老人、有學到才是重要的，是不是對他們生活有幫助，促進改變與感動。（2-D-F）

(3) 經營者可結合在地文化，設計學習活動

受訪者表示，樂齡學習經營者可結合在地文化設計學習活動，藉以促進社區文化與學習的發展。例如：結合地方手工藝的產業，或是地方人物與文物的特色。此種結合地方特色設計的學習活動，即可呼應教育部（2010a）評鑑樂齡學習指標之一的課程創新，有助於發展樂齡中心的特色課程。受訪者的意見如下：

辦理○○（地名）三百活動：百年○○（地名）、百年老樹、百歲阿婆，……請百歲老人在大樹下講故事，……這就是最好的代間教育、祖孫互動。（2-D-F）

○○（機構名稱）樂齡有一個○○○（社團名稱）工坊，這是結合在地特色的手工藝社團。（6-D-F）

(4) 樂齡中心可發展自主學習的模式

為能促進樂齡中心的永續發展，受訪者建議機構可以發展自主學習的模式。學習者具有經濟能力可以負擔學費，並且具有終身學習的能力，持續更新自己的知識與技術，才能讓學習的活動持續發展與延伸。

樂齡學習的課程架構中，也強調自主經營的學習課程，乃是機構永續發展至為重要的一種模式（教育部，2010a）。受訪者的意見如下：

經濟能力、教育程度比較高的，<u>要他們成立一個社團，大家互相來學習</u>，或是繳一點錢，我們補助一點，讓他們一直延續下去。（4-D-F）

希望樂齡中心的銀髮族能夠<u>自組社團……自主運作</u>，……學員要去學新的東西才能教，有一些創新的東西彼此分享。（6-D-F）

(5) 運用退休教師作為樂齡學習的講師

為尋找適合樂齡中心的講師，受訪的經營者認為，可考慮聘用已退休的學校教師，尤其是具有特殊才藝的退休教師，作為樂齡中心的講師。其優點是不僅能妥善運他們的教學經驗與能力，又能降低人力訓練的時間與成本，使樂齡師資來源不於匱乏。像Smith和Offerman（1989）就曾指出，針對退休教師族群，如能加強他們對高齡者的知識，即可有助於高齡教學活動的設計與實施。受訪者的意見如下：

我覺得<u>退休教師應該出來服務</u>，尤其是<u>有才藝的教師</u>。（3-D-F）

<u>當老師的，他們的經驗、觀念都很好，才藝非常豐富</u>，如果退休的教師能夠來當志工，樂齡中心可以推展得更好，<u>不需要再經過太多的訓練</u>，只要給他們一些高齡的新觀念，譬如高齡心理……。（5-D-M）

3. 學習者方面的永續發展策略

(1) 老人可逐漸負擔部分學習費用

Sork和Caffarella（1991）認為方案規劃的過程，經費不足的情況將成為方案執行的困難。樂齡中心在經費有限的情況下，若學習者仍有持續學習的需求，針對他們有興趣的課程，經營者認為學習者可以嘗試負擔部分的學習費用，此將有助於學習活動的延續，進而促進樂齡中心的永續發展。例如：

> 有些學習者會自己繳一點錢，譬如1,000塊學三個月，他們覺得很便宜。（4-D-F）

> 如果教育部經費沒有了，但是長輩很希望上課，會說服他們自己出講師費。（6-D-F）

(2) 資深學員可擔任班級幹部或志工，協助推展樂齡學習

根據教育部（2010a）樂齡中心評鑑之指標，指出志工質量與運用情形，是樂齡中心管理創新的一個評鑑項目。為達到管理創新的目的，受訪的經營者表示，樂齡學習可推選班長與副班長協助班級之經營，不僅有助於經營者工作的執行、降低經營者的工作負擔、增進工作效率，也能提升學習者的學習滿意。此外，推動樂齡學習是機構全體成員的責任，需要志工的分工與合作，學習者投入志工，不僅可協助機構事務的處理，也可提升個人的學習與成長。受訪者的意見如下：

> 班級經營要選一個班長跟副班長，教室要搬桌椅，安排值日生，表格要寫，……每個班經營好，他們去上課也比較滿意。（5-D-M）

> 樂齡要有團隊，要有組織，大家要分工，光靠我跟執行長不夠。（3-D-F）

他們（志工）幫很大的忙。……愈來愈多夥伴除了當學員，也願意來當志工，這是一個進步跟成長。（6-D-F）

(3) 中高齡人力可以再運用，以傳承中高齡者的智慧與經驗

教育部（2009a，2010b）的報告指出，樂齡學習課程架構中的貢獻與影響課程，即強調中高齡人力的再運用。而本研究的受訪者也認為，安善運用中高齡者的智慧與經驗，可以協助高齡者建立自我的價值感，同時也能促進課程活動的永續發展，顯示他們的智慧與經驗，可以運用在課程的教學與分享。例如：

讓老人確定自己的價值，老了並不是沒用，還有很多可發揮的潛力。（1-D-F）

一些新的人（學習者），會帶入一些新的東西，用這種方式一直延續下去，原本經費只能上4個月，用這種方式可以上1年。（4-D-F）

第五節　結論與建議

本研究的主要目的是從經營者觀點，並應用CIPP的評鑑模式，探討樂齡中心經營者的經營背景、動機、願景、成果、困難與永續發展之策略。本研究以個案研究與半結構訪談法，訪談6位樂齡中心之經營者，透過本研究的實施，得到以下六項結論：

一、結論

㈠經營者辦理樂齡學習的動機，主要受人口老化趨勢、重要他人，以及個人經驗與信念的影響

　　樂齡中心的經營者回顧過去投入樂齡的動機，主要基於老人愈來愈多、無所事事、需要關注、家人與專家學者的啓發，以及個人經驗背景與信念的影響。在高齡化社會趨勢的影響下，高齡學習的需求漸顯重要，推展樂齡學習的工作益形迫切；而經營者在個人經驗與信念，以及重要他人的影響下，逐漸轉化爲投入樂齡學習工作的動機。

㈡經營者經營樂齡中心的願景目標，希望能設計符合高齡者需求、且有意義的學習活動，發揮高齡者的價值，以及拓展樂齡學習的規模

　　樂齡學習經營者的願景與目標，著重在滿足學習者的學習需求，使其能夠獲得快樂與有意義的學習感受。此外，也希望學習者在學習之後，能體驗並且貢獻自我之價值。爲了讓更多老人參與樂齡學習活動，經營者還希望擴展樂齡學習的規模，包含學習據點的擴增與學習人數的成長。整體而言，了解經營者的願景與目標，一方面可掌握樂齡中心未來發展的方向與重點；另一方面，可評估各個樂齡中心的願景目標與政府政策的契合程度。

㈢樂齡中心經營策略的重點在於目標願景的設立、人員的專業培訓，以及學習活動的設計與安排

　　根據6位經營者的觀點，本研究發現樂齡中心經營的策略包含：參與樂齡培訓運用所學、了解樂齡推行的方向、掌握學習者的需求，以及彈性調整課程與學員的組成。受訪的經營者經營樂齡學習的策略，主要是先透過樂齡學習的培訓課程，了解樂齡學習的願景與目標，並且學習高齡學習方案的規劃與實踐，掌握學習者的需求，進而設計符合學習者需求與期望的學習活動。

（四）樂齡中心經營困難，主要來自政治勢力、機構人力有限，以及學習
　　者的影響

　　推動樂齡學習的困難主要在於三項因素：政治層面的影響因素，
主要是政治勢力的介入與政府經費縮減，影響到課程的開設與資源的分
配；另一項困難是機構人力有限，導致工作人員工作負擔較重，且工作
時間過長；在學習者的影響因素方面，學習者對於必修課程與收費的學
習活動意願較低。此外，學習者的記憶能力減退，也影響學習課程的設
計與實施，尤其是初階與進階課程的設計與安排。

（五）樂齡中心的經營成果，不僅有助於樂齡學習者的發展，也可促進經
　　營者自身的學習與成長

　　樂齡學習的成果主要顯示在兩個層面，就樂齡學習者的發展層面而
言，包括樂齡學習在地方反應良好、帶動了代間學習的發展，並且促進
了高齡者的學習與改變，使學習者更有自信，更能與社區建立良好的互
動關係；在經營者學習與成長方面，其成果在於幫助經營者對於健康老
化意識之提升、人際關係的擴展、工作成就感的獲得，以及體會自己的
家庭也是在參與樂齡學習經營後的受惠者。

（六）樂齡中心永續發展的策略，可以從政府、經營者，以及學習者三方
　　面予以強化

　　為促進樂齡中心的永續發展，就政府方面而言，須建立推展樂齡學
習的意識與行動，進行學習資源的整合，並且著重專業人員的培育；在
經營者方面，除了具有服務的熱忱與使命外，必須掌握在地高齡者的學
習需求與文化特徵，設計適合的學習活動；至於在學習者方面，當學習
者能負擔部分學習費用，協助班級與機構的經營，或是成立自主學習社
團，皆可成為樂齡永續發展的動力。

二、建議

根據本研究的結論，研究者提出以下的建議，作為未來樂齡永續的參考：

㈠對政府方面的建議

根據上述研究結論，政府對於樂齡是否能夠永續，實扮演著關鍵性的角色。研究者從經營者的觀點，建議政府主管要體察人口快速老化的趨勢，要有推動樂齡學習永續發展的意識與行動，要能倡導高齡學習的重要性，激發實務工作者推動樂齡學習的動機與意願；並將政府各部門的學習資源進行統整，做好妥善的分配；未來並朝向設置樂齡學習的專職人員，進而建立專業人員培訓與認證制度。

㈡對經營者方面的建議

經營者是推動樂齡學習的關鍵推手，根據上述研究結論，本研究建議經營者宜考量學員背景的異質性，提供豐富的老化課程，以促進高齡者的活躍老化；結合社區文化與資源，設計具有在地特色的學習活動，以建立中心特色；發展自主創新的學習模式，使樂齡中心能夠永續經營；提供宅配學習的課程與教材，以強化就近學習的便利性。

㈢對學習者方面的建議

樂齡族群不僅可以參與學習，他們的經驗智慧還可以傳承，人力更可以再運用。因此，本研究根據經營者的觀點，建議資深學員可以轉型為志工，協助樂齡中心行政與教學的工作，以因應樂齡中心人力不足的問題；而為了因應樂齡中心可能的經費縮減問題，未來可逐漸朝向使用者付費的方向發展，讓學習者能分擔部分學習費用；而現有學習團體更可輔導轉型成為自主學習社團，使樂齡得以永續發展。

（本文修改自教育政策論壇之論文：臺灣樂齡學習中心辦理樂齡學習模式與策略之分析：經營者的觀點。該文於2012年5月26日被接受，將刊登於15卷第2期。）

參考文獻

內政部（2011）。重要人口指標。2011年5月30日，擷取自http://www.ris.gov.tw/version96/population_01.html.

王全興（2009）。CIPP評鑑模式的概念與發展。慈濟大學教育研究學刊，5，1-27。

林佩璇（2000）。個案研究在教育研究上的應用。載於國立中正大學教育研究所（主編），質的研究方法（頁239-264）。高雄：麗文文化公司。

高寶華（2006）。非營利組織經營策略與管理。臺北：華立圖書。

教育部（2006）。邁向高齡社會：老人教育政策白皮書。臺北市：教育部。

教育部（2006）。臺閩地區民眾對於我國已邁入高齡化社會之看法民意調查。教育部社教司委託研究案。

教育部（2006）。臺灣地區老人教育推動現況與需求調查報告。教育部社教司委託研究案。

教育部（2009a）。教育部97年度委託辦理執行社區終身學習中心訪視成果報告。2011年6月30日，擷取自https://moe.senioredu.moe.gov.tw/front/bin/ptlist.phtml?Category=63

教育部（2009b）。樂齡教育輔導團進階培訓講義。教育部委託國立中正大學高齡教育研究中心，專案計畫，未出版。

教育部（2010a）。教育部99年度評鑑各鄉鎮市區樂齡學習資源中心及社區終身學習中心實施計畫。2011年5月30日，擷取自https://moe.senioredu.moe.gov.tw/front/bin/ptlist.phtml?Category=6

教育部（2010b）。樂齡教育輔導團第二年成果報告。教育部委託國立中正大學高齡教育研究中心，專案計畫，未出版。

教育部（2011）。99年全國各縣市樂齡學習資源中心及各縣市政府老人教育成果統計資料。2011年6月16日，擷取自https://moe.senioredu.moe.gov.tw/front/bin/ptlist.phtml?Category=75

陳向明（2002）。社會科學質的研究。臺北：五南。

陳宏婷（2009）。臺灣樂齡學習資源中心經營人員培訓成效之研究：訓練遷移的觀點。國立中正大學成人及繼續教育所碩士論文，未出版，嘉義。

陳正智（2010）。非營利組織管理。臺北：華都文化。

曾淑惠（2004）。教育評鑑模式。臺北：心理出版社。

葉重新（2004）。教育研究法。第二版。臺北：心理出版社。

潘淑滿（2006）。質性研究：理論與應用。臺北市：心理出版社。

魏惠娟（2005）。方案規劃在成人教育體系中的定位問題：角色、矛盾與超越。高師大學報，19，45-62。

魏惠娟、施宇澤（2008）。高齡教育工作者方案規劃核心能力指標建構及其對落實老人教育政策的啟示。成人及終身教育學刊，11，1-42。

魏惠娟、胡夢鯨、李瑞慈、陳冠良、蔡佳旂、陳宏婷、王聲柔、姜雅玲（2011）。樂齡學習系列教材7：樂齡學習中心工作手冊。臺北市：教育部。

Cervero, R. M., & Wilson, A. L. (1994). *Planning responsibly for adult education*. San Francisco: Jossey-Bass.

Cervero, R. M., & Wilson, A. L. (2006). *Working the Planning Table: Negotiating Democratically for Adult, Continuing and Workplace Education*. San Francisco: Jossey-Bass.

Fraenkel, J. R., & Wallen, N. (2004). *How to design and evaluate research in education*. New York: McGrraw-Hill.

Smith,D. H., & Offerman, M. J. (1989). The management of adult and continuing education. In S. B. Merriam & P. M. Cunningham (Ed.), *Handbook of adult and continuing education* (pp.246-259). Jossey-Bass Publication.

Sork, T. J., & Caffarella, R. S. (1991). *Planning Programs for Adults. Handbook of Adult and Continuing Education*. San Francisco: Jossey-Bass.

Stutflebeam, D. L., & Kellaghan, T. (2003). *Il1lernaliol1al handbook of education evaluation*. Dordrecht, OR: Kluwcr Acadcmic.

Stutflebeam, D. L., Madaus, G. F., & Kellaghan, T. (2000). *Evalualion models:*

Viewpoints on educational and human services evalualion (2ed.).
Dordrecht, OR: Kluwer Academic.

第七章

樂齡學習教師的專業成長

第一節　前言

　　臺灣地區預估到2017年時，老年人口數將達到總人口的14%，正式進入「高齡社會」；到了2025年時，老年人口數占總人口數的比例將超過20%，臺灣將正式成為「超高齡社會」，可見臺灣在人口結構上老化的速度非常快。如何減緩老化速度，擴大積極正向的高齡期生活，是研究者努力的目標，其中肯定的是透過學習參與能促進高齡者身心健康，已是不言而喻的事實（林麗惠，2006；邱美玲，2010）。不過，令人憂心的是高齡者參與學習的人口始終偏低（內政部，2000；魏惠娟等，2009）。

　　高齡者參與學習的問題，固然與學習地點、活動訊息，以及收費情形等都有關係。但是，關於高齡者的課程不夠深化、觀點缺乏、未能更新、對其日常生活問題未能有幫助等（邱美玲，2010；莊雅婷、黃錦山、魏惠娟，2008；劉慧俐、蔡青墉，1998；魏惠娟、施宇澤，2009），在高齡參與的問題中，卻特別值得注意。相關研究發現，臺灣高齡教育的課程，長久以來存在下列兩個關鍵的問題：第一，高齡教育課程多以休閒、保健、娛樂、語言、藝術等為主，30年來並沒有太大變化；第二，高齡教育的課程規劃並沒有可以參採的理論觀點或模式依據，以致各類課程設計顯得零散，且多偏向休閒性及娛樂性，缺乏系統性及教育性，課程的實施也並未關注高齡者學習品質及生活價值提升

的目標（吳永銘，1998；林月熠，1997；教育部，2008；魏惠娟等，2007、2009）。

高齡教育課程設計的問題，又與高齡者教師之教學專業能力有密切的關係。關於課程規劃的專業，從1949年Tyler在其經典的《課程設計的原則》一書中，就揭示了四個沒有標準答案的問題，供課程設計者反思。這四個原則包括：課程的目標應該是什麼？如何達成目標？如何組織學習經驗？如何知道目標達成的程度？對於這些問題的回應，絕非未受專業培訓的實務工作者所能爲之，課程與教學是一門專業應無疑義。教育部成人教育相關政策中（教育部，1991、1996、2000、2006），人才培育始終都是重要的政策方向。2006年頒訂的「老人教育政策白皮書」，具體指出要培訓老人教育專業師資人力、辦理老人教育工作者之繼續教育，白皮書並強調老人教育政策落實的關鍵，就是在於專業人力之養成。

教育部門對於高齡議題的回應，具代表性的政策除了上述「老人教育政策白皮書」外，2008年起，根據白皮書的政策方向在全國推動實施「教育部設置各鄉鎮市區樂齡學習資源中心計畫」，該計畫希望整合教育資源，建立社區學習據點，鼓勵老人克服地點的障礙，能就近在社區參與。並且成立了「樂齡銀髮教育行動輔導團」，預計分3年的時間，在全臺368個鄉鎮市區設置樂齡學習資源中心（以下簡稱樂齡中心），結合了鄉鎮公所、社區發展協會、老人會、社區大學、圖書館及科技校院等多元機構，全面開始推動樂齡學習活動。至2010年止，全臺各鄉鎮市區已經成立了209所樂齡中心，合計開出了4,831門課程。

樂齡中心的教師背景相當多元，80%具有大專以上的學歷（教育部，2010），但是其高齡教學方面的專業如何呢？未來針對這些教師的教學專業培訓方案應如何設計？這些都是改善高齡教育實踐、鼓勵高齡者參與學習的關鍵因素。

本章的目的是在探討高齡教育教師的教學專業情形及其培訓需求，

並了解兩者的關係。本研究具體目的如下：

　　一、探討高齡教育教師教學專業知能的情況；

　　二、探討高齡教育教師在教學專業知能方面的培訓需求；

　　三、探討高齡教育教師教學專業知能與其培訓需求的關係；

　　四、歸納研究結果，提供未來高齡教學人力培訓設計的建議及方案規劃的參考。

第二節　高齡教育教師的專業知能與培訓需求

一、高齡教育教師需要具備哪些專業知能？

　　專業知能係指專家的技能或知識，也就是在該領域內所應該具備的實際知識。專業知能一般包括：專業知識、專業技能與專業態度等三個層面（Jarvis, 1983）。釐清專業知能的內涵是培訓專業人才的基礎。

　　一般論述教師所需要具備的專業知能內涵，包括下列三方面：專業知識方面包括了解教育政策、教學目標或者教學任務；在專業技能方面包括運用教學方法和技巧，進行教學活動，解決學習問題；專業態度則是指在教學中的教學信念、人際互動與個人素養。至於從事高齡教學工作者需要具備哪些專業能力呢？Peterson（1983）在論述如何促進高齡者學習時指出，高齡者由於離開學校已久，又因為年輕時曾經有過權威式的學習經驗，使其在參與成人教育的學習情境時產生矛盾。他們一方面希望參加結構式、教師中心、內容取向的教學活動；另一方面，他們也希望能參與決定課程內容與教學方式等，這是教師在教學計畫時必須考慮的因素。Peterson建議教師與學生於學習活動之初，應充分溝通了解彼此的期望，共同營造學習氣氛，使高齡者的焦慮減至最低，方有益於學習參與。

　　Peterson（1990）在後續的研究中，提出幫助高齡者學習的技巧，

例如：在設計課程時必須和學員取得共識，目標一致，讓他們了解學習過程如何設計，才能引起他們的興趣。其次，幫助高齡者學習如何組織所學，並利用提示、綱要讓高齡者看得懂、記得牢。一次給一個主題，不要給兩個主題。善於利用兩種以上的感官來增進學習效果，如：聽覺、視覺等。由於高齡者的學習步調較慢，Peterson建議儘量以較和緩、輕鬆的步調，以減輕緊張氣氛。在課程時間規劃上，則要力求簡短，不能太長。設計活動時宜加強學習效果，如：討論、回答、提問題。加強課堂上對學習者的支持，以減少緊張氣氛，但是又要給予一些適度的挑戰，避免形成壓力。在環境方面，宜減少環境干擾，如：外面的噪音等。了解高齡者的特質，是高齡教學最重要的知識基礎之一，因此，教師在言語表達上也要注意，避免以言語刺激高齡者。又由於高齡者一般比較害怕做錯事，因此會謹慎作選擇，所以，如果要高齡者作選擇，可能會導致學習效果的延遲。

吳婉如（1993）在探討長青學苑教師教學型態與學員滿意度之研究中發現，學員對於學習者中心的教學型態滿意度最高，採取「個別化教學」對於學員滿意度最具預測力。該研究建議高齡者教師應採個別化教學，鼓勵學員參與學習計畫的擬定，由學員自己選擇學習目標、學習材料、並自我評量學習成效，甚至按照自己的速度進行學習。

針對高齡教學如何才能有效、有趣、有用、並能激勵參與，顯然是相當專業的課題。綜合研究發現，高齡教學者的專業能力，至少應包括三個層面：其一為了解高齡者發展特性的知識（陳芷沂，2006；Peterson, 1983; Schuntz, 1981）；其二為高齡教學的知能，如：教學方法、教學技巧、溝通技巧、媒體製作、方案規劃等（黃富順，1993；黃錦山，2002；Bolton, 1990; Glass, 1996; Hiemstra, 1980; Margaret & Gail, 1979）；其三是高齡教學態度的養成，例如：接受高齡者、服務高齡者、在教學中與高齡者一同成長的態度（王政彥，2004；Peterson, 1983）。

二、高齡教育教師培訓需求與相關因素

在臺灣成人教育發展過程中，重要的成人教育政策，如：發展與改進成人教育五年計畫（教育部，1991）、以終身學習爲導向的成人教育中程發展計畫（教育部，1996），以及邁向學習社會白皮書（教育部，1998）等，重要的政策內涵之一都與人才培育有關。在邁向高齡社會時，教育部門的高齡教育政策，仍然是以工作者的專業知能培訓爲重要的項目（教育部，2006、2008）。

高齡教育教師面對的是與正規教育更爲不同的學習者，「如何教？」比「教什麼？」更重要，所以教師接受培訓是必要的。目前高齡教育教學者的培訓情形如何？以臺灣的情形而言，無論培訓理論、培訓實務或相關研究方面，都嚴重缺乏。最近的研究中，只有楊靜梅（2006）的研究在探討臺灣高齡教育教師專業知能需求，該研究建議鼓勵現職高齡教育教師參與相關的在職進修。

以其他國家爲例，曾彌七重（2004）研究日本的高齡教育結果指出，缺乏高齡者教育專業人才，是日本高齡教育共同存在的問題。李雅慧（2004）研究法國高齡學及其對高齡學習之啓示時指出，高齡專業人才的培訓，是法國高齡政策的施政重點。因此，許多大學紛紛開設高齡專業人才的培訓課程，以因應社會高齡人口增加的需要。從前述不多的研究，以及研究者的實務經驗中，初步可以發現高齡教育工作者以及教師的培訓相當缺乏，似乎也是臺灣共同的現象。

未來高齡教育的推動迫切需要培訓專業人才，綜合相關研究發現，與專業人才培訓有關的個人背景因素如下：

(一)性別因素

性別是否造成教師教學能力的差異呢？檢視成人教育相關研究，發現除了張涵洋（2001）的研究結果顯示性別會造成差異外，多數的研究並未發現性別因素會造成規劃能力表現的差異（胡修如，2000；陳郁

雯，1999；張貴雲，1995；Al-Thoupety, 1989；Tangchuang, 1984）。以教師在課程規劃能力重要性的認知為例，性別並沒有造成影響（林志剛，1992；胡修如，2000；郭文茵，1993；黃于眞，2007；Saeteo, 1989）。

(二)年齡與年資因素

年齡對於教師的教學表現會造成差異，不同年齡的教學工作者，對於培訓需求因此也不同，相關研究如：李虹慧（1999）、林盈助（1997）、張涵洋（2001）、陳巧倫（2005）、黃于眞（2007）及Colquitt-Wilkins（1985）的研究結果都有相同發現。其中Colquitt-Wilkins（1985）的研究，調查北卡羅萊納州成人基本教育教師對於專業知能的看法，該研究發現女性、年齡較長者對於專業知能的需求程度較高。李虹慧（1999）則是針對也是以高齡學生居多的成人基本教育教師，研究發現個人任教年資愈久，愈能運用教學專業的相關知識。

(三)教育因素

教育程度對於教師或工作者的專業能力培訓需求會造成差異（李虹慧，1999；林盈助，1997；張涵洋，2002；張貴雲，1995）。張貴雲（1995）的研究指出，教育程度愈高，有愈高的專業知能需求；黃富順等人（1995）的研究發現，教育程度在大學或是研究所以上者，培訓需求愈高，他們也更需要如：成人教育哲學、成人教學、評量與需求評估等培訓課程。不過，也有的研究並未支持這一個因素（李芳美，2000；胡修如，2000；范瓊分，2003；郭淑娟，2000；郭瓊玉，1995；黃于眞，2007；Al-Thoupety, 1989；Tangchuang, 1984）。

(四)培訓因素

培訓設計時有一些因素會影響方案的成效，例如：究竟應該培訓多久才夠呢？相關研究在這一個變項的探討不多。徐勳君（2006）的研究結果指出，實務工作者接受培訓時間達1年以上者，其能力顯著提升。

魏惠娟與施宇澤（2009）的研究指出，高齡教育工作者擁有1年以上的課程規劃經驗，以及曾經接受超過40小時培訓者，對於其學習活動設計層面的知能會造成差異。

三、高齡教育教師培訓方案設計：行銷觀點的應用

本研究目的除在了解高齡教育教師的教學專業知能外，還希望探討其培訓需求，研究結果在提供培訓方案設計的參考。關於培訓方案設計時的需求，從高齡教育相關研究回顧，發現過去的研究多聚焦於下列主題：課程（吳永銘，1998；黃國彥，1991）、經費（陳清美，2001；黃富順，2002）、行銷宣傳（吳永銘，1998）、場域與地點（吳永銘，1998；李鍾元，2002）、專業人員（陳清美，2001）等，都與行銷理論相關。

本研究因此以行銷為觀點，視培訓方案所提供的課程為產品。在規劃設計產品時，關鍵的行銷概念為考量市場分析及產品定位，前者包括：市場有哪些人？他們有什麼特色？他們的需求如何？後者則包括：我們的產品是什麼？我們的產品能給消費者帶來什麼利益？我們的產品能滿足消費者什麼需求或感覺？我們如何把產品送出去（魏惠娟，2004）？在研擬行銷策略時，要以前述目標市場分析及產品定位的結果為基礎，來進行方案的行銷組合設計。所謂行銷組合即是綜合應用4p概念，包括：產品（product）、定價（pricing）、通路與配銷（place and distribution）及推廣（promotion）四項內容（曾光華，2004）。本研究在評估培訓方案設計的需求時，即是以行銷概念為基礎，來探討實務工作者的需求。本研究在培訓設計方面，所調查的問題包括培訓課程的類型、時間、教學方式；在經費方面，包含收費情形；在行銷宣傳方面，包括教師對於行銷訊息管道等之需求。

第三節　研究設計與實施

一、研究架構

　　本研究目的在探討高齡教育教師的專業知能與培訓需求，研究架構如下圖1。

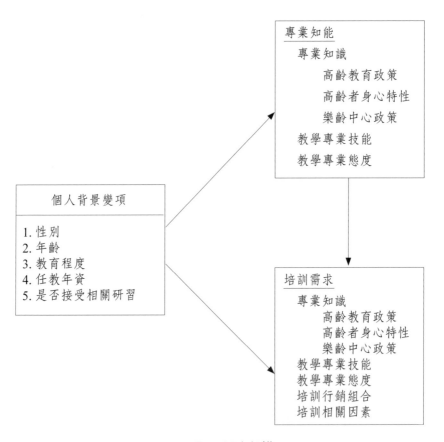

圖1　研究架構

　　高齡教師的專業知能包括：專業知識、專業技能與專業態度三個層面，其中專業知識包括：高齡教育政策、高齡者身心特性、樂齡中心政

策等。本研究並針對上述各層面，探討教師的培訓需求。由於本研究結果將對培訓方案規劃提供建議，因此在培訓需求層面，將從行銷組合的觀點來分析。

二、研究問題

　　㈠高齡教育教師專業知能的情形如何？
　　㈡不同個人背景變項的高齡教育教師，其專業知能的差異為何？
　　㈢高齡教育教師專業知能培訓需求如何？
　　㈣不同個人背景變項的高齡教育教師，其培訓需求的差異為何？
　　㈤高齡教育教師專業知能與培訓需求之相關情形為何？

三、研究對象

　　本研究以樂齡學習中心的教師為對象，全國樂齡中心的分布，北北基為32所，桃竹苗地區為15所，中部5縣市含苗栗、臺中縣市、南投縣與彰化縣有45所，雲嘉南計41所，高屏地區36所，東部與外島共30所。中部5縣市在上述各區域中有最多的樂齡學習中心，本研究因此以此為研究對象，總計225位教師接受調查。

四、研究方法與工具

　　本研究使用問卷調查法，研究工具為自編之問卷，共包括三個層面：高齡教育教師個人背景資料、高齡教育教師專業知能、高齡教育教師培訓需求等。本問卷之信度在教學知能部分之Cronbach's α值為.75，在培訓需求之Cronbach's α值為.95，本研究針對各向度進行皮爾森積差相關分析，結果亦達顯著（p < .01）。在效度部分，本研究採專家內容效度，共7位高齡教學相關實務專家與學者，針對本研究問卷各題項內容的正確性、相關性、問題敘述的適當性，提供修改意見。
　　本研究之問卷共計三個部分，第一部分為個人背景變項，包括：性

別、年齡、教育程度、教學經驗及相關研習情形。在教師的專業知識方面，首先是教師高齡教育知識，共計5個問題，如：臺灣的高齡人口比例、高齡化社會情形、老化速度、高齡者參與學習的情形等。其次是有關樂齡學習的政策，如：樂齡的名稱與意義、政策意涵與樂齡中心的情形。第二部分是有關高齡者的特性，如：生理、心理與學習特性。在專業技能方面，主要是教學方面的技能，包括：教學方式、溝通技巧與教材準備等共計8個問題。在專業態度方面，包括：教學熱忱、服務與關懷態度、老化觀念等，共計5個題目。第三部分是教師培訓需求方面的設計，主要是在呼應上述第二部分的專業知識、技能與態度層面。本研究調查教師在各層面的培訓課程主題之需求，最後從行銷組合的觀點，來了解教師在培訓方案設計的操作層面之需求，如：培訓內容、方式、地點與價格及其他因素共計13個題目。

本研究在題目選項的設計上，在高齡教師的專業知識方面，總計15題，是採用選擇題的填答方式，來了解研究對象所具備的專業知識之真實情形。其他共計18題，則採用五點量表的設計，從非常不符合、不符合、有點符合、符合與非常符合等，分別給予1至5分。在培訓方案設計的行銷組合部分共計10題，也是採用五點量表的設計，從1至5分，分別是：非常不需要到非常需要五個等第。另外，採用選擇題及填充的方式來了解教師在培訓設計的安排與課程選擇方面的需求。本研究希望透過研究工具不同的選項設計，能蒐集到更符合填答者實際情形的研究資料。

五、資料分析

本研究以225位樂齡中心的高齡教育教師為對象，進行問卷調查，回收205份問卷，剔除5份資料填答不全者，有效樣本共計200份。資料分析方法包括：描述統計、t考驗、單因子變異數分析，以及皮爾森積差相關分析。本研究以描述性分析，針對個人基本資料進行次數分配與

百分比統計，以平均數與標準差呈現高齡教育教師對於專業知能、培訓需求各題目及各層面的重要程度之評定，以回答本研究問題一與三。

　　本研究以獨立樣本t考驗檢視高齡教育教師對於專業知能、培訓需求重要程度之評定，是否因個人背景不同而有差異。以單因子變異數分析來檢視高齡教育教師對於專業知能、培訓需求之評定是否因為年齡、任教年資、教育程度、接受高齡教師相關研習次數的不同而有差異，以回答研究問題二與四。本研究以皮爾森積差相關分析法來了解教師專業知能與培訓需求間的相關情形，以回答研究問題五。

第四節　高齡教育教師專業知能與培訓需求分析

一、高齡教育教師專業知能的情況

　　本研究問卷的第二部分採選擇題的設計方式，了解教師對於高齡教育議題與樂齡中心政策的認識，分別為5道題目與10道題目，每答對一題得1分。研究結果發現教師答對的題數，平均分別為3.26題與6.27題，表示本研究所調查的高齡教育教師對於「高齡教育議題」的現況之了解，比對於「樂齡中心政策」的了解稍微好一些（表1）。

表1　高齡教育教師對於高齡教育議題與樂齡政策的認識情形

專業知識	平均答對題數	PR值	標準差	題　數
高齡教育議題	3.2600	65.2	1.0855	5
樂齡政策	6.2700	62.7	2.1070	10

　　至於本研究對象在高齡者身心特性方面的知識、教學技能與教學態度層面之情形，五點量表的調查結果如下表2。

表2　高齡教育教師專業知能各層面情形

專業知能層面	平均數	標準差
專業知識（高齡者身心特性）	3.3050	0.3664
教學專業能力	3.5637	0.4903
教學專業態度	3.5850	0.4976

　　整體而言，本研究對象在高齡者的「教學態度」方面平均得分（3.5850）最高；其次為「教學能力」（3.5637），以及對於「高齡者身心特性」的理解（3.3050），顯示研究對象對於高齡者身心特性的理解較弱。

二、不同背景的高齡教育教師專業知能的差異分析

　　臺灣對於高齡教育教師未有專業培訓或資格的要求，因此，高齡教育教師的背景差異性很大，對於未來培訓課程的規劃會有影響。本研究因此從教師的性別、年齡、任教年資、教育程度，以及是否曾經參與高齡教育相關研習等，分析這些因素對於專業知能所造成的差異。研究結果發現，除了性別沒有造成專業知能的差異外，其他的個人背景變項均造成差異。

　　高齡教育教師的年齡不同，對於其教學態度以及樂齡中心的知識了解也會不同，且達顯著的差異。本研究發現41歲至50歲的高齡教育教師，在教學態度的各層面，都顯著高於31歲至40歲組的教師。本研究分析不同年齡的高齡教育教師，發現他們在下列三個問題達顯著差異：每次上課內容的量，了解班上老人家的背景與經驗，對於每一位學員的熟悉度。研究結果如下表3。

表3 不同年齡的高齡教育教師在專業知能各題項的差異情形 (N = 200)

年齡	有效樣本數	變異來源	離均差平方和	自由度	平均差平方和	F值	事後比較
B4. 我每次上課的內容都很多、很豐富							
(1)30歲以下	21	組間	8.280	4	2.070	2.985*	(2) > (4)
(2)31歲-40歲	32	組內	135.220	195	0.693		
(3)41歲-50歲	49	總和	143.500	199			
(4)51歲-60歲	59						
(5)61歲以上	39						
D7. 我常與高齡者針對教學情況來交換意見							
(1)30歲以下	21	組間	6.238	4	1.560	2.835*	
(2)31歲-40歲	32	組內	107.262	195	0.550		
(3)41歲-50歲	49	總和	113.500	199			
(4)51歲-60歲	59						
(5)61歲以上	39						
E3. 我知道班上老人與家的家庭背景與生命經驗							
(1)30歲以下	21	組間	15.268	4	3.889	5.294***	(3) > (1)
(2)31歲-40歲	32	組內	140.607	195	0.721		(3) > (2)
(3)41歲-50歲	49	總和	155.875	199			
(4)51歲-60歲	59						
(5)61歲以上	39						
E4. 我覺得熟悉每一位學員特性能提升教學成效							
(1)30歲以下	21	組間	15.557	4	3.889	5.945***	(3) > (2)
(2)31歲-40歲	32	組內	127.563	195	0.654		(4) > (2)
(3)41歲-50歲	49	總和	143.120	199			
(4)51歲-60歲	59						
(5)61歲以上	39						

註：*p < .05, **p < .01, ***p < .001

　　針對「我每次上課的內容都很多、很豐富」這一道反向題的設計，本研究發現「31-40歲」的高齡教育教師比「51-60歲」者得分高，表示年紀較輕的教師會準備比較多的教學內容。「41-50歲」組的教師，比「31歲以下」與「31-40歲」組的教師，在認識老人家的家庭背景與生命經驗方面得分較高。

　　此外，「41-50歲」與「51-60歲」組的教師，比「31-40歲」組的教師，更覺得熟悉每一位學員特性，能提升教學成效。

　　教師的教育程度對於「高齡教育議題」的認知以及其教學知識會造成差異。專科學歷的高齡教育教師對於高齡教育議題的認識，顯著高於國中以下學歷的教師。學歷為大學與研究所以上的高齡教育教師，在教學知識方面則顯著高於學歷為國中以下的高齡教育教師（表4）。

　　再從教師不同的高齡教育任教年資來分析，發現任教年資在「12年以上」者，其教學技巧顯著高於任教年資為「1-3年」的教師。高齡教育教師曾經有過其他不同的教育年資者，是否造成專業知能的差異呢？本研究發現不同的教學年資之教師，只有在「教學知識」方面達到顯著差異水準，經事後比較各組未達顯著差異。在個別題項上則僅有「老人上課常喜歡發表，花了我很多時間，使我感到困擾」這一反向題，曾經有過其他教育年資「6年」者，顯著高於「1年」者，表示曾經有普通教育方面的年資較多者，不一定對於高齡者的學習特性更清楚。

　　高齡教育教師有沒有參加過高齡者教育相關研習，對於其專業知能之差異情形如何？本研究結果顯示，曾參與高齡者教育相關研習的高齡教育教師，「教學知識」上較為豐富，在整體層面上，達到顯著差異（$t = 1.781$，$p < .05$）。

表4　不同教育程度的高齡教育教師專業知能各層面之差異 (N = 200)

教育程度	有效樣本數	變異來源	離均差平方和	自由度	平均差平方和	F值	事後比較
B2. 我會由於教學進度落後而苦惱							
(1)國中以下	17	組間	12.614	4	3.153	3.117*	(5) > (1)
(2)高中(職)畢業	35	組內	197.261	195	1.012		
(3)專科畢業	37	總和	209.875	199			
(4)大學畢業	77						
(5)研究所(含)以上	34						
D1. 老人上課常喜歡發表，花了我很多時間，使我感到困擾							
(1)國中以下	17	組間	13.766	4	3.441	3.608**	(3) > (1)
(2)高中(職)畢業	35	組內	185.989	195	0.954		(4) > (1)
(3)專科畢業	37	總和	199.755	199			(5) > (1)
(4)大學畢業	77						
(5)研究所(含)以上	34						
D2. 我覺得老人對於什麼主題都沒什麼興趣，教了好像也沒有成效							
(1)國中以下	17	組間	15.932	4	3.983	4.199**	(4) > (1)
(2)高中(職)畢業	35	組內	184.948	195	0.948		(5) > (1)
(3)專科畢業	37	總和	200.880	199			
(4)大學畢業	77						
(5)研究所(含)以上	34						
D3. 我的教學中會要求老人在限定時間內完成規定事項，以達到教學效率							
(1)國中以下	17	組間	3.927	4	3.927	4.618***	(4) > (1)
(2)高中(職)畢業	35	組內	0.850	195	0.850		(5) > (1)
(3)專科畢業	37	總和		199			
(4)大學畢業	77						
(5)研究所(含)以上	34						

（續下表）

——臺灣樂齡學習

教育程度		有效 樣本數	變異來源	離均差 平方和	自由度	平均差 平方和	F值	事後比較
D4. 高齡者的教學技 巧與一般教學相 似	(1)國中以下	17	組間	12.043	4	3.011	3.112*	(4) > (1) (5) > (1)
	(2)高中（職）畢	35	組內	188.677	195	0.968		
	(3)專科畢業	37	總和	200.720	199			
	(4)大學畢業	77						
	(5)研究所（含）以上	34						
E3. 我知道班上老人與 家的家庭背景與 生命經驗	(1)國中以下	17	組間	7.604	4	1.901	2.500*	
	(2)高中（職）畢	35	組內	148.271	195	0.760		
	(3)專科畢業	37	總和	155.875	199			
	(4)大學畢業	77						
	(5)研究所（含）以上	34						

註：*p＜.05, **p＜.01, ***p＜.001

三、高齡教育教師專業知能的培訓需求

高齡教育教師專業知能的培訓需求情形如何呢？本研究調查結果如下表5。

表5　高齡教育教師培訓需求整體與各層面情形

培訓需求層面	類　別	平均數	標準差	平均得分順序
專業知識	高齡教育議題	3.9700	0.8261	6
	高齡者身心特性	4.0650	0.7640	3
	樂齡中心政策	4.0300	0.8200	5
專業技能	教學知識	4.1550	0.7374	1
專業態度	教學態度	4.0550	0.8399	4
培訓需求	培訓行銷組合	4.0968	0.6114	2

本研究調查發現高齡教育教師在高齡教育的專業知識、教學專業能力、態度與對於培訓需求之重要性評定，整體與各層面平均得分在五點量表中為4.062，即介於「需要」和「非常需要」之間。又以對於高齡者的「教學知識」之培訓需求平均得分（4.1550）最高；其餘依次為「培訓行銷組合需求」（4.0968）、「高齡者身心特性」需求（4.0650）、「教學態度」需求（4.0550），而以「高齡教育議題」（3.97）的平均得分最低。但是整體看來，本研究對象在各層面的培訓需求之平均數差異不大。本研究也發現，教師整體專業知能與其培訓需求有相關，但是相關程度並不高（介於0.264與0.33之間）。比較重要的是研究發現，不管高齡教師專業知能高或低，整體而言，對於培訓都有很高的需求。

至於本研究對象對於培訓方案設計的需求如何呢？研究結果如下表6。

表6　本研究對象在培訓方案設計之需求情形

培訓方案設計之需求	平均數	標準差	平均得分順序
・成立支援教師的專職機構	4.1200	0.7700	4
・培訓後有研習證書	4.1200	0.8200	4
・建立高齡教師專業人才資料庫，以提供人才需求網絡	4.1400	0.7800	2
・建立高齡教師之相關資源平臺	4.1400	0.7500	2
・培訓時間分階段進行	4.1700	0.7100	1

　　本研究調查對象有很高的培訓需求，至於其所希望的培訓設計以「培訓時間分階段進行」的平均得分最高，其次同樣重要的為「建立高齡教師專業人才資料庫，以提供人才需求網絡」與「建立高齡教師之相關資源平臺」，接著為「成立支援教師的專職機構」及「培訓後有研習證書」等。

四、高齡教育教師在專業知能培訓需求的差異分析

　　本研究調查顯示教師的性別、教育程度、整體任教年資（含正規教育與非正規教育年資）等不同，並不會造成培訓需求的差異。但是教師在高齡教育的教學年資以及參與高齡教育研習的情形，則會造成培訓需求的差異，有高齡教學經驗者比無高齡教學經驗者，有更高的培訓需求。值得注意的是，曾經參與高齡教育相關研習的教師，在培訓需求整體層面上達顯著差異，在各層面也均達到顯著差異水準。

表7　曾參與高齡教育相關研習的教師之培訓需求差異分析（N = 200）

層　面	類　別	參與相關研習	有效樣本數	平均數	標準差	t值	平均數比較
專業知識	高齡教育議題	(1)否 (2)是	139 61	3.8777 4.1803	0.8467 0.7418	2.542**	是 > 否

（續下表）

層　面	類　別	參與相關研習	有效樣本數	平均數	標準差	t值	平均數比較
	高齡者身心特性	(1)否 (2)是	139 61	3.9928 4.2295	0.7566 0.7614	2.028*	是＞否
	樂齡中心政策	(1)否 (2)是	139 61	3.9209 4.2787	0.8346 0.7333	3.043**	是＞否
專業技能	教學知識	(1)否 (2)是	139 61	4.0791 4.3279	0.7230 0.7466	2.190*	是＞否
專業態度	教學態度	(1)否 (2)是	139 61	3.9568 4.2787	0.8918 0.6616	2.834**	是＞否
培訓需求	培訓行銷組合	(1)否 (2)是	139 61	4.0079 4.2993	0.6366 0.4977	3.488***	是＞否

註：$*p < .05, **p < .01$

是否曾經參與高齡教育相關研習的教師，對於培訓方案行銷組合的規劃方面之需求也達到顯著差異，如下表8。

表8　曾參與高齡教育相關研習對其培訓行銷組合規劃需求的差異分析（N＝200）

	參與相關研習	有效樣本數	平均數	標準差	t值	平均數比較
F1. 成立支援教師的專職機構	(1)否 (2)是	139 61	4.01 4.36	0.80 0.66	3.200**	是＞否
F2. 培訓後有研習證書	(1)否 (2)是	139 61	4.03 4.31	0.86 0.70	2.455*	是＞否
F3. 建立高齡教師專業人才資料庫，以提供人才需求網絡	(1)否 (2)是	139 61	4.04 4.38	0.82 0.64	3.183**	是＞否
F4. 建立高齡教師之相關資源平臺	(1)否 (2)是	139 61	4.06 4.33	0.78 0.69	2.531**	是＞否
F5. 培訓時間分階段進行	(1)否 (2)是	139 61	4.11 4.33	0.75 0.60	2.211*	是＞否

註：$*p < .05, **p < .01, ***p < .001$

本研究進一步以開放式的問題來了解研究對象的培訓需求，研究

結果發現，本研究200位研究對象中，只有30%曾經參加過高齡教育相關研習。這61位曾經參加過研習者所參與的課程類型，依其填答的參與次數高低，包括：高齡者身心特性（35次），老人種子企劃師培訓（19次），高齡者教學知識（18次），高齡教育政策（17次），高齡者教育方案規劃（14次），以及高齡者教材教法（11次）。教師對於前述課程的需求，以高齡者教材教法的需求最高，其次依序為：高齡者身心特性、高齡者教學知識、方案規劃、高齡教育政策等。在課程時間安排之需求，則以「12小時」為最多。在培訓方式的設計方面，研究對象覺得最合適的培訓方式是「短期證書課程（2天內）」最高，其他方式之需求依序為「長期學分培訓（1週以上）」，本研究對象以在「學位進修」方面的需求最低。至於培訓時間的設計以2天的需求最高（49.5%），其次為1天（34%），以3天的培訓需求最低（16.5%）。在收費方面，若以2天12小時來計算，本研究調查對象有84%認為合理費用介於1,000元以上至2,000元之間。

　　在培訓方式的設計方面，本研究對象以對於「教學觀摩」的偏好最高，其他方式依序為「講師講解」、「案例分享」、「實地觀察」，以「同儕討論」的需求最低。在訊息來源方面，高齡教育教師喜歡收到的培訓資訊管道以「透過相關機構（樂齡中心、社區）」最高，其他為「電子郵件」，以「公布於教育部樂齡網」的需求最低。

第五節　研究結果分析與討論

　　本研究所調查的樂齡中心之教師，只有22%的教師曾經參與高齡教育相關研習。在200位研究對象中，有25%的教師學歷為國高中，專業知能情形並不算高；另外，29.5%的教師在高齡教育方面的教學年資在3年（含）以下。雖然他們實際參與樂齡中心的推動，但是對於高齡教育政策或對於高齡者教學的認識不高。這種現象或許可以理解，為什麼

相關研究對於高齡教育的實踐（黃富順、梁世武，2006；魏惠娟、施宇澤，2009；魏惠娟、胡夢鯨、黃錦山，2006），總是一直呼籲高齡教育的教學方式需要改善，學習內容與課程設計要與時俱進。大多數研究也顯示，曾經接受專業培訓的實務工作者，對於課程規劃能力重要性的認知，會有顯著的差異（林盈助，1997；張涵洋，2001）。參加培訓對於實務工作者的課程規劃專業能力的具備程度，也會造成顯著差異（李虹慧，1999；林盈助，1997；張涵洋，2001；黃富順、胡夢鯨、蔡秀美、魏惠娟、楊國德、鄒靜宜，1995）。

雖然如此，值得欣慰的是，本研究發現樂齡中心的教師，高齡教學經驗愈多者，有更高的培訓需求；曾經參與高齡教育相關研習者，也更需要培訓。本研究發現也印證了研究對象參與過去的高齡教育工作者培訓方案研習結果表示高度滿意度（李䕅慈、魏惠娟、陳宏婷，2011；林秉毅，2008）。

本研究發現高齡教育教師教學經驗愈多者，並沒有造成專業知能的差異，研究結果呼應了高齡教育專業及培訓的重要。本研究對象對於Peterson（1990）高齡教學技巧的研究發現，並未有清楚的理解，以致對於老人上課喜歡發表這一特質會覺得困擾，也會認為上課資料多比較好。本研究發現教師們在培訓課程的需求方面，以教材教法與高齡者學習特質及教學技巧的需求最高。本研究對象在高齡教育教學培訓設計上的需求，偏好分階段進行，多採用觀摩教學、講師講解、案例分享及觀察與討論的方式，研究結果與國外成功的高齡教育方案實踐模式相當一致，如北卡的創造性退休中心的課程（Manheimer, 2008）。

本研究也發現值得注意的問題，如：為什麼所調查的高齡教育教師，對於高齡的議題與樂齡政策整體的認識不足？本研究所調查的高齡教育教師對於高齡教育議題，如：老年人口比例、老化速度、高齡者活動的情形，比對於樂齡中心的政策更了解一些，但是整體了解程度仍是不高。此一研究發現似乎也相當合理，因為本研究調查對象中，超過半

數的教師在高齡者教學方面的經驗在3年以下，其中有16%的人完全沒有高齡教學經驗。

　　樂齡政策是教育部2008年開始執行的方案，教師對於政策的理解很弱，也是可以理解的。此與研究者的經驗相當一致，第一年的政策執行時，很多申請辦理的樂齡中心團隊，都是在不清楚政策的精神與意涵情況下就來申請了。樂齡中心的經營行政團隊對於政策意涵都不太理解的情況下就來辦理，難怪他們所聘請的講師也不清楚方案的背景。

　　本研究發現年長一些的高齡教育教師，對於高齡者的教學態度比較正面一點，也就是他們不會對於高齡者的特性，如：對於老人上課喜歡發表，占去較多時間，教學進度落後而感覺苦惱。他們也比較認識老人家的特性，這一項發現與個人的實務觀察結果也頗吻合；不過，究竟是不是實際的狀況，還需要更進一步的探討。

第六節　結論與建議

一、結論

(一)本研究的高齡教育講師對於高齡的議題，或者教育部設置樂齡中心方案之精神與內涵都缺乏完整的理解

　　本研究對象為中部地區的樂齡中心之講師，他們雖然是在樂齡中心執行教學的活動，但是卻並不清楚高齡化議題、未來發展，以及樂齡政策的背景與精神。

(二)本研究對象在高齡教學專業知識方面，以對於高齡者的身心特性之了解較弱

　　成功的教學設計核心在於認識學習者，調查顯示中部5縣市的樂齡中心講師，對於高齡者的身心特性了解程度不高。

㈢中年的高齡教育教師比起較為年輕或更為年長的教師，在高齡教學的態度方面，更符合高齡教學的理念

　　本研究對象中以41歲至50歲者，在高齡教育教學態度各層面，都顯著高於31歲至40歲組的教師。包括：認識學習者的生命經驗與背景，熟悉高齡者以便能提升教學效能，不會以準備很多的教學內容為期許。

㈣教育程度為大學以上者，在教學專業各層面，都顯著高於國中（含）以下教育程度的高齡教育教師

　　本研究200位對象中，有111位具大學以上的學歷，他們在教學專業，如：對於老化現象與高齡者學習特性的認識、高齡教育教學技巧的掌握等，都有比較正確的認識。

㈤本研究高齡教育教師在專業知能整體的培訓需求都很高，無論個人專業知能高或低，是否參與高齡教育研習，是否有過高齡教學經驗，其培訓需求都是高的

　　本研究對象雖然在高齡議題的認識、樂齡中心的精神、高齡者的身心特性等之理解程度都不算高，但是對於培訓都有高的需求。曾經接受過高齡教育相關研習者，對於培訓的需求更高；曾經有過高齡教學經驗者，培訓需求也高於有教學經驗者。

㈥曾經參與高齡教育相關研習者，比沒有參加過研習者，對於培訓方案設計的行銷組合規劃各層面，有顯著更高的需求

　　本研究對象對於培訓方案行銷組合各層面的設計，如：成立支援高齡教育教師的機構、建立高齡教育教師資料庫、成立高齡教學的平臺、分階段研習，以及給予研習證書等，都比沒有研習經驗者的需求更顯著。

二、建議

(一)加強樂齡中心講師對於臺灣人口高齡化的現象，其對於未來的影響，以及樂齡學習的重要之理解

講師是傳遞並行銷政策理念給學習者的主要通路之一，教師先要具備高齡教育的新知識與新觀念，本研究發現講師在這一方面的理解很弱，未使政策理念能通達，並順利推廣，因此須加強培訓樂齡中心講師關於人口高齡化趨勢的相關主題。

(二)加強高齡者講師對於高齡者身心特性的認識

教學專業的基本要求，乃是教師要認識學習者，其次才是教學設計。本研究發現樂齡中心的講師對於老人家的特性之了解不夠，也是未來培訓的優先主題。

(三)延攬40歲以上，特別是40歲至50歲具大學以上程度者，來擔任高齡者講師

本研究發現中年的講師對於老人家的認識，比起年輕一些或年紀更大者，都更貼切。有大學以上學歷者，具備更高的專業知能。本研究建議樂齡中心的運作，對於講師的背景應有所規範。

(四)儘速規劃並執行高齡教育教師培訓方案

本研究發現研究對象對於高齡教育培訓有很高的需求，對於培訓方案的設計，在課程、行銷通路、收費、相關的支援活動等，都表示很高的需求。教育主管單位應在建立樂齡中心的同時，加速對於講師的訓練。

(五)講師培訓方案的設計要整體、持續並且系統的實踐

本研究結果已經印證無論是否有過高齡教學經驗，或者是否有過高齡教育相關研習經驗，對於培訓都有高的需求；甚至，參加過研習者有更高的需求。臺灣在思考因應人口結構高齡化現象之相關政策時，在高

齡者教育的推動方面，同時要加速培育高齡教育教師。本研究已經揭示幾個重要的學習主題，在培訓的設計方面，要跳脫一次或一場次的研習設計方式，朝專業培訓的角度，並建立講師與教學資源分享的資料庫，頒發研習者證書，採取多元化的訓練方式，如：教學演示、同儕討論、教師講述、案例分享等。本研究發現收費也是可以考慮的方式。總之，高齡教育教師的培訓，將由於人口高齡化的速度加快，變得更為重要；為了鼓勵高齡者參與學習，講師的專業知能及其培訓，乃是實踐高齡教育政策、激勵高齡者社會參與的主要因素。

參考文獻

內政部（2000）。老人狀況調查報告。取自http://sowf.moi.gov.tw/stat/Survey/list.html

王政彥（2004）。高齡社會與高齡教育。載於中華民國成人教育學會（主編），高齡社會與高齡教育。臺北：師大書苑。

吳永銘（1998）。臺灣老人教育辦理現況暨發展取向之研究。國立高雄師範大學成人教育研究所碩士論文，高雄市，未出版。

吳婉如（1993）。臺灣地區長青學苑教師教學型態與學員學習滿意度之研究。國立臺灣師範大學社會教育研究所碩士論文，未出版，臺北市。

李鍾元（2002）。老人學苑與老人教育。社區發展季刊，100，107-110。

李芳美（1999）。人力資源發展人員專業能力及專業表現之研究。國立中正大學成人及繼續教育研究所碩士論文，未出版，嘉義縣。

李虹慧（1999）。成人基本教育教師教學專業知識應用及其相關因素之研究。國立中正大學成人及繼續教育研究所碩士論文，未出版，嘉義縣。

李雅慧（2004）。高齡社會與高齡教育。載於中華民國成人教育學會（主編），高齡社會與高齡教育，241-266。臺北：師大書苑。

李藹慈、魏惠娟、陳宏婷（2011）。樂齡學習中心人力培訓方案成效之研

究：訓練遷移的觀點。成人及終身教育學刊，16，113-154。

林月熠（1997）。臺灣鄉村地區老人教育之探討。國立臺灣大學農業推廣學研究所碩士論文，未出版，臺北。

林秉議（2008）。高齡學習方案規劃人員培訓成效評估之研究。國立中正大學成人及繼續教育研究所碩士論文，未出版，嘉義縣。

林盈助（1997）。企業教育訓練人員發展基本專業能力之需求評估研究。私立淡江大學教育資料科學學系碩士論文，未出版，臺北縣。

林麗惠（2006）。臺灣高齡學習者成功老化之研究。人口學刊，33，133-170。

林志剛（1992）。臺灣社會教育人員專業化之研究。國立師範大學社會教育學研究所碩士論文，未出版，臺北市。

邱美玲（2010）。高齡者參與機構學習活動與自覺健康及醫療資源使用關係之研究。國立中正大學高齡者教育研究所碩士論文，未出版，嘉義縣。

胡修如（2000）。成人教育方案規劃人員專業知能內涵分析之研究。國立中正大學成人及繼續教育研究所碩士論文，未出版，嘉義縣。

范瓊分（2003）。成人教育工作者培訓方案效能因素分析之研究。國立中正大學成人及繼續教育研究所碩士論文，未出版，嘉義縣。

徐勳君（2006）。成人教育工作者系統規劃能力自我檢核之研究：以大專院校推廣教育機構爲例。國立中正大學成人及繼續教育研究所碩士論文，未出版，嘉義縣。

張涵洋（2001）。社區大學方案規劃人員專業能力重要性及實際應用之分析。國立中正大學成人及繼續教育研究所碩士論文，未出版，嘉義縣。

張貴雲（1995）。臺灣成人教育工作者所需專業知能之研究。國立中正大學成人及繼續教育研究所博士論文，未出版，嘉義。

教育部（1991）。發展與改進成人教育五年計畫綱要。臺北市：教育部。

教育部（1996）。以終身學習爲導向的成人教育中程發展計畫。臺北市：教育部。

教育部（1996）。社教機構營運問題與對策。教育部指導，臺灣師範大學

社會教育學系承辦，臺灣北部地區社教機構博導實施計畫報告。

教育部（1998）。**邁向學習社會白皮書**。臺北市：教育部。

教育部（2000）。**教育改革行動方案**。臺北市：教育部。

教育部（2006）。**邁向高齡社會老人教育政策白皮書**。臺北市：教育部。

教育部（2008）。**臺灣屆齡退休及高齡者參與學習需求意向調查研究報告**。
臺北市：教育部。

莊雅婷、黃錦山、魏惠娟（2008）。臺灣高齡教育現況分析之研究。見魏
惠娟主編（2008），高齡教育政策與實踐，121-178，臺北：五南。

郭文茵（1993）。**臺灣成人基本教育教師專業知能之研究**。國立臺灣師範大
學社會教育研究所碩士論文，未出版，臺北市。

郭淑娟（2000）。**家庭教育中心專職人員專業知能與工作倦怠之相關研究**。
國立師範大學社會教育學研究所碩士論文，未出版，臺北市。

郭瓊玉（1995）。**臺灣訓練人員相關專業能力分析與培育課程研究**。輔仁大
學管理學研究所碩士論文，未出版，臺北。

陳巧倫（2005）。**護理繼續教育方案規劃人員專業能力與培訓需求評估之研
究**。國立中正大學成人及繼續教育研究所碩士論文，未出版，嘉義
縣。

陳芷沂（2006）。**高齡者教師教學準備度量表建構之研究**。國立中正大學成
人及繼續教育研究所碩士論文，未出版，嘉義縣。

陳郁雯（1999）。**高科技產業HRD經理專業能力之研究**。國立臺灣師範大
學工業科技教育研究所碩士論文，未出版，臺北。

陳清美（2001）。**高齡學習者對學習環境偏好之研究**。國立中正大學成人及
繼續教育研究所碩士論文，嘉義縣，未出版。

曾光華（2004）。**行銷管理：理論解析與實務應用**。臺北：前程企業。

曾彌七重（2004）。**日本高齡者教育實施之研究**。國立中正大學成人及繼
續教育研究所博士論文，未出版，嘉義。

黃于眞（2007）。**成人教育方案規劃者系統規劃能力評估之研究**。國立中正
大學成人及繼續教育研究所碩士論文，未出版，嘉義縣。

黃國彥（1991）。**臺灣地區老人學習偏好與內涵之研究**。教育部委託研究。
國立嘉義師範學院。

黃富順（1993）。如何進行有效的成人教學。成人教育，13，6-12。

黃富順、胡夢鯨、蔡秀美、魏惠娟、楊國德、郭靜宜（1995）。成人教育師資專業培訓課程規劃之研究。教育部委託研究，未出版。

黃富順、梁世武（2006）。臺灣地區民眾對於臺灣已邁入高齡化社會之看法民意調查報告。教育部委託專案研究計畫。

黃錦山（2002）當代教育哲學的新課題：老人教育哲學之探討及其啟示。教育研究集刊，48(3)，1-33。

楊靜梅（2006）。臺灣高齡教育教師專業知能需求之研究。國立中正大學成人及繼續教育研究所碩士論文，未出版，嘉義縣。

廖娟菁（2007）。高齡教育教師專業能力與進修需求關係之研究。國立高雄師範大學成人與繼續教育研究所碩士論文，未出版，高雄市。

劉慧俐、蔡青墉（1998）。長青綜合服務中心服務現況。長青研究發展通訊，1，http://w4.kcg.gov.tw/~seniorww/tw_erdc/old_pub/pub0002.doc。

魏惠娟（2004）。大學繼續教育的行銷困境與出路。成人及終身教育學刊，2，69-97。

魏惠娟、施宇澤（2009）。高齡教育工作者課程規劃能力評估之研究：以樂齡學習資源中心為例。成人及終身教育學刊，13。

魏惠娟、胡夢鯨、黃錦山、莊雅婷（2007，4月）。臺灣地區老人教育推動現況與需求調查研究。論文發表於國立中正大學成人及繼續教育學系暨高齡者教育研究所主辦之「邁向高齡社會落實老人教育政策白皮書：2007高齡教育整合與創新研討會」，嘉義。

魏惠娟、胡夢鯨、黃錦山（2006）。臺灣地區老人教育推動現況與需求調查報告。國立中正大學成人及繼續教育學系暨高齡者教育研究所。教育部社教司委託研究。

魏惠娟等人（2009）。北縣育英國小研究團隊：許素梅 、石玉森、曾秀珠、曾俊凱、朱玉環、汪素娥、陳明利、陳學添、廖文志、康志偉、陳月華等。臺灣北部地區高齡教育機構實施現況之研究。臺北縣2009中日高齡教育國際學術研討會，2009年12月19日，臺北縣政府主辦。

Al-Thoupety, A. A. (1989). *A study to identify competencies needed for adult basic education teachers in Saudi Arabia.* Unpublished Doctoral Dissertation. Michigan State University.

Bolton, Christopher (1990). *"Instructing experienced adult learners". In'sherron, R. H., & Lumsden, D. B. Introduction to Educational Gerontology.* N. Y. Hemisphere Publishing Corporation.

Brockett, R. G., & Hiemstra, R. (1985). Bridging the theory - Practice gap in self- directed learning. In S. Brookfield (Ed.), *Self-directed learning: From theory to practice.* (pp. 31-40). Washington: Jossey-Bass Inc.

Colquitt-Wilkins, R. (1985). *Educators Associated with North Carolina adult basic Education Instrutor's Perceptions of Teaching Competencies.* Unpublished doctoral dissertation, North Carolina State University at Releigh.

Glass, J. C. Jr. (1996). Factors affecting learing in old adult. *Educational Generotology, 22,* 359-372.

Jarvis, P.(1983). *Profession Education.* London: Croom Helm.

Kotler, P., & Andreasen, A. R.(1996). *Strategic Marketing for Nonprofit Organization.* New Jersey: Prentice-hall, Inc.

Manheimer, R. (2008). *Philosophy of Aging.* 2008年10月於中正大學演講稿件，未出版。

Margaret, V. H., & Gail, R. (1979). *Effective teaching and programming for older adults.* (ERIC Document Reproduction Serivce No.ED195733)

Peterson, D. A. (1983). *Facilitation education for older learners.* San Francisco: Jossey-Bass.

Peterson, D. A., & Wendt, P. F. (1990). *Employment in the field of aging: A survey of professionals in four fields.* The Gerontologist, 30, 679-684.

Saeteo, P. (1989). *Competencies and inservice training of functional literacy teachers in Northeastern Thailand.* Unpublished Doctoral Dissertation. University of North Texas.

Schuetz, J. (1981). *Geragogy: Instrctional Programs for Elders.* (Eric

Document Reproduction Sercice No. ED 210 716)

Tangchuang, R. (1984). *Competencies and inservice training needed by teachers of adults in Thailand.* Unpublished Doctoral Dissertation. The Florida State University.

第八章

樂齡學習者的學習動機、參與及改變

第一節 前言

　　臺灣年滿65歲以上的高齡人口數正逐年快速的增長。面對如此快速成長的高齡人口，如何幫助高齡者成功老化，積極健康地度過晚年生活，實屬一重要議題。高齡者雖然面臨生理、健康狀況的改變，但與中年期一樣，有其社會活動的需求，適度的活動可為老人帶來滿意的生活。Peterson（1983）曾經指出，高齡者可以透過教育建立自我價值、增進社會的互動，培養專業能力，促進事業的再發展。還有一些學者亦指出，年老前的生活經驗和準備愈好，其往後的適應將愈好（邱俊村，2002；徐震、趙碧華、王淑姬，1996）。林麗惠（2006）的研究結果也發現，高齡者持續參與學習與社會活動，將有助於其成功老化。由此觀之，學習是促進高齡者活躍老化的重要途徑，高齡者應積極地參與社會活動，並維持社會關係，以增進生活適應，獲致晚年幸福。

　　高齡者參與學習及社會活動，既然對於活躍老化如此之重要，實有必要深入去了解高齡者在學習歷程中的一些重要議題。例如：高齡者究竟是基於何種動機去參與學習？他們在學習歷程中需要哪些助力幫助他們學習？他們會遇到哪些阻力妨礙他們學習？而他們在學習之後，可以得到何種的改變與增能？這些議題的探索，不僅有助於增進對高齡者學習歷程的了解，更可有助於高齡教育課程與教學的改進。

　　參與動機始終是高齡學習的一項重要研究議題。高齡者雖是成熟的個體，但其差異性亦不容忽視，他們會因學習動機的不同，而選擇不同的學習活動。像Peterson（1983）就曾指出，成人會依照自己發展階段的需求選擇學習內容，參與學習受內在動機影響較大。由此可知，高齡者的學習動機，是高齡教育課程設計以及教學實施時需要考慮的一項重要因素。此外，高齡者在學習歷程中，往往會受到一些因素的影響，而產生學習上的阻礙。Peterson（1983）曾經指出，高齡者早期的負面經驗，會阻礙他們參與學習的意願。陳月素（2005）研究高齡者的學習障礙，發現以記憶力退化及電腦學習最感困擾。

　　由上可知，探索高齡者參與學習的動機，分析學習的促進因素與阻礙原因，進而了解高齡學習者的改變，是否有助於對高齡者的掌握以及教學上的改進，值得研究。然而，國內有關高齡學習的研究中，完整探索高齡學習歷程的研究並不多，更少以高齡者的學習歷程與改變為主題之研究（巫雅蓉，2010；吳淑娟，2010；徐千惠，2010；陳宏婷，2009；鄭羽玥，2010；曾瓊瑤，2009）。可見有必要對高齡參與學習的歷程，作一完整且深入的探索，以補充相關文獻之不足。

　　本研究以樂齡學習者為研究對象，主要理由是樂齡學習是近年來教育部一項新的政策，對高齡者而言是一種新的學習機會與嘗試。對此一新的樂齡族群參與學習進行深入研究，是否有助於未來樂齡政策的調整與改進，值得探討。樂齡學習是一項有別於過去長青學苑及老人大學的學習政策，它不只是提供興趣休閒課程，而是根據老化的需求理論與願景目標，提供全面性的活躍老化課程。在這樣的背景下，本研究想要從學習者觀點，探索樂齡學習者的學習歷程，了解他們參與學習的動機、助力、阻力與改變的經驗，作為樂齡中心改進教學，以及政府對於改善樂齡學習政策的參考。

　　具體而言，本研究的目的如下：

一、探索樂齡學習者參與樂齡學習的動機；

二、了解樂齡學習者參與樂齡學習的情況；

三、分析樂齡學習者參與學習的促進因素（助力）與阻礙因素（阻力）；

四、探討樂齡學習者參與學習後的改變；

五、從學習者的觀點，提出對於改善樂齡學習政策與教學的建議。

第二節　文獻探討

本研究旨在了解高齡者參與樂齡學習的動機、歷程與改變，研究以參與樂齡中心的學員爲對象，首先探討樂齡學習現況與課程實施；其次探討高齡學習者的學習動機；最後則是高齡參與學習結果的相關研究。

一、樂齡學習現況與課程實施

教育部爲整合高齡學習資源，建立社區學習據點，提供高齡者便利的學習環境，鼓勵高齡者學習，拓展人際關係，自2008年起開始補助鄉鎮市公所、圖書館、各級學校、基金會、農會或漁會等單位設置樂齡學習資源中心。至2010年止，全臺的209所樂齡中心，共有6,436位樂齡志工投入服務，3,168位教師參與授課，總計開設樂齡學習課程超過47,000小時，開拓了458個樂齡學習據點，招收學員29,495人，以及330,612人次老人參與活動。若從Yahoo網站以「樂齡學習中心」進行關鍵字搜尋，可以找到1,417,209筆資料；若透過Youtube網站進行相同的關鍵字搜尋，則可找到537筆影片（教育部，2010），顯示臺灣的老人教育從樂齡政策開始進入了一個新的里程碑。

樂齡中心的課程是高齡者學習的主要內涵。根據教育部的資料顯示，樂齡中心的課程是以H. McClusky在白宮老化會議（White House Conference on Aging）中所提出的高齡者學習需求，作爲樂齡學習課程規劃的理論依據，所規劃出的課程架構（魏惠娟，2009a，2009b）。該

理論指出，高齡者有五種生活及學習上的需求，而這些需求是有層次的，從基本應付生存的需求，到個人興趣學習的表達需求，進而提升到貢獻社會的需求，與影響他人的需求，甚至達於個人自我超越的需求（McClusky, 1971）。而根據該理論的架構，樂齡中心的課程被設計成三大類型，分別是：㈠基礎生活課程：包括高齡社會趨勢、高齡心理、經濟安全、家庭關係、祖孫代間教育、用藥安全知識、消費保護及老人交通安全教育等；㈡興趣特色課程：包括資訊科技、藝術教育、養生運動、觀摩休閒、當地文化歷史或產業等；㈢貢獻影響課程：包括基礎志工課程、如何推動高齡學習方案、中高齡人力運用、如何經營自主學習團體等（教育部，2010）。本研究欲了解學習者參與這些課程的動機、參與因素及結果的改變。

二、高齡學習者的學習動機

高齡者參與動機的強弱，會影響學習的需求，以及學習的結果。在學習動機理論方面，學者Miller（1967）曾經提出勢力場理論，主張藉由個體之個人需求與社會勢力兩變項的交互作用，可用以預測參與繼續教育動機的強弱。Boshier（1973）提出了一致模式，將學習動機分為生活空間和生活機會，前者屬於成長動機，追求更多的滿足；後者屬匱乏動機，僅滿足短暫的需求。Cross（1982）的連鎖反應模式，強調自我評鑑與過去的教育經驗對參與行為的重要性為其特點。Cookson（1986）的ISSTAL模式，係運用生命週期的觀念，解釋人類參與活動的行為，認為學習參與是社會參與的一種。

C. Houle曾將成人學習動機歸納為三種，分別是目標取向、活動取向，以及學習取向（Williamson, 2000）。學習者會因為學習動機的不同，進而選擇不同的學習課程，以及學習方式。目標取向的學習者認為學習是為了達成目標的方法，是一種目標導向的學習；活動取向的學習者以社交活動為主，課程的內容與目的並非他們最注重的，而是學習過

程中與人的互動與上課的過程；學習取向的學習者則是以追求知識作爲其參與學習的動機。Kim和Merriam（2004）的研究將高齡者學習動機歸納爲四項，分別爲社交取向、夫妻同行、尋求社會刺激，以及對於追求知識的興趣。該研究顯示，大部分高齡學習者的參與動機來自於對追求知識的興趣。這四種不同的動機取向也因爲高齡者的教育程度而有所差異。

　　黃富順（2004）曾提出成人參與繼續教育活動模式，主張個體會因匱乏或成長動機，產生一種動力狀態，而經內心在心理與外在環境因素的影響，促使個體採取某種反應以獲得滿足。邱天助（1994）提出了老人參與學習活動的動機模式，主張個體由於外在力量（社會背景和社會角色）和內在力量（個人特性與心理特質）的影響，構成其人格特質，進而影響其學習動機。高昀琪（2005）的研究指出，若高齡者動機強度足以克服障礙，則會產生實際參與學習活動的行爲。

　　綜上可知，學習動機是個人心理與社會環境交互影響而產生的一種趨力；學習動機的引發，是個體考量外在環境與內在心理所型構而成。而促使學習活動不斷延續的歷程，則取決於個體於學習過程中，能否獲取生理與心理方面的滿足。由此可見，高齡者在參與學習的過程中，因來自於不同的成長背景，學習動機的差異性也有所不同。

三、影響高齡學習者參與的因素

　　高齡者能否繼續參與學習，其中涉及學習者內在與外在多重因素的影響。蔡培村（1995）的研究曾指出，我國成人的學習障礙以訊息、心理與家庭因素的影響最大；黃富順、林麗惠、梁芷萱、林曉齡（2008）的研究發現，我國高齡者參與學習的障礙與問題，以訊息的障礙爲最主要。歸納相關文獻可知，高齡者的學習障礙主要有情境、機構與意向等三方面的障礙；㈠情境障礙：指外在的環境條件和物質條件影響執行上的障礙。㈡機構障礙：指學習機構的作業程序、行銷宣傳，以及行

政人員的工作態度等因素引起的學習障礙。㈢心理（態度或性格）障礙：指在心態上或心理上的障礙，亦即對於參與學習活動的信心、動機及態度上有抑制或退縮反應所產生的障礙（彭和妹，1993；張瓊瑩，1993；林麗惠，2004）。

由上可知，了解高齡者在參與學習過程中可能會遇到的障礙與問題，對於日後促進他們出來學習有很大的助益。易言之，當我們能夠有效的解決這些障礙，並給予他們在情境、機構與心理上的支持時，這些因素將轉變成為他們參與學習的助力。

四、學習結果的遷移

對高齡者而言，學習結果主要是為了生活應用，也就是所謂的學習遷移；應用愈多，表示遷移的效果愈好。Bigge和Schermis（1992）指出，學習遷移是指個體在情境中的學習，影響他們在其他情境的學習及績效的一種結果。學習者若能夠將先前學習的知識或技巧，帶到新的情境中加以運用，則學習遷移就會成功產生（Cormier & Hagman, 1987; Ormrod, 1995; Singley & Anderson, 1989）。Klausmeier和Ripple（1971）也指出，學習遷移的產生是因為能力的增加，使學習結果能被應用至新的場域；而新學習情境中必須具備的能力，若在舊學習情境或過去的學習經驗中已獲得培育，則遷移的效果是可以預期的。Judd（1998）也認為，在初期學習A中所獲得的東西，能遷移到後期的B學習。

由此可知，高齡者在學習的過程中，學習動機及學習障礙均會影響學習的結果；學習結果的應用情形，將反映出學習遷移的成效。要強化學習遷移，就要增進學習動機，克服學習障礙。教師在教學上如果能夠使學習者增強動機，在教學設計上能夠考慮學習障礙的克服，並將教學內容建立在舊的經驗知識上，將可使學習者改變增能，並使學習結果產生較佳的遷移效果。

第三節　研究設計與實施

本研究旨在探討樂齡學習者的學習歷程，了解他們參與學習的動機、助力、阻力與改變的經驗。茲分別從研究概念架構、研究對象、研究方法與工具、資料蒐集與編碼、研究效度等層面，說明本研究之設計與實施。

一、研究概念架構

本研究根據研究的目的，從探討高齡者參與學習動機出發，進而了解高齡者參與學習情況、學習歷程中的阻力與助力、參與學習後的學習結果與改變，進而評估學習需求後，提出對促進樂齡學習發展的一些建議。其概念架構如圖1所示。

圖1　研究概念架構圖

二、研究對象

本研究選擇樂齡中心的參與者作為研究對象，主要理由是樂齡學習是一個嶄新的政策，創造了高齡學習的新體系，提供了高齡學習的新機會。但這一個族群參與學習的動機如何？學習歷程中遇到哪些學習阻力與助力？參與學習後的學習結果與改變如何？如何從學習者觀點，建構出促進樂齡學習永續發展的策略？這些議題甚少人探究，卻是本研究所想要了解的議題。因此，本研究基於以下的原則選取研究對象：

㈠曾獲教育部99年度評鑑甲等以上的樂齡中心所推薦之樂齡學習者；
㈡因城鄉學習資源與樂齡中心經營類型的差異，研究個案涵蓋城市型與鄉村型的樂齡學習中心的高齡者；㈢參與樂齡學習時間滿1年以上，參與課程在4門以上，且看到學習者在生活上明顯的轉化與改變。

　　本研究根據上述原則選擇研究對象，經電話聯繫樂齡學習中心主任，推薦符合上述條件者為本研究之研究對象，共選取6位參與樂齡學習的高齡者為訪談對象。然後由本研究團隊電話聯繫，取得受訪意願後，進一步與之確認訪談時間和地點，進行半結構式訪談。茲將6位受訪者之背景資料製表如下：

表1　研究對象之基本資料

個案所屬樂齡學習中心	臺北市健康樂齡學習中心	新北市快樂樂齡學習中心	臺中市平等樂齡學習中心	雲林縣民主樂齡學習中心	嘉義縣自由樂齡學習中心	臺南市正義樂齡學習中心
訪談代號	M5	M6	M4	M2	M3	M1
性別	女	女	女	女	男	女
年齡	72	61	72	70	67	67
婚姻狀況	喪偶	喪偶	有偶	喪偶	有偶	有偶
教育程度	高中	初中	國小	國小	專科	高職
參與課程門數	5	4	4	5	5	5
參與時間	1.5	2	2	2.5	3	3

資料來源：研究者自行整理

三、研究方法與工具

　　為了配合研究目的，本研究主要採取個案研究法及半結構訪談進行研究，並選取適當研究工具進行資料蒐集與分析。本研究方法與研究工具分述如下：

(一)個案研究法

　　個案研究法旨在探討一個個案在特定情境脈絡下的活動性質，其目的在選擇單一個案，採用各種方法，如：觀察、訪談、調查、實驗等，以蒐集完整的資料，掌握整體的情境脈略，深入分析眞相，解釋原因，解決或改善其中的問題。本研究藉由立意取樣的方式，從承辦樂齡中心的單位，推薦高齡學習參與者在學習歷程中、個人的改變較爲顯著者爲研究對象。

(二)半結構訪談法

　　本研究採取半結構訪談方式蒐集資料，依據研究目的及訪談大綱的引導，進行半結構式之深度訪談，鼓勵受訪者說出內心的眞實想法，再依受訪者的回答，視需要澄清或深入了解的問題，作更進一步的訪談，以蒐集本研究所需的資料。訪談時配合現場記錄之外，並輔以錄音筆錄音，再謄寫成逐字稿，以便後續進行資料的整理和分析。訪談大綱主要是依據研究目的及文獻探討結果編擬，訪談大綱爲：

1.　基本資料：年齡、學歷、性別、在樂齡中心學習時間長短、學習課程的類型？

2.　當初爲何會到樂齡中心上課（學習動機）？

3.　在樂齡中心學習的情況如何（參與情況）？

4.　到樂齡中心上課有沒有遇到什麼助力（學習助力）？有沒有遇到什麼困難（學習阻力）？

5.　學習到最多的收穫是什麼（學習成果）？

6.　覺得樂齡的課程內容可以作什麼調整（需求再評估）？

7.　覺得樂齡中心可以再作哪些改變，讓您學得更好（永續發展，如收費方式、行銷宣傳……）？

四、資料分析與編碼

本研究資料蒐集方式主要以兩種方式進行：

(一)訪談資料分析

本研究的資料分析，是以訪談錄音逐字稿、觀察記錄為主要的分析資料，包括：(1)初級彙整：文本的整理與閱讀；(2)主題編碼：從逐字稿中抽取群聚概念；(3)概念形成：將概念歸納成命題。

(二)訪談觀察記錄表分析

本研究在進行訪談時，研究者隨時留意觀察受訪者的聲調、情感的表達、肢體語言及環境的氣氛，獲得一些受訪者沒說出的個人思考脈絡及訊息，並做成訪談觀察記錄表。在分析訪談文本資料時，佐以配合訪談觀察記錄表所透漏的訊息，讓本研究能得到更深一層的結果。

五、研究效度

質性研究是對社會事實的建構過程，是一種對人們在特定社會文化情境中的經驗和解釋所做的探究。本研究採取質的研究取向，以內在、外在兩個面向探討研究效度的問題。

(一)內在效度

本研究為加強內在效度，所採取的方法如下：

1. 增加資料確實性的機率

本研究對象來自不同性質的單位，但藉由研究主持人的引薦及樂齡中心主管的推薦，增加了受訪者的信賴，再以深度訪談來蒐集相關資訊，可以增加研究資料的確實性。

2. 利用輔助工具蒐集資料

研究者在訪談時，事先徵求受訪者的同意，利用錄音筆全程錄音，作為研究者謄寫逐字稿時的輔助工具，避免資料有所遺漏，以增加資料的可靠性。

3. 研究同儕的參與討論

在訪談資料分析的時候，研究者請2位同樣以高齡學習歷程參與學習爲研究主題的同學，共同參與概念類別的分類與群聚概念的命題，並定期與研究團隊討論、修正，避免研究資料因個人主觀判斷而造成偏誤，以增加資料的有效性。

4. 資料的再驗證

當逐字稿謄寫完成後，再請受訪者進行校驗，請他們針對逐字稿的內容加以檢視，釐清受訪者和研究者之間認知的差異，以提高資料的正確性。

(二)外在效度

外在效度考驗是指研究的可轉換性，將受訪者所陳述的感受和經驗，有效的作資料的描述，並轉換成文字敘述。本研究以描述效度和解釋效度來說明本研究的外在效度。

1. 描述效度

質性研究可運用三角檢證法來增加資料事實的準確性。三角檢證法係指研究過程中採用多種且不同形式的方法、資料、觀察者與理論，以查核與確定資料來源、資料蒐集策略、時間與理論架構等的效度。本研究在分析資料時，爲避免個人主觀因素所造成的偏頗，研究者運用觀察及深度訪談方式，整理資料時並和研究團隊開會討論，共同討論出較佳的資料分析方式，讓資料眞實呈現。

2. 解釋效度

解釋效度係指研究者了解被研究者對事物所賦予意義的「眞實」程度。本研究在謄寫訪談資料時，研究者儘量以受訪者原本的措辭與語氣，呈現在文本資料中；事後請受訪者針對訪談資料的正確性再一次確認，力求眞實闡述受訪者的意思，使文本資料更貼近眞實面。

第四節　研究結果分析與討論

　　本研究旨在研究高齡者參與樂齡學習中心的動機、參與現況、助力與阻力，以及其學習後的改變。在經過與受訪者進行深度訪談後，將訪談所得之逐字稿進行分析，依據研究目的與資料整理，將研究結果分析與討論如下：

一、高齡者參與學習動機的分析

　　C. Houle將學習者區分為三種動機類別，分別是目標取向、活動取向，以及學習取向（Williamson, 2000）。學習者會因為學習動機的不同，選擇不同的學習課程和學習方式。根據本研究訪談的結果，參與樂齡學習中心的學習者，其動機主要以活動取向和學習取向為主。

(一)參與者的活動取向動機

　　高齡者因為退休或伴侶的死亡，而封閉了與社會互動的管道，整天待在家中不出門，一段時日之後，開始覺得日子空虛與無聊，於是來參加樂齡學習中心的課程。因此，對於高齡者而言，參與學習活動可以維持人際的互動，避免與社會失去聯繫，是他們參與學習活動的動機之一，也是一種維持與他人社會互動的管道。此一結果與Williamson（2000）的主張一致，他的研究亦發現，活動取向的高齡者以社交活動為主，課程的內容與目的並非是他們最注重的，而是學習過程中與人的互動與上課的過程。此外，本研究也與林麗惠（2006）的研究結果相仿，高齡者持續的參與學習與社會活動，將有助於其成功老化。例如：

　　　老人在家，啊！在家一直想，老公沒了，很無聊，就自己一個人在家，沒有伴，有樂齡就想好，來看看。（M2-2-1）
　　　先生退休後生病了，然後照顧他2年，他往生了以後沒有出門，整天待在家裡……，……我不想跟社會脫節。

（M5-1-1）

　　我的伴走了以後，我就一個人，我就告訴我自己一定要走出去，不能一整天悶在家裡，……出來外面可以交到大家很好的朋友。（M6-1-2）

二參與者的學習取向動機

　　學習取向的學習者則是以追求知識作為其參與學習的動機（Williamson, 2000）。因此對他們而言，學習是一種提升自己智慧與知識的途徑。本研究發現，學習取向動機的樂齡學習者，希望透過學習新知識充實自己的生活。易言之，他們之所以會參與學習，是出自於對知識的渴求，以及期望充實新知，增長見聞。此一結果與Kim和Merriam（2004）的研究一致，該研究亦發現，大部分高齡學習者的參與動機來自於對追求知識的興趣，其參與學習活動的目的，多來自於單純的從學習中獲取知識。高齡者的學習是出自於對於知識的渴求，以及連結早先的經驗，並持續自我的發展（Moon, 2011; Peterson, 1983; Wolf, 1998; Williamson, 2000）。例如：

　　還是要找一點活動，一退休我就想說還是要出來充實自己，不能整天關在家裡面啦。既然退休了，多學一點也不錯啊。所以就是說來這邊就是來學習這些新的東西。（M1-1-2）

　　想多學一點東西，以前沒學過，可是現在自己學一點也滿好的。（M5-1-2）

　　有一次看到樂齡中心的海報貼得好大，我就想說這樂齡中心不錯喔！我是被它的課程所吸引，它有很多很多的學習課程。（M4-1-1）

二、高齡者參與學習的情況──助力與阻力分析

㈠促進學習者在樂齡中心學習的正向助力

正向的助力對於高齡者持續的參與學習活動，有相當重要的促進作用。對於高齡者而言，學習活動是否有滿足其學習動機與目標，以及是否有足夠的支持力量，將會影響其繼續參與學習的意願（Peterson, 1893; Williamson, 2000）。根據本研究結果可知，組織機構的氣氛、課程的安排與師資，以及個人情境因素的支持，例如：家人的支持、交通的便利等，是促使他們持續參與樂齡學習中心的助力。

1. 組織氣氛的支持

組織氣氛是影響高齡者是否持續參與學習的重要因素之一（Peterson, 1893）。組織若能夠營造出溫馨，以及讓學習者有共同參與的氣氛，將有助於高齡者的持續學習。Knox（1986）強調良好的教室氣氛有助於鼓勵學習者參與學習活動之進行。而和諧、溫馨的學習氣氛讓學習者感到安全、有能力和被接納，對成人學習的動機與效益，亦有很大的助益（Peterson, 1983；黃富順，2004）。本研究的受訪者即表示，每位學員之間的互動以及相互的關心，營造了一種「家」的氛圍，在這種氛圍當中，大家的感情融洽，讓來參加的學員流連忘返，無形中也凝聚了學員的向心力，就如同把這裡當成自己的家，充滿認同與熱愛，驅使著他們持續參與樂齡中心的活動與課程。例如：

> 因為我們活動多，在一起的時間多，所以就變成一家人，像一家人的感覺，就是說這邊比較溫馨。（M1-3-1）
>
> 編織那班好像很早以前一直延續下來，那一批同學好像都打成一片的樣子。因為在這邊嘛，好像一個大家庭一樣，嘻嘻哈哈。（M5-3-3）

其次，學習者共同參與的組織氣氛也是一項重要的學習助力。在高齡教育當中，高齡者不僅僅只是學習者，他們也是參與者，讓他們參與課程的討論，藉由對話交流、實際參與等方式，讓他們對學習活動有真正參與其中的感覺，將有助於他們持續的參與學習（Check, 1999; Findsen, 2007; Peterson, 1893；黃富順，2004）。本研究的受訪者即表示，每位學習者都是參與者，也可以表達出自己的想法。而在學習活動中，例如：生命故事的課程，亦鼓勵每位學習者都要嘗試扮演劇中的角色，因此，學習與課程不再是別人的事情，而是能夠由自己主導，並且能夠實際參與，從當中獲得參與感。

> 儘量讓我們每個人都可以上去演，每一個團員都會用到，讓大家都有參與感。（M1-2-6）
> 主任也很好，他也會聽我們的聲音，幫我們安排這些課程，就是會參考我們的意見，就去開設那個班。（M1-6-3）
> 只要他們主任跟老師有什麼case，他們會跟我們商量，有時候也會開會。（M6-2-2）

2. 為高齡者量身打造的課程

樂齡中心在課程設計上，針對高齡者的需求，以及他們所希望參與的課程，為他們量身打造，讓參與學習的高齡者可以得到觀念上、行為上的改變與啟發。所以對於高齡者而言，這些課程與活動都是針對他們設計，可以符應他們的需求與喜好，他們認為這些課程的確可以有所幫助，因此會持續不斷的參與樂齡學習，形成一種學習的助力。

> 樂齡安排的，都是針對我們這個老人的、高齡的。所以我認為說他安排的一定都對我們有幫助，所以沒有什麼好考慮，只要他安排的我通通參加就對了。（M1-2-2）

3. 專業師資的助力

在高齡學習當中,教師扮演了相當重要的角色。高齡者對於教師的偏好,並不取決於教師的年齡,而是根據教師對於該門科目是否具有專業的知識。因此,從事高齡教育的教師必須在其所任教的科目上,精進其專業知能(Check, 1999; Peterson, 1983; Pruski et al., 2004;黃富順,2004)。由於樂齡中心在師資的選擇上,注重每位講師的專業,所聘請來的講師都是該領域的專家,對於該領域有豐富的專業知識,因此能夠符合該課程的內容,讓學習者上完課後能有所收穫,形成一種學習的助力。

> 我認為主任真的很厲害啦,都是去找專家,幾乎都是。哪一個人比專家強,都是行家,所以教起來大家每個人都聽得很開心啊。都找那些專業的,而且適合我們課程的。(M1-3-3)
>
> 我們日語老師本身是日本人,上課除了會介紹日本很多歷史,也會介紹日語字的由來,上課非常生動。(M4-3-2)

4. 情境因素的助力

情境因素是指所處的生活環境對於參與學習活動的影響,也就是指個人在決定參與學習活動時,所面臨的物質與環境方面的因素,例如:費用、交通、時間等因素。當此因素對於參與學習活動呈現正向的支持時,將會產生正向的助力;反之則會造成阻礙。本研究發現,在情境因素方面,家庭支持參與學習活動、低收費、高品質的課程,以及交通的方便,是高齡者持續參與學習活動的主要助力。

(1)家庭給予學習者正向的支持與鼓勵

家人的鼓勵會給予高齡者持續參與學習活動的能量,因為在退休之後,老人與家人的互動最為密切(李宗派,2009;張怡,2003)。

因此，家庭變成是這群高齡者的重心，當他們擁有家人的支持和情感維繫，將有助於學習者繼續的參與學習。參與樂齡學習的高齡者，他們的家人多半給予正面的鼓勵，也讓他們更有信心與動力持續參與學習。例如：

> 媽媽您現在講話比較高興，以前講話比較沒精神，我如果要來這邊（樂齡學習），他說媽媽歡迎！歡迎！（M2-5-2）
> 女兒鼓勵我，要我一定要出去，所以就去報名了。（M3-1-2）
> 小孩子覺得很好。媽這樣可以走出去，也滿支持的。（M5-3-4）

(2)低收費、高品質的課程吸引了高齡者學習

對於高齡者而言，經濟也是很重要的考慮因素。相關研究亦指出，高齡者的經濟狀況較好者，其學習需求高於經濟狀況較差者。尤其是領有退休金且經濟能獨立之高齡者，其學習需求較高，故經濟的狀況會影響學習需求（黃富順等人，2008）。高齡者退休之後收入減少，因此會希望能夠用最少的經費來參與學習活動，最好是能夠參加免費的課程。然而，這並非代表他們對於課程的品質就不要求。根據受訪者表示，雖然樂齡中心是免費開設的課程，只需要自行負擔部分材料費，但是卻有「五星級般」的課程，讓他們可以享受到這種學習資源，因此會希望持續的來樂齡中心參加學習活動。

> 我常跟她們說，這種免錢的資源你不用，不用錢，然後又有五星級的課程和老師，我真的是來這邊享受的，享受這些資源。（M1-4-3）
> 就是免費，光這個你其他地方就沒有了，其實這樣也是吸

引了一些人來上課啊。（M3-3-1）

　　毛筆字的話有的有收、有的沒收，像電腦課收一個500塊，可是志工收400塊，所以這個負擔還OK啦。（M5-3-2）

(3)便利的交通

　　交通的便利性亦是影響參與者參與學習的原因（黃富順，2004；黃富順等人，2008）。對於學習者來說，學習資源應該能夠讓學習者便利的取得。若是學習者有交通工具，或是學習場所位於交通便利之處，可以避免舟車勞頓的辛苦，將是吸引學習者持續的參與學習活動的因素之一。本研究即發現，樂齡中心大都位於所在地區的地理中心，交通較為便利；除此之外，來參與的學習者大都有自己的交通工具，因此對他們來說，學習資源的取得是相當便利的。便利的交通促進了樂齡者的學習參與。例如：

　　樂齡在市中心，離家也很近。像我都騎摩托車來，也很方便啊。（M1-4-2）

　　幾乎都是騎機車，不然就是自己開車。基本上都沒什麼大問題，以前也都是自己開車到哪去，或是騎車了。（M3-2-4）

　　我學習是儘量找交通方便的，現在的學習地點是在我的學區範圍內。（M4-3-3）

(二)學習者參與樂齡中心學習所遇到的阻礙

　　根據前述文獻可知，高齡者在參與學習的時候，會因為生活情境中的阻礙，或是個人對於自己年紀大而缺乏學習能力的觀念，以及學習機構所造成學習不便的障礙，而阻礙了高齡者參與學習的意願。由於機

構對於活動訊息傳遞管道的阻礙，使得學習者不知道開課的相關資訊，也是造成他們沒有參與學習活動的主要原因（Peterson, 1983；黃富順，2004）。本研究結果顯示，宣傳管道不夠多元與暢通，以及記憶力衰退造成學習上的障礙，是學習者參與樂齡中心所面臨的最大阻礙。

1. 宣傳管道不夠多元與暢通

黃富順等人（2008）指出，我國屆齡退休及高齡者參與學習的障礙與問題，以訊息的障礙為最主要的原因，本研究亦有同樣的發現。由於樂齡中心的宣傳不足，因此可能學習者有意願參與學習活動，但不知道樂齡中心開辦的課程，因而未能參加。此種訊息的障礙，造成只有特定族群知道樂齡中心的開課資訊。

> 因為樂齡成立也才3年，那他的活動場所又附屬在老人福利會這邊，所以大概只有這邊老人會的人會知道。（M1-4-1）
>
> 這邊招生好像比較不容易，招生比較困難，怎樣讓宣傳資料讓多一些人知道，也發傳單簡訊，可是成效不是很好。（M5-6-1）

2. 記憶力衰退造成學習上的阻礙

高齡者隨著年齡的漸長，在反應以及記憶力上都不如以往，雖然有心想要學，但無奈記憶力衰退，因此對於課程內容很難記憶（黃富順，2004）。此種生理機能上衰退的障礙，也會造成學習的無力感，或是覺得對上課的教師很不好意思。因此學習者表示，目前學習遇到最大的困難，就是這些課程內容無法長久記憶。例如：

> 聽了就忘記了，哪一門課，老師都忘記名字。（M2-2-1）
>
> 我們有時候也會自己在開自己玩笑，說我們學習能力

很強，但是忘記的能力也很強，年紀大了，記不住啊。
（M3-4-1）

三、樂齡中心學習成果的遷移──學習改變

本研究結果顯示，學習者在參與樂齡中心的課程與活動後，無論是在個人的心態、觀念、知識與技能，或是在社交活動上都有顯著改變，而這些改變正是他們參與學習活動後最大的收穫。

㈠參與學習活動得到心態上的改變

1. 心理的滿足與成就，增加了自己的自信

Yelon（1992）指出，將知識運用到真實世界的情境中，並且增進心理與物理環境的支持，將有助於學習結果的遷移。根據本研究顯示，參加樂齡中心的學習活動後，能將學習成果具體的展現出來，個人的內心獲得很大的滿足與成就，讓自己充滿自信，而這些成就感增進了對自己的肯定。因此，參與了樂齡中心的活動後，生命中充滿了自信與活力，而這些就是這些學習者最好的學習結果，每一天都是開開心心的，也讓自己看起來更年輕，每天都過得很充實，更有活力。

> 生命故事大家本來那時候都不太敢講啊，後來經過X主任一再的訓練啊，琢磨以後，我們大家每個人都適合去演各種腳色。現在大家上臺都不會怕了。（M1-2-4）
> 電腦又慢慢找回原來的程度，不過我的電腦程度一直不是很好，因為我是後學的。現在可以打，可以做，然後也恢復一點信心。（M5-5-5）

2. 生命充滿歡笑

參與樂齡學習之後，這些學習者展現的是笑容，就如同「樂齡」

這個名詞所表示的，學習真的讓他們能夠因為快樂而忘了年齡。這群樂齡學習者，學習之後充滿了積極樂觀與正向的態度，讓自己的老年生活過得更快樂。在這種溫馨、快樂的學習環境下，可以趕走原本憂鬱的心情，讓自己的心理獲得健康的發展，這正是活躍老化最佳的寫照。

> 原來都是在家裡面，跟大家一起也滿快樂的，何必一天到晚蹲在家裡頭，腦子也沒有以前那麼笨，都忘記了，來這兒發現還不錯，每天嘻嘻哈哈的，反正沒事所以就來了。（M5-5-3）
>
> 憂鬱症都好了，看開了，氣色很好，笑容比較多。（M2-5-9）

3. 展現積極主動的人生觀

以往社會福利取向的觀點，總是把老年人跟弱勢族群畫上等號，強調他們是需要接受照顧的一群人，而此種看法反而可能加深了社會對於高齡者的歧視（Peterson, 1983）。然而，在樂齡中心的學習者，不是消極的等著別人來為自己服務，而是會開始去思考如何多為別人著想，主動的去做。因此，對他們來說，高齡者並不是弱勢的族群，因為他們有著積極與主動的心態。例如：

> 像是說在這邊學習啊，跟學員相處啊，就讓我覺得說，不要去要求別人為我做什麼，反而要去想說多去為別人做。不要覺得別人對你好是應該的，你年紀大就應該被照顧啦。（M1-5-7）
>
> 自己比較會主動去做，主動種花、草自動拔，做志工，對社區比較敏感，希望社區變好，對人要告訴他們社區在開會要去聽。（M2-5-6）

㈡參與學習活動得到健康上的改善

　　高齡者對於身體保健的課程一向相當重視，因此，樂齡中心在課程設計上，相當注重健康教育、養身保健等課程（教育部，2010）。學習者可以得到許多身體保健的知識，這對於他們的健康來說是相當有助益的。學習者表示，參加樂齡中心的活動後，自己身體的健康有所改善，去醫院拿藥的次數也明顯減少，這是他們參與樂齡活動所得到最具體的收穫。

　　　　參加樂齡之後，拿藥的次數有減少，現在比較少，現在拿都是工作後會酸。這個月拿一次，之前感冒都一直咳嗽，過年到現在才拿一次。（M2-5-10）
　　　　因為學習的關係，我去健檢，醫生說我的身體很好，所以我覺得出來學習很好。（M4-5-2）

㈢參與學習活動得到社交活動上的改變

　　如前所述，高齡者持續的參與學習與社會活動，將有助於其成功老化（林麗惠，2006）。高齡者如積極地參與社會活動並維持社會關係，延續中年期的種種活動和交際，將可增進生活的適應，獲致晚年的幸福感。

　　1. 擴展人際關係，結交到許多新朋友

　　高齡者持續地參與活動，有助於提升晚年的生活品質，同時亦可透過活動維繫老人與社會的接觸，拓展人際關係與社交網絡；而朋友是老人傾吐心聲的重要對象，也是提供老人心靈支持的重要來源（Williamson, 2000；教育部，2006；黃富順，2004）。受訪者參加樂齡中心的活動之後，多了一個結交新朋友以及與社會互動的管道，這對於他們來說是很重要的。由於結交了這些朋友，以及從事社交活動，讓

自己變得更開朗。因此對於他們來說，這種社會互動，擴展人際關係，結交新朋友，是他們參與學習活動之後的收穫，同時也是很大的轉變。

> 之前比較不喜歡跟別人講話，之前比較不會笑，因為心情不好，來參加樂齡後，現在有空就會去找人聊天，去別人家坐，以前都在家。（M2-5-4）
>
> 我覺得結交朋友是我最大的收穫。（M4-5-1）
>
> 我以前比較內向，我在辦公室一直是滿內向，來這邊好像比較開朗，比較愛講話，以前比較不愛講話，默默在做自己的事。（M5-5-4）

2. 參與學習活動後展現對社區的關懷

參與樂齡中心的活動，讓高齡者有機會到社區中與一些獨居老人進行互動，陪伴他們，或是表演給他們看。這種社會關懷的互動，不只讓這些獨居老人得到照顧與陪伴，也讓這些獨居老人能夠感染到這些活力。同時經由參與學習後，這些高齡學習者也開始關心社區的議題，看見自己並不是脫離這個社會而生存的，而是與所居住的社區息息相關的。因此，這些樂齡學習者產生了一顆奉獻與關懷的心，不論是對獨居老人付出的心力，或是對於社區的關懷，甚至是捐錢給學校，讓學校可以購買英文雜誌，這些結果再再都表示，這群樂齡學習者在學習之後產生了對社區的關懷與熱愛。除此之外，這些學習者也從這種社區關懷的活動當中獲得心理的感動，以及體認到自己的生命仍是具有價值的。

> 到一些廟啊，去跟那邊的獨居老人一起互動，那讓我最感動的地方應該是在這個宅配的部分。讓很多獨居老人，能夠獲得有一點重生的感覺。（M1-2-8）
>
> 大家來上課、大家來配合，社區比較會漂亮。遇到常在一

起的人就會跟他說，對社區比較關心。（M2-5-7）

　　參加樂齡之後，捐錢給學校買英文雜誌。沒有參加之前沒有……。（M2-5-8）

㈣參與學習活動後轉變為自主學習者

　　高齡者可以針對自己的需求，自行規劃學習方案，並藉由學習活動的參與，彼此互相學習與分享經驗，獲得問題解決的能力。在參與樂齡學習活動後，參與者對於學習型態也有所轉變，成為一個自主學習的學習者，主動針對課程去圖書館尋找相關的補充資料，這也是經由學習後所產生的一個重大改變。如Peterson（1983）所說，幫助高齡者自行設定學習目標與學習內容，促使其主動參與課程，也將有助於高齡者持續的參與學習。

　　就是說我在學這個東西，我會去溫習這個課程，假如沒有這個學習，回去就沒有這個工作，而且我也會去圖書館找一些補充的資料，例如對於健康的啦，運動的啦，這一方面的書。（M4-5-3）

㈤知識的獲得與實際應用

　　參與樂齡學習的學習者，對於知識仍相當渴求，而樂齡中心的課程正好可以滿足他們求知若渴的動機，所以會持續的學習，並且認為學習真的可以帶給他們新知識的啟發。由於早年臺灣的生活環境較為困苦，因此這些高齡者可能因為家境的關係，為了維持家計，並沒辦法接受比較好的教育環境，或是沒辦法去學一些才藝或技能，但是來到樂齡中心之後，讓他們有機會可以去學習這些早年因為環境因素而無法學習到的知識或技能。

像我以前家裡窮，所以就不會畫圖……，……可是呢，就是要在這裡才會學到。（M1-5-3）

教我們一些日常英文會話，所以我也學到很多，以前都沒辦法，以前就是家庭環境，不允許我們來做這件事情，可是我來樂齡之後，我享受到了，享受這些資源。（M1-5-6）

我不會鑽牛角尖，在樂齡上課，我是希望多學習一些，……我學到什麼東西，我就覺得很愉悅的去學。（M4-3-4）

學過英語我自己感覺我還有用到，例如那英文字母我本來還不認識，現在通通都認識。（M4-5-4）

像電腦學到影片的製作啦。我在家裡原來只會上網，什麼也不會，來到這兒學會影片的製作。（M5-5-1）

四、學習者的需求再評估

樂齡中心發展至今已近3年，雖然學習者對於目前的設計與安排感到滿意，但仍然提出幾點建議，可供作參考。

(一)經費能夠持續的補助

對於高齡學習者而言，收費的高低會影響其參與學習的意願。因為當他們退休之後，收入就減少了，因此，他們會希望用最少的支出來參與學習。所以，他們希望政府部門能持續的補助經費，讓他們可以在沒有經濟壓力的情況下繼續學習。

政府要補助，要合作，要信心，老年人都沒有錢，希望政府補助。（M2-6-1）

以後不知道還有沒有經費，我是覺得這也是很重要的，也

許你政府沒那麼多錢，至少也要部分補助一下，不然大家哪裡會來。（M3-6-1）

(二)課程設計需兼顧延續性與實用性

樂齡中心的課程大都是階段性的，多半是幾週的課程，當這階段課程上完之後，可能這個課程就結束了，缺乏延續性，因此，學習者建議這些課程可以作延續的安排。例如：學習者表示，生命教育課程以及生命故事劇團可以持續的運作下去，因為這些課程對他們來說是很有意義的，也從其中得到很大的收穫。所以，即使教育部接下來並未規定要開設這類課程，也希望樂齡中心可以持續的開設。

> 好像樂齡的這個課程，好像上到什麼地方就停頓了，沒有持續啦。應該說就是這個課程就是幾週幾週這樣，不是一直延續。（M1-6-1）
> 像是劇團的部分啊，希望繼續延續啊，就是我們下海的，可以再去把她演的更好一點，然後能夠再去多演幾次戲啊。（M1-6-4）

除此之外，學習者亦希望所學的知識能夠與生活結合。高齡者豐富的生命經驗與希望能夠即學即用，是高齡學習者的特徵。他們對於長遠的未來並不感興趣，反而是對於即將發生的事情較為關注；而他們對於實做性的課程也較有興趣，對於理論方面的知識較為意興闌珊（Peterson, 1983）。因此，在課程設計上應該要將新的知識與技能和他們的生活作連結，並且讓他們有可以實際運用的機會，如此一來，他們會認為真的有學習到新的知識。

另外還有就是之前的攝影班吧，現在已經停掉了，是一個大學教授在上，教的不符合我們的需求，教得太專業，太難了，……不切實際啦！（M3-2-3）

課後持續練習只有美食，然後電腦，小孩子回來可以做給他們吃，涼拌菜蘋果醋，很實用，編織有用，畫畫就沒有，我不喜歡占空間，所以回去就沒有畫。（M5-4-2）

第五節　結論與建議

本研究針對參與樂齡中心的學習者進行訪談，根據其參與動機、現況、助力、阻力與學習改變進行分析，並再次評估其需求，從中得到以下的結論與建議。

一、結論

(一)樂齡學習者的動機以「活動取向」與「學習取向」為主

根據本研究的結論，高齡者參與學習活動可以維持人際的互動，避免與社會失去聯繫，擴展自己的社交範圍，這不只是他們參與學習活動的動機之一，也是一種維持與他人社會互動的管道。此外，對於學習取向的學習者而言，課程的設計與內容是吸引他們參與的主因。樂齡中心所提供的課程，正好能滿足其需求，與其他老人會等組織只是單純提供社交、休閒活動的機構不同；對於這些學習者來說，他們在乎的是有沒有真的學習到知識或技能。

(二)樂齡中心提供多元彈性的活躍老化課程，是吸引其參與的一項主要動機

樂齡中心開設了多元彈性的活躍老化課程，包含基礎生活、興趣

特色、貢獻影響等課程。此外，並可依當地特色及實際需要提出創新課程。因此，學習者可依照自己的需求，選擇自己有興趣參與的課程。而在課程設計上，樂齡中心針對高齡者的需求，以及他們所希望參與的課程，為他們量身打造，讓參與的高齡者可以得到改變與啓發。對於高齡者而言，這些課程與活動都是針對他們而設計，可以符應他們的需求與喜好，他們也認為這些課程的確對他們有所幫助，因此會持續不斷的參與樂齡中心的課程。

(三)「組織氣氛的支持」、「量身打造的課程」、「專業的師資」，以及「家人支持」、「費用低廉」、「交通便利」等個人情境因素，是樂齡學習的主要助力

　　樂齡中心營造出的溫馨氣氛，讓每位學習者都能共同參與，凝聚了向心力，也讓學習者樂而忘返。而樂齡中心在師資的選聘上，注重每位講師的專業，所聘請來的講師都是該領域的專家，對於該領域有豐富的專業知識，由於對於該領域的專精，因此能夠符合該課程的內容，讓學習者能有所收穫。此外，雖然樂齡中心是免費開設的課程，只需要自行負擔部分材料費，但是卻有高品質的課程，讓他們可以享受到這種學習資源，因此會希望持續的來樂齡學習中心參與學習活動。再者，樂齡中心多位在交通便利之處，此亦有助於學習者的參與。

(四)「宣傳管道不夠多元與暢通」以及「記憶力衰退」，是樂齡學習時的主要障礙

　　樂齡中心成立時間尚短，宣傳上仍有所不足，因此，可能學習者雖然有意願參與學習活動，但卻不知道樂齡中心開辦的課程，因而未能參加。此種訊息的障礙，會造成只有特定族群知道樂齡中心的開課資訊。此外，隨著年齡的漸長，在反應以及記憶力上都不如以往，雖然有心想要學，但無奈記憶力衰退，因此對於課程內容很難記憶。此種生理機能上衰退的障礙，也會造成學習的無力感。這兩個因素是目前樂齡學習者

遇到最大的障礙。

㈤樂齡參與學習的結果，能幫助其「心態改變」、「身體健康」、「拓展人際」、「自主學習」，以及「獲取新知」

學習者表示，參與學習活動之後，結交了許多新朋友，擴展了自己的生活圈，每天都能和這些朋友見面，讓自己的心情更開闊，重新展現笑容，同時也因為自己的學習成果，獲得了自信與成就，展現出老年的生命價值，讓自己的老年生活過得更充實、更愉快，甚至自己覺得更年輕，身體變得更健康，心胸更開闊，而這種愉悅又充實的生活，都是他們參與了樂齡中心後所得到的最大收穫。

二、建議

根據本研究的結論，茲提出以下幾點建議，供政府部門以及樂齡中心的實務改進參考。

㈠樂齡中心經營方面

1. 為滿足學習者活動取向的學習動機，樂齡中心應營造溫馨、支持的組織氣氛，並促進自主學習的發展

樂齡中心溫馨的學習氣氛，促進了學習者之間的溝通與交流，亦有助於自主學習團體的產生，擴展學習者之間的互動管道。由於活動取向的學習者以社交活動為主，課程的內容與目的並非是他們最注重的，而是學習過程中與人的互動與上課的過程。所以，樂齡中心若能營造溫馨、開放的學習氣氛，並促進團隊間的自主學習，將能滿足學習者活動取向的動機。

2. 宣傳管道應更加多元化

目前樂齡中心的宣傳管道不夠多元，大都是靠學習者口耳相傳，或是傳單的發送，但成效並不理想。因此，議樂齡中心增加多元的宣傳管道，例如：在高齡者常去的地方，如村里長辦公室、廟口等地方張貼公

告，進行宣傳，或是藉由志工的力量進行宣傳，因為志工本身就會來參與課程，而且他們對於樂齡中心的活動抱持著積極參與的態度，因此也會主動幫這些課程進行宣傳，吸引更多的學習者參與。

3. 設置學習專車，讓學習者能便利的到達學習場所

高齡者因為體力的衰退，或是行動較為不便，以及缺乏交通工具，會造成他們不願意出來學習。若學習地點需要花費很長的路程時間，或是需要轉車等比較麻煩的交通方式，會讓他們的體力較無法負荷，也容易在路途中發生危險，因此，如何讓他們能夠以最便利的方式到達學習場所，是相當重要的。因此，樂齡學習中心應設置學習專車，可以協助接送行動不便的高齡者，同時也降低高齡者在路上發生意外的機率。除此之外，在地處偏遠的樂齡學習中心，更應有學習專車的編制，以解決因為交通不便所造成的學習阻力。

4. 政府應持續給予經費上的支持，減少學習者的經濟負擔

對於高齡學習者而言，經濟往往是很重要的考慮因素，最好是能夠參加免費的課程。由於收費的高低會影響其參與學習的意願，所以政府部門應持續的補助經費，讓他們可以在沒有經濟壓力的情況下，繼續學習。

(二)樂齡課程設計方面

1. 課程設計需針對學習者量身打造，以實用性為考量，結合學習者的生命經驗，以滿足學習者學習取向動機

學習者表示活動取向是他們參與學習的主要動機之一，因此，課程的設計與內容是參與學習活動的重要因素，而學習者希望所學的知識能夠與生活結合並能加以運用。因此，在課程設計上應該要將新的知識與技能和他們的生活作連結，並且讓他們有可以實際運用的機會，如此一來，可以幫助促進他們學習遷移的提升，並且實際應用所學，使學習的成果能具體的展現；而在師資方面，授課講師若對於該領域有豐富的

專業知識，將能讓學習者上完課後有所收穫，滿足其對於學習取向的動機。

2. 讓高齡者參與學習目標與內容的決定，增加其參與感

高齡教育當中，高齡者不僅僅只是學習者，他們也可以是參與者。讓他們參與課程的討論，學習目標的設定，藉由對話交流、實際參與等方式，讓他們對這個組織以及學習活動有真正參與其中的感覺，將有助於他們持續的參與學習。因此，在課程的內容、教學方法上都宜儘量讓學習者參與討論，高齡學習者應參與課程內容與目標的決定，為自己的學習負起責任。

闫樂齡教師教學方面

1. 由於高齡者記憶力衰退，教師必須放慢教學步調

由於高齡者生理機能的退化，在記憶力與反應力上相對的較為緩慢，所以，教師宜避免過快的教學進度，或是一次給予大量的課程內容，這些都會讓高齡者感到挫折。教師必須要有耐心，不厭其煩的重複講解，並給予實做的練習，根據高齡者的狀況，調整自己的教學方式。因此，在教師的選聘上，除了教師的專業知識外，也必須注意到教師與學習者的互動，以及他們的授課方式與內容是否能夠滿足高齡者的學習需求。

2. 教師宜促進自主學習社團的發展，幫助學習者自主學習

要落實高齡社會的教育願景，老人自主學習是相當值得推展的。在樂齡中心裡，可以藉由同儕間的興趣組合，促進學員間的自主學習，因為他們有著相同的目標與所關注的議題，藉由討論共同關心的主題與課程，建立起自主學習模式，拓展成為一種自主性的學習團體，讓學習不只侷限於課堂之內，更能形成一種學習動力，讓學習得以永續。

參考文獻

吳淑娟（2009）。高齡學習者日常生活能力、問題解決策略與幸福感關係之研究——以樂齡學習資源中心為例。國立中正大學成人及繼續教育研究所博士論文。

巫雅蓉（2010）。代間學習參與者社區意識之觀點轉化學習歷程研究——以臺南市南區樂齡學習中心為例。國立中正大學成人及繼續教育研究所碩士論文。

李宗派（2009）。探討嬰兒潮之退休概念與其變遷趨勢。臺灣老人保健學刊，5(2)，70-92。

林麗惠（2004）。高齡學習的內容、方法、時間和地點，載於高齡學習，257-276。臺北：五南。

林麗惠（2006）。臺灣高齡學習者成功老化之研究。人口學刊，33，133-170。

邱俊村（2002）。退休社區之老人休閒環境——以「潤福生活新象」為例。朝陽科技大學休閒事業管理研究所碩士論文。

邱天助（1994）。「老年發展及其教育需求」。載於教育部社會教育司主編，終身學習。臺北市：師大書苑。

徐千惠（2009）。高齡學習需求與參與情況分析之研究：以苗栗縣六所樂齡學習資源中心為例。國立中正大學成人及繼續教育研究所碩士論文。

徐震、趙碧華、王淑姬（1996）。臺北縣老人福利現況、需求及未來規劃之研究。

高昀琪（2005）。高齡學習者學習動機與學習滿意度之研究——以桃園縣老人大學為例。國立中正大學高齡者教育所碩士論文。

張怡（2003）。影響老人社會參與之相關因素探討。社區發展季刊，103，225-235。

張瓊瑩（1993）。成人學習活動參與者、非參與者在學習障礙、教育態度之比較研究——以國立空中大學為例。國立政治大學教育研究所博士論文。

教育部（2006）。邁向高齡社會老人教育政策白皮書。臺北：教育部。

教育部（2010）。99年度教育部補助直轄市及縣（市）政府設置樂齡學習中心實施要點（2010年9月13日）。

陳月素（2005）。高雄市立空中大學高齡者學習經驗之研究。國立高雄師範大學成人教育研究所碩士論文。

陳宏婷（2009）。我國樂齡學習資源中心經營人員培訓成效之研究：訓練遷移的觀點。國立中正大學成人及繼續教育研究所碩士論文。

彭和妹（1993）。國立空中大學學生學習障礙及其相關因素之研究。隔空教育論叢第五輯，頁183-222，國立空中大學研究處印行。

曾瓊瑤（2009）。高齡教育教師專業知能與培訓需求關係之研究——以中部五縣市樂齡學習資源中心為例。國立中正大學高齡者教育所碩士論文。

黃富順（2004）。高齡學習。臺北：五南。

黃富順、林麗惠、梁芷萱、林曉齡（2008）。我國屆齡退休及高齡者參與學習需求意向調查研究報告。教育部委託之專題研究成果報告。臺北：未出版。

楊國德（2008）。高齡社會的非正規教育發展策略。研習資訊，25(3)，1-8。

劉文端（2010）。澎湖縣高齡教育實施情形及高齡者學習需求與障礙之研究。國立中正大學高齡者教育所碩士論文。

蔡培村（1995）。成人教育與生涯發展。高雄市：麗文。

鄭羽玞（2000）。我國樂齡學習資源中心課成類型、學習需求及滿意度之研究。國立中正大學高齡者教育所碩士論文。

魏惠娟主編（2009a）。樂齡學習資源中心初階培訓工作手冊（第二年培訓）。嘉義縣：國立中正大學高齡教育研究中心。

魏惠娟主編（2009b）。樂齡學習資源中心進階培訓工作手冊（第二年培訓）。嘉義縣：國立中正大學高齡教育研究中心。

Bigge, M. L., & Schernus, S. S. (1992). *Learning theories for teachers* (10th ed.). N.Y.: Harper Colllines Publishers.

Boshier, R. W. (1973). Education participation and dropout: A theoretical model. *Adult Education*, 23(4), 255-282.

Check, J. F. (1999). The perceptions of their former teachers by older adults. *Education*, 120(1), 168-172.

Cooksen, P. S. (1986). A frame work for theory and research on adult education participation. *Adult education Quarterly*, 36(3), 130-141.

Cormier, S. M., & Hagman, J. D. (1987). *Transfer of learning: Contemporary research and applications*. San Diego, CA: Academic Press, Inc.

Cross, K. P. (1982). *Adults as learners: Increasing participation and facilitation Learning*. San Francisco: Jossey-Bass.

Findsen, B. (2007). Freirean philosophy and pedagogy in the adult education context: The case of older adults' learning. *Studies in philosophy and education*, 26, 545-559.

Judd, C. H. (1998).The relation of special training to general intelligence. *Educational Review,* 36, 28-42.

Kim, A., & Merriam, S. B. (2004). Motivations for learning among older adults in a learning in retirement institute. *Educational Gerontology*, 30, 441-455.

Klausmeier, H. J., & Ripple, R. E. (1971). *Learning and human abilities* (3th ed.). Educational Psychology, N.Y.: Happer.

Knox, A. (1986). *Helping adults learn*. San Francisco: Jossey-Bass.

McClusky, H. Y. (1971). Education: Background issues. *White House Conference on Aging*. Washington, D.C.

Miller, H. L. (1967). *Participation of adult education: A Force-Field analysis*. Boston : Center of the Study of Liberal Education for Adults, Boston University.

Moon, P. J. (2011). Bereaved elders: Transformative learning in later life. *Adult Education Quarterly*, 61(1), 22-39.

Ormorod, J. E. (1995). *Educaitonal psychology principles and applicaitns*. Colubus, OH: Merrill.

Peterson, D. (1983). *Facilitating education for elder learners*. San Francisco, CA: Jossey-Bass Publishers.

Pruski, L. A., Plaetke, R., Blalock, C. L., Marshall, C. E., & Lichtenstein, M. J.

(2004). The stealth gerontology [TM] program: training teachers to infuse aging and age-related content into public school slassrooms. *Educational Gerontology*, 30, 691-710.

Senge, P. M. (1990). *The fifth discipline: The art and practice of the learning organization*. New York: Doubleday

Singley, M., & Andersib, J. (1989).*The transfer of cognitive skill*. Cambridge, MA: Harvard University Press.

Williamson, A. (2000). Gender issues in older adults' participation in learning: Viewpoints and experiences of learners in the university of the third age. *Education Gerontology*, 26, 49-66.

Wolf, M. A. (1998). New approaches to the education of older adults. *New Directions For Adult and Continuing Education*, 77, 15-25.

第九章
樂齡學習中心的實施成果與問題

第一節　前言

　　樂齡學習計畫的實踐，是以教育部「邁向高齡社會老人教育政策白皮書」為依據（教育部，2006），制定樂齡學習資源中心實施要點（教育部，2008；2009；2010）。 基於要點的規定，教育部公告徵求委託辦理單位，並成立樂齡教育輔導團[1]。再透過受委託輔導團的研發，編製經營手冊、辦理研習培訓、進行訪視輔導、研擬評鑑指標與方法，最後執行訪視評鑑計畫，評選出績優的中心以及各中心的等第。從方案規劃、執行與評鑑的角度，樂齡學習方案的規劃，掌握了系統與創新的規劃原則，創造了臺灣本土的樂齡學習。

　　本章首先從樂齡學習方案的執行成果來探討，資料來源則是以2010年2月至3月，由214所[2]樂齡學習中心（含社區終身學習中心[3]所填

---

[1]　教育部樂齡教育輔導計畫，係由中正大學成人教育系、高齡教育研究中心得標，由魏惠娟教授擔任計畫主持人。

[2]　本文的自評表為樂齡學習中心在進行初評時，每所中心所填寫之資料，總共有202所樂齡學習中心（98年度核定全國205個鄉鎮市區設置樂齡中心（而後臺中縣東勢鎮、臺中市西屯區及雲林縣斗南鎮因故退出，修正為202個）及12所社區終身學習中心，故總計214所。

[3]　教育部於2007年鼓勵學校利用閒置教室設置社區終身學習中心、玩具工坊的試辦計畫，目的在推動高齡者及社區民眾參與終身學習，由於試辦成效良好，故於2008年擴大辦理樂齡學習中心。

寫的「樂齡學習資源中心及社區終身學習中心自評表」資料爲基礎的分析結果。其次，本章同時分析樂齡學習方案執行的問題，這些問題一方面是從輔導團評鑑訪視所蒐集到的實證資料來分析；另外，也是基於輔導團隊2年的觀察與省思結果。

第二節　樂齡學習的實施成果

　　2年的樂齡學習成果，可以從執行單位的背景、經營團隊參與培訓研習的情形、學員參與學習的情形、樂齡志工與教師的背景、課程開設的情形、樂齡中心所開拓的點數，以及行銷與經費的投入來探討（魏惠娟、胡夢鯨、李讌慈，2010）。

一、執行單位多元化

　　申請辦理樂齡學習中心的單位背景很多元，是典型的成人教育（含高齡教育）實施方式。這些多元的機構包括：非營利組織系統，如：基金會、社區發展協會、生活美學協會、教育協進會等各種類型；學校系統，如：國中小學、大學等教育機構；公部門系統，如：鄉公所、圖書館等；社區大學系統；老人會系統，如：老人福利協進會、長青學苑等。辦理樂齡學習中心的機構類型分布如下表1。

表1　樂齡學習中心及社區終身學習中心辦理機構類型

類　別	北　區	中　區	南　區	東　區	離　島	合　計
非營利組織系統	10	27	25	15	4	81
學校系統	31	13	22	3	1	70
公部門系統	7	14	4	3	0	28
老人會系統	2	9	7	2	0	20
社區大學系統	3	4	4	4	0	15
總計	53	67	62	27	5	214

資料來源：魏惠娟、胡夢鯨、李讌慈（2010）

再從上述的機構類型所在的地區來分析，樂齡中心在全國各地區的分布如下表2。

表2　各縣市樂齡學習中心及社區終身學習中心分布表

區域	縣市別[1]	中心數
北區	基隆市(06)、臺北縣(21)、臺北市(09)、桃園縣(09)、新竹縣(05)、新竹市(03)	53
中區	苗栗縣(09)、臺中縣(12)、臺中市(05)、南投縣(09)、彰化縣(12)、雲林縣(11)、嘉義縣(07)、嘉義市(02)	67
南區	臺南縣(17)、臺南市(07)、高雄縣(08)、高雄市(08)、屏東縣(22)	62
東區	宜蘭縣(05)、花蓮縣(08)、臺東縣(14)	27
離島	澎湖縣(04)、金門縣(01)	5
合計	24縣市	214

註1：括弧內為樂齡學習中心及社區終身學習中心數量
資料來源：魏惠娟、胡夢鯨、李藹慈（2010）

二、參與培訓研習的比率，2年平均高於八成

樂齡志工是樂齡學習的重要推手，志工對於樂齡學習理念的認知，對於樂齡學習中心的經營，一方面要透過個人閱讀學習，一方面要透過小組討論，但是無論個人或團體，參加輔導團所辦理的培訓都是第一步。因此，輔導團對於培訓研習的規劃，注重系統與創新，總計規劃初階與進階共20小時的培訓，全國共計辦理七個梯次。輔導團對於參與研習者的要求是：各中心以組成團隊方式參與培訓。總計參與初階與進階研習的人超過80%，研習參與率值得肯定。續辦之樂齡中心需參與1天的進階培訓，新申請辦理的樂齡學習中心則需參與2天的初階研習，總計2年的培訓（含初階與進階訓練），平均參與率為88.4%，參與情況如下表3。

表3 樂齡學習中心學員參與團隊培訓情形統計

場次別	第一年			第二年					
---	研習培訓			進階培訓（續辦中心）			初階培訓（新設中心）		
	報名人數	報到人數	報到率	報名人數	報到人數	報到率	報名人數	報到人數	報到率
北區	112	104	92.86%	104	94	90.38%	73	60	82.19%
中區	124	113	91.12%	73	65	89.04%	109	84	77.06%
南區	164	142	86.59%	149	138	92.62%	131	119	90.84%
東區	-	-	-	-	-	-	32	29	90.63%
總計	400	359	89.75%	326	297	91.10%	345	292	84.64%

資料來源：魏惠娟、胡夢鯨、蔡秀美（2009）；魏惠娟、胡夢鯨、李藹慈（2010）

　　辦理樂齡學習中心的單位，其經營團隊除了需要參與培訓，也需要參加期中的交流會議，以持續激勵並相互學習。各中心參與交流會議情況如下表4。

表4 樂齡學習中心工作團隊參與分區交流會議情形統計

場次別	第一年（分區交流會議）			第二年（分區交流會議）		
	報名人數	報到人數	報到率	報名人數	報到人數	報到率
北區	138	120	86.96%	80	74	92.50%
中區	134	118	88.06%	74	69	93.24%
南區	128	106	82.81%	127	110	86.61%
東區	31	30	96.77%	24	22	91.67%
總計	431	374	86.77%	305	275	90.16%

資料來源：魏惠娟、胡夢鯨、蔡秀美（2009）；魏惠娟、胡夢鯨、李藹慈（2010）

　　從表3與表4的資料，可以發現2年的培訓參與率都很高，但是第二年參與的情況又更好，可能與培訓的滿意度以及輔導團的要求有關。

三、學員參與學習情形

　　經營團隊在參與培訓之後，正式展開中心的經營、課程的規劃、招生與辦理各項學習活動。以各中心於2010年2月至3月所填報的自評表資料為基礎，以下從參與學員的人數、人次、性別、教育程度，以及是否參與其他高齡機構情形來說明[4]，如表5。

表5　樂齡中心學員參與學習情形分析

項　目	組　別	人數（百分比）
學員參與學習情形	參與人數	29,495
	參與人次	330,612
性別	女性	21,338（74%）
	男性	7,672（26%）
教育程度	國中以下	13,488（57%）
	高中職	6,117（26%）
	大專以上	3,930（17%）
學員參與機構情形	僅參與樂齡學習中心之活動（人）	9,649（53%）
	同時參與其他高齡教育機構活動（人）	8,354（47%）

N = 214
資料來源：魏惠娟、胡夢鯨、李藹慈（2010）

　　上面表5關於學員參與情形，透露了下列的訊息：

㈠參與之學員人數及人次：各中心截至本文撰稿統計為止，總計
　　核發了29,495張學員證，參與人次達330,612人次。

㈡參與者性別：據統計，女性參與者有21,338人（74%）；男性有
　　7,672人（26%）。

㈢教育程度：參與者的教育程度，國中以下程度占13,488人

---

[4]　有些中心自評表上面並未填寫性別、教育程度、參與其他機構情形、課程
　　活動等資料，因此各資料數據的總和會有差異。

（57%）；高中職程度占6,117人（26%）；大專以上程度占3,930人（17%）。

㈣僅參與樂齡學習中心的人數為9,649人；同時參與其他高齡學習機構人數為8,354人。

四、輔導團計培育超過6,000名樂齡志工，3,000多名講師投入教學活動

樂齡學習中心的設置，目的之一也是在鼓勵中高齡者來服務高齡者，及早為自己的高齡生活作準備。當然，樂齡中心的經營並無配置專職人力，實質上也非常需要專職的樂齡志工來協助。從樂齡志工的育成數量，也可以看出各中心的經營成效。據統計，總共有6,436位樂齡志工參與，其中女性有4,791人；男性為1,645人。202個樂齡中心中，總計有3,168位教師參與樂齡學習授課活動，其中大專程度以上共占79%；高中職程度占16%；國中程度則有5%（魏惠娟、胡夢鯨、李藹慈，2010）。

五、各中心總計開設樂齡學習課程超過47,000小時，吸引超過30萬人次參與

樂齡學習課程是樂齡中心重要的內涵，為提升樂齡學習內涵，達成成功老化的願景，輔導團在樂齡課程設計方面，特別強調其層次與理論意涵。關於樂齡學習中心所開設課程的論述與統計（詳見本書第四章），開設課程情形大略如下表6所示。

表6　樂齡學習課程規劃與實施統計

	開課次數（百分比）	開課時數（百分比）	參與人次（百分比）
宣導課程	1,234（24.6%）	2,827（5.9%）	96,190（28.6%）
基本課程	1,204（24.0%）	15,841（33.1%）	96,196（28.7%）

（續下表）

	開課次數（百分比）	開課時數（百分比）	參與人次（百分比）
興趣課程	1,924（38.4%）	22,156（46.3%）	110,471（32.9%）
貢獻課程	649（13.0%）	7,041（14.7%）	33,004（9.8%）
總計	5,011次	47,865小時	335,861人次

N＝212

資料來源：魏惠娟、胡夢鯨、李藹慈（2010）

　　根據表6，樂齡中心所開出來的課程，在宣導課程方面，總共開設1,234次、時數為2,827小時、參與人次為96,190人次；在基本課程方面，總共開設1,204次、時數為15,841小時、參與人次為96,196人次；在興趣課程方面，總共開設1,924次、時數為22,156小時、參與人次為110,471人次；在貢獻課程方面，總共開設649次、時數為7,041小時、參與人次為33,004人次。

六、各中心共計開拓458個樂齡學習據點

　　有鑑於樂齡學習者的背景相當多元，樂齡中心的經營需顧及城鄉差異，以送學習到社區的方式來經營，避免把樂齡學習中心當成是學習教室而已。因此，輔導團的培訓也包括鼓勵各中心開拓樂齡學習的經營點，總計共開拓458個學習據點，平均一個中心開拓2.3個學習據點。

七、應用網路資訊報導，擴大樂齡學習理念行銷

　　樂齡中心的經營，透過輔導團培訓的要求，各中心網路行銷的宣傳，已經創造了下列的樂齡學習網路資訊，也成功的推廣樂齡學習的概念於全國。根據各樂齡學習中心自評表回報之統計（截至2010年2月底），在平面媒體方面，總計有679則媒體報導；在電子網路媒體方面，有1,008則報導。

　　若從Yahoo網站以「樂齡學習中心」進行關鍵字搜尋，可以找到1,417,209筆資料；若透過Youtube網站進行相同的關鍵字搜尋，則可找

到537筆影片（資料查詢時間為2010年10月28日）。

八、建置樂齡學習網站，建立資料分享機制

樂齡輔導團透過系統的經營策略研發，創意的經營團隊之培訓研習，為使樂齡學習能夠永續，輔導團並將所研發的材料與在執行過程中蒐集彙整的資訊，透過網站的建立，開發資訊交流的平臺，使各中心的資源可以共享，促進各中心得以持續學習及交流。上述所有詳細資料均可以透過查詢下列網址而得知：http://team.senioredu.moe.gov.tw/。此外，目前約有七成的樂齡學習中心自行架設部落格或網站，提供民眾查詢相關資料。

第三節　樂齡學習中心的經營問題

從上述層面，可以肯定樂齡學習中心的經營成效，但是各中心的經營仍然面臨一些困境。根據輔導團訪視評鑑結果，本研究彙整樂齡學習中心所面臨的問題如下（魏惠娟、胡夢鯨、李藹慈，2010）：

目前樂齡學習中心在執行之後所面臨的經營問題，可以從樂齡學習中心設置情形、參與學員、課程實施、人才培訓、拓點情形、督導情形、空間設置、獎勵機制、樂齡故事等九項，分別說明。

一、樂齡學習中心設置情形不均等

樂齡計畫第二年時，全臺雖設置202所樂齡中心，但仍有166個鄉鎮市區還沒有樂齡學習中心。若從高齡人口比例來看，高齡人口數比例達14%～19%的鄉鎮市區且還未設置樂齡中心者共有48個；高齡人口比例達20%之鄉鎮市區共有17個，還未設置者共有8個。未設置樂齡學習中心之鄉鎮市區，總計如表7所示。

表7　未設置樂齡學習中心之「高齡」鄉鎮市區

高齡人口比例	未設置樂齡學習中心之鄉鎮市區
14%-19%	澎湖縣七美鄉、澎湖縣西嶼鄉、金門縣金沙鎮、金門縣烈嶼鄉、臺北市萬華區、臺北縣石碇鄉、臺北縣貢寮鄉、新竹縣北埔鄉、新竹縣橫山鄉、宜蘭縣員山鄉、宜蘭縣三星鄉、花蓮縣光復鄉、花蓮縣豐濱鄉、花蓮縣富里鄉、苗栗縣卓蘭鄉、苗栗縣大湖鄉、苗栗縣銅鑼鄉、苗栗縣南庄鄉、臺中縣新社鄉、南投縣水里鄉、彰化縣二水鄉、彰化縣二林鎮、彰化縣芳苑鄉、彰化縣竹塘鄉、彰化縣溪州鄉、雲林縣二崙鄉、雲林縣東勢鄉、雲林縣褒忠鄉、雲林縣臺西鄉、嘉義縣朴子市、嘉義縣大林鎮、嘉義縣溪口鄉、嘉義縣東石鄉、嘉義縣竹崎鄉、嘉義縣番路鄉、臺南市中西區、臺南縣官田鄉、臺南縣將軍鄉、臺南縣北門鄉、臺南縣楠西鄉、臺南縣南化鄉、臺南縣山上鄉、高雄縣旗山鎮、高雄縣六龜鄉、高雄縣杉林鄉、高雄縣內門鄉、高雄市鹽埕區、高雄市前金區。 共計48個鄉鎮市區。
20%以上	臺北縣雙溪鄉、新竹縣峨眉鄉、彰化縣大城鄉、雲林縣水林鄉、嘉義縣六腳鄉、嘉義縣義竹鄉、臺南縣左鎮鄉、高雄縣田寮鄉。 共計8個鄉鎮市區。

資料來源：內政部統計處（2009）。2009年9月份人口統計資料
註：本表係以截至2009年的樂齡學習中心為例

二、學員與志工未明顯區隔

經輔導團實際訪視後，發現大部分樂齡學習中心的學員與中心的志工並未明顯區隔，換言之，同一批高齡者在上課之前是樂齡志工，但是在上課開始後，有些就變成學員的角色。

三、課程實施方面

在實際了解樂齡學習中心的課程活動實施後，發現樂齡學習中心的課程實施有以下四點缺失：

㈠政策對於樂齡學習中心課程架構內容，缺乏具體規範，各中心在樂齡學習主題安排有錯置情形。例如：樂齡志工培訓應為影

響貢獻課程，但是不少中心將這一類的課程，錯置到基本課程或是興趣課程類型中。

㈡各中心仍然以興趣課程偏多，宣導、基本及貢獻增能課程偏少。

㈢各中心的課程，對於單次課程與系列課程應如何開設或實施，仍然混淆不清。

㈣各中心所獲補助經費類似，但是其開課時數總量差異懸殊。根據各樂齡學習中心回報的自評表資料中，若同樣以新辦理之樂齡中心進行比較，輔導團初步統計發現在半年內（即2009年10月至2010年2月），開課時數最多之中心已達720小時；但是開課量最少的中心，其時數才只有2小時。

四、人才培訓

在樂齡學習中心的人才培訓方面，雖然各中心都有派人參與樂齡教育輔導團的培訓研習，但是實際訪視後，發現仍有以下三點需要檢討：

㈠經營團隊及志工團隊參與樂齡輔導團辦理的培訓情形，會影響經營樂齡中心之成效。例如：以丙等的樂齡學習中心為例，這些中心團隊出席輔導團所辦理的培訓情形並不理想，只有1至2位參與，甚至還有未出席培訓之情況。因此，輔導團在進行訪視評鑑時，發現這些未經培訓的中心，仍不是很清楚樂齡中心的意涵、定位與經營方式。

㈡缺乏樂齡專屬志工及樂齡志工特殊專業培訓，也並未將志工分組運用，很多中心的志工都只是以值班為主，殊為可惜。

㈢樂齡中心講師雖有其專業，但是多缺乏樂齡教學與教材設計之專業知能。

五、拓點情形

樂齡學習中心在拓點辦理樂齡學習方面，大部分只在開拓出來的地點辦理一些單次性的活動居多，但是還未在該地開設系列性學習課程，樂齡學習拓點的想法仍未完全落實。

六、督導情形

經輔導團實地訪視之後，發現各縣市政府主管、承辦人員對於樂齡學習計畫的重視與協助督導程度，影響樂齡學習中心的經營成效甚大。

七、空間設置

經輔導團實地訪視之後，發現約有三成的樂齡學習中心並沒有專用空間。

八、獎勵機制

樂齡學習中心的運作，不是只有開班上課，乃是需要注意思考評鑑的四個層面、二十個指標之創新經營方式。由於各中心無專職人力，因此多是憑藉樂齡經營團隊與志工的熱心投入來經營樂齡學習中心，現階段針對表現績優單位及個人也都還缺乏獎勵機制，不利於永續發展經營。

九、樂齡故事

經實地訪視之後，發現有許多感人的故事，已在樂齡學習活動中被建構並流傳，但是各中心並未能完全意識到這些故事的價值，並將之彙整報導，成為社會教育或學校教學的資源，實屬可惜。

第四節　樂齡學習中心的經營建議

樂齡教育輔導團隊從訪視評鑑成果的發現，提出下列七個層面的建議：永續經營、課程標準、創新學習、專業培訓、加強督導、獎勵措施、資源應用等，分別說明如下：

一、永續經營

為了使樂齡學習中心能夠永續經營，輔導團建議第三年的樂齡學習，可以朝向分級方式來運作、成立樂齡教育示範中心及成立自主學習社團，說明如下：

(一)分級運作：將評鑑為優等之樂齡學習中心，特別輔導培訓使其轉型成為「樂齡學習觀摩示範中心」或「旗艦店」的概念，成為其他樂齡學習中心之標竿，並協助教育部推動樂齡教育活動。將評鑑為甲等及乙等之樂齡學習中心轉型為「社區樂齡學習中心」，協助辦理推動當地樂齡教育之實施。

(二)成立樂齡教育優先區：針對高齡鄉鎮市區（高齡人口比例超過14%或20%），宜鼓勵設置樂齡學習中心，跳脫一鄉鎮市區一樂齡中心的限制。

(三)成立自主學習社團：參與各樂齡學習中心之學員，宜規範以修業2年為原則，各中心應輔導其轉型成立自主學習團體，以擴大樂齡學習參與者的背景。

二、課程標準

第三年樂齡學習課程之開設，應提供更清楚的規範要求，建立課程綱要，使各樂齡學習中心在幫助樂齡族達到成功老化理想的基本課程方面有所依循，例如：

(一)基礎生活課程：包括：高齡社會趨勢、終身學習之重要性、退

休準備教育、健康老化、高齡心理、經濟安全、家庭關係、祖孫代間教育、用藥安全知識、生活科技、財務管理、法律知識、生命教育、消費保護及老人交通安全教育等。

㈡興趣特色課程：包括：資訊科技、藝術教育、養生運動、觀摩休閒、當地文化歷史或產業等。

㈢貢獻影響課程：包括：基礎志工課程、高齡者之學習特質與活力老化策略、如何推動高齡學習方案、中高齡人力運用、如何經營自主學習團體及玩具工坊課程等。

㈣樂齡中心除前三目所規定之課程外，得依當地特色及實際需要提出創新課程，例如：宅配模式之學習課程。

㈤每位學員至少應參與20小時的基礎生活課程。

㈥樂齡學習教材：樂齡學習中心應以教育部所研發之相關教材為優先選用之考量，以善用資源。目前教育部已經將所出版的樂齡學習教材內容上傳到教育部樂齡學習網的「老人教育出版品」，提供全民下載。而樂齡輔導團這兩年編輯一套六冊的「樂齡學習系列教材」，分別包括下列主題：「健康老化」、「高齡心理」、「經濟安全」、「退休準備」、「家庭代間關係」、「社會參與」，以及三種經營教材：「樂齡學習中心工作手冊」、「樂齡學習創意教案手冊」、「樂齡學習中心志工手冊」等（如本章參考文獻所列）；若無應用，相當可惜。

三、創新學習

樂齡學習中心之創新學習，也是要藉由上述四類課程之開設來達成，建議政府主管對於各中心課程的規劃原則應有所規範，例如：每一門課以每週至少一次，每次2小時，一期至少2個月為原則。課程實施方式除開班授課外，應鼓勵各中心兼採讀書會、工作坊、論壇、體驗學習、網路學習、劇團，以及社團自主學習活動等之多元方式進行。

四、專業培訓

應持續加強樂齡中心人員之培訓，使其在專業上增能。輔導團建議培訓的對象及類型如下：

(一)樂齡學習中心經營團隊培訓。

(二)志工進階專業培訓，如：高齡學習、高齡教育方案規劃、樂齡中心經營管理等。

(三)自主學習社團領導人培訓。

(四)樂齡講師培訓，培訓課程如：高齡者教育課程規劃設計、高齡教育教學方法應用、高齡教育教學方法評鑑等。

五、加強督導

各縣市政府宜成立該縣市所屬之「樂齡教育輔導團」，以協助縣市政府輔導該縣市之樂齡學習中心，地方之樂齡教育輔導團委員應了解教育部的委員之輔導與培訓方針，以使中央與地方的輔導取向一致，避免多頭馬車。

六、獎勵措施

中央單位及地方單位應訂定樂齡學習中心獎勵辦法，激勵績優單位及個人。至於績效良好的中心，應輔導成立「樂齡學習觀摩示範中心」或「旗艦店」。

七、資源應用

各中心所蒐集彙編之樂齡故事，可以與電視公益頻道合作，共同報導「樂齡故事」，並出版「樂齡故事」專輯。建議教育單位宜善用這些樂齡故事，使其成為學校代間教育的教材。

參考文獻

內政部統計處（2009）。2009年9月份人口統計資料。2010年1月10日，取自http://moistgis.moi.gov.tw/moi92-1/

教育部（2006）。邁向高齡社會老人教育政策白皮書。

教育部（2008）。教育部設置各鄉鎮市區樂齡學習資源中心實施計畫。

教育部（2008）。教育部補助直轄市及縣（市）政府設置樂齡學習中心實施要點。

教育部（2008）。教育部補助設置各鄉鎮市區樂齡學習資源中心實施要點。

魏惠娟、胡夢鯨、李藹慈（2010）。樂齡行動輔導團第二年專案計畫期末報告書。教育部委託專案報告。嘉義縣：國立中正大學高齡教育研究中心。

魏惠娟、胡夢鯨、李藹慈、陳冠良、蔡佳旂、陳宏婷、王聲柔（2011）。樂齡學習系列教材7：樂齡學習中心工作手冊。臺北市：教育部。

魏惠娟、胡夢鯨、李藹慈、蕭玉芬、陳靜、陳冠良、馬家玉（2011）。樂齡學習系列教材9：樂齡學習中心志工手冊。臺北市：教育部。

魏惠娟、胡夢鯨、李藹慈、嚴嘉明、陳靜、蕭玉芬、丁居倫（2011）。樂齡學習系列教材8：樂齡學習創意教案手冊。臺北市：教育部。

魏惠娟、胡夢鯨、蔡秀美（2009）。成立樂齡銀髮教育行動輔導團期末報告書。教育部委託專案報告。嘉義縣：國立中正大學高齡教育研究中心。

魏惠娟主編（2010）。樂齡學習系列教材1：健康老化。臺北市：教育部。

魏惠娟主編（2010）。樂齡學習系列教材2：高齡心理。臺北市：教育部。

魏惠娟主編（2010）。樂齡學習系列教材3：經濟安全。臺北市：教育部。

魏惠娟主編（2010）。樂齡學習系列教材4：退休準備。臺北市：教育部。

魏惠娟主編（2010）。樂齡學習系列教材5：家庭代間關係。臺北市：教育部。

魏惠娟主編（2010）。樂齡學習系列教材6：社會參與。臺北市：教育部。

第十章

樂齡學習的進階：示範中心的方案規劃與執行觀點

第一節　前言

一、示範中心的規劃背景：兩年的訪視評鑑發現與問題

　　教育部社教司從2008年開始，在全臺灣各鄉鎮市區設置樂齡學習資源中心，至2011年時，已經設置了209個樂齡學習中心。該計畫實施至今，受到參與者一致的肯定。為協助樂齡學習中心的經營，教育部成立樂齡學習輔導團，提供各樂齡中心經營架構、培訓輔導、資料製作與檔案彙整等，並於年度計畫結束前委由輔導團進行訪視評鑑，以了解樂齡學習中心的執行成效。

　　筆者擔任2年的輔導團總召集人，協同20個委員，2年來親自訪視189個中心，綜合訪視評鑑結果，發現樂齡中心的特色包括：援引先進國家高齡教育理論為課程規劃的基礎；以社區為基礎、便利長者參與；對外拓點、將學習活動普及至偏遠地區。至2010年6月止，全臺樂齡中心總共開拓出458個學習點，每一中心平均開拓2.3個學習點。樂齡中心的志工與經營團隊的用心與熱情，是此一計畫能順利運作的基石。不過，輔導團同時發現，樂齡學習中心在實際執行之後，面臨了一些問題，可以從樂齡學習中心設置情形、參與學員、課程實施、人才培訓、

拓點情形、督導情形、空間設置、獎勵機制、樂齡故事等九項，分別說明其問題。

樂齡學習中心的經營問題包括：樂齡學習中心設置不均等，如：全臺雖設置209個樂齡中心，但從2010年5月至6月的訪視結果發現，仍有166個鄉鎮市區還沒有樂齡學習中心。若從高齡人口比例來看，高齡人口數比例達14%～19%的鄉鎮市區且還未設置者共有48個；高齡人口比例達20%的鄉鎮市區共有17個，還未設置者共有8個。未設置鄉鎮市區名稱如附件一。學員與志工未明顯區隔，志工兼學員，在參與人數的掌握上有落差；對於樂齡學習中心課程架構內容，缺乏具體規範；人才培訓仍然不足，講師之訓練尤其缺乏，專業不足，影響政策的傳輸，以及深度學習效果的創造；各中心均能向外拓點，送學習至社區，但是拓點的課程在實施上較難深入；地方主管對於樂齡計畫有重視與不夠重視的差別，影響樂齡政策的落實與效能。此外，有三成的樂齡學習中心沒有專用空間，因此會形成有樂齡活動在進行時，才看得見樂齡學習中心；缺乏獎勵機制，難以鼓勵績效良好的單位持續創新投入。最後，輔導團發現樂齡計畫執行後，各中心創造出許多感人的故事，但是卻缺少彙整報導，也沒有將這些故事編輯成為社會教育資源，實屬可惜。

二、兩年的訪視評鑑：省思與建議

針對上述的問題發現，可以歸結出：樂齡學習政策甚佳，廣受歡迎；但是未來政策若要能深化，則必須加強課程與教學。此外，要建立經營與課程教學模式、標竿或示範點，使樂齡學習方案能源源不絕，由下而上的創新。因此，輔導團從下列七個層面，向教育部主管提出建議：永續經營、課程標準、創新學習、專業培訓、加強督導、獎勵措施、資源應用等。

首先是永續經營，為了使樂齡學習中心能夠永續經營，輔導團建議第三年可以朝向分級運作的概念來實施，例如：將評鑑為優等之樂齡學

習中心，協助轉型爲「樂齡學習觀摩示範中心」，使之成爲其他樂齡學習中心的標竿，並協助教育部推動每年度的創新樂齡教育活動。其次，針對高齡鄉鎮市區（高齡人口比例超過14%或20%）鼓勵優先設置樂齡學習中心，這就類似「樂齡教育優先區」的概念，給予更多的配套協助，使樂齡族雖深居鄉間部落，仍能享受學習的樂趣。第三，針對已經參與2年以上的樂齡學員，宜協助成立自主學習社團，使這些學員能晉升學習層次，並邀請更多的樂齡族加入樂齡學習課程。第四是建立更清楚的規範課程，使優質課程成爲樂齡學習吸引人的內涵，讓課程能跳脫只是興趣課程，而更能朝向基礎生活知能的學習，學習成功或活躍的老化。

第五，樂齡學習中心的經營團隊要積極研發創新學習方式，換言之，樂齡中心的課程實施方式，除傳統開班授課外，得採讀書會、工作坊、論壇、體驗學習、網路學習、劇團，以及社團自主學習活動等多元方式、活潑有趣的來進行。第六，爲達這樣的目標，就要持續培訓志工，特別是要提供志工的專業進階訓練、開辦講師研習，提供自主社團領導人的訓練。而加強督導的建議，則是建議成立各縣市所屬之「樂齡教育輔導團」，以更機動方便的協助縣市政府，隨時輔導該縣市之樂齡學習中心運作。至於獎勵機制，輔導團建議中央政府及地方單位，應訂定樂齡學習中心獎勵辦法，以有效激勵績優單位及個人。至於3年來執行績效良好的中心，應積極輔導成立「樂齡學習觀摩示範中心」。第七，在資源應用方面，輔導團建議蒐集各樂齡中心的學習故事，並編纂成爲學校及社會教育教材（魏惠娟、胡夢鯨、李藹慈，2010）。（以上關於樂齡教育輔導團的訪視與建議，詳見2010年輔導團提報給教育部的訪視輔導報告書。）

綜上所述，樂齡學習計畫已經創造臺灣樂齡學習的新猷，記錄著許多樂齡學習的感動故事。從2012年開始，樂齡學習即將進入第四年，基於過去的推動經驗與輔導訪視反思的心得，樂齡教育未來最重要的就是

創新樂齡學習、培育講師專業、深化學習故事，並建立樂齡學習提供者與參加者的典範。因此，基於上述的背景與省思，輔導團研擬樂齡學習示範計畫並積極向教育部長官建議，未來在課程深化創新與講師訓練的迫切需要。輔導團從2010年6月開始，歷經1年餘，與許多的地方主管、樂齡中心經營者、學者專家與長官不斷溝通理念、激盪磨合、討論修改、加強論述，樂齡學習示範中心方案之規劃，終於在2011年7月5日於教育部召開的樂齡學習輔導團100年度第一次委員會後，準備啟動，此乃本計畫的研議背景。

第二節　示範中心的規劃目標與執行架構

樂齡學習示範中心或可簡稱為示範中心，規劃實驗之期程為1年（自2011年8月1日至2012年7月31日止）。根據前述的背景描述，本計畫預計達成下列四項目標：

一、規劃樂齡學習示範中心經營模式；

二、發展活躍老化特色課程之教材與教學模式創新；

三、發展服務學習團體活動規劃與運作模式；

四、辦理樂齡學習示範中心創新成果展覽與研討。

綜上，樂齡學習示範中心整體執行架構如下圖1所示：

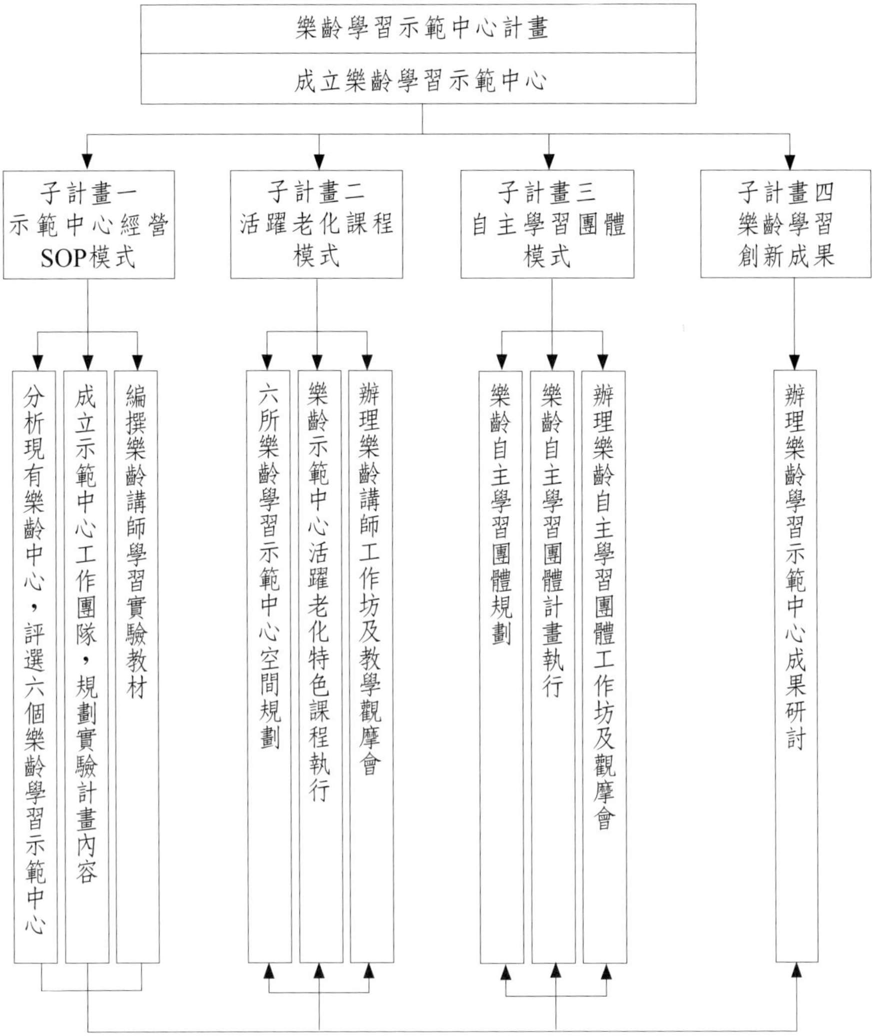
樂齡學習示範中心計畫
成立樂齡學習示範中心
子計畫一
示範中心經營
SOP模式
子計畫二
活躍老化課程
模式
子計畫三
自主學習團體
模式
子計畫四
樂齡學習
創新成果
分析現有樂齡中心，評選六個樂齡學習示範中心
成立示範中心工作團隊，規劃實驗計畫內容
編撰樂齡講師學習實驗教材
六所樂齡學習示範中心空間規劃
樂齡示範中心活躍老化特色課程執行
辦理樂齡講師工作坊及教學觀摩會
樂齡自主學習團體規劃
樂齡自主學習團體計畫執行
辦理樂齡自主學習團體工作坊及觀摩會
辦理樂齡學習示範中心成果研討

圖1　樂齡學習示範中心整體執行架構

上面的執行架構說明了本計畫的系統概念，輔導團將先規劃出示範中心空間的基本配備，接著進行講師訓練與自主團體訓練，講師及自主團體領導人經過訓練後，講師要規劃教學觀摩，自主團體則需規劃自主學習模式的觀摩活動；最後，將所有執行成果彙整展出，讓所有關心樂

齡的人來學習。

第三節　示範中心規劃的基礎

　　樂齡學習示範中心的規劃有幾個基礎，首先是基於2年的輔導訪視、培訓研習與交流座談的實務觀察經驗，這些經驗報告分別於本書前面各章論述，另可參閱輔導團2年來的成果報告，如：「成立樂齡銀髮教育行動輔導團」期末報告書、「樂齡行動輔導團第二年專案計畫」期末報告書，這些實務經驗成為示範中心規劃的基礎資料。其次是在過去2年的輔導過程中，陸續所蒐集到的實證資料，這些實證資料包括：樂齡中心的課程、參與人數、志工人數與背景、學員參與的滿意度，及針對幾個樂齡中心的調查研究，如：徐千惠（2010）對於苗栗的樂齡中心之調查、曾瓊瑤（2010）對於中部5縣市的樂齡講師之專業知能調查等。這些實證資料能輔助實務觀察經驗的發現。

　　第三是研究者近年來參訪國外實務個案與座談之發現，包括：針對英國第三年齡核心經營團隊的訪問、芬蘭祐華司克拉第三年齡大學的經營者（校長）之口頭報告、與美國北卡州立大學創造性退休中心的經營團隊座談；訪問下列各機構之發現，包括：美國各社區普遍都設置的高齡中心；日本東京世田谷老年大學；新加坡的快樂學堂、飛躍家庭服務中心、活躍樂齡理事會，以及退休人員組織等；以及澳洲坎培拉的烏燈社區高齡中心（Wooden senior center）的參觀訪問等。最後，則是理論基礎的支持，包括：方案規劃的理論模式（魏惠娟，2010）、高齡學習的相關研究（李宗派，2007；Findsen, 2005; Lumsden, 1985; Peterson, 1983），以及高齡教育的目標取向之論述等（McClusky, 1971; Peterson, 1983）。

　　關於實證資料已見於前面四、五、六、七、八章，至於實務個案的參訪，新加坡的部分，輔導團已經出版了《新加坡的樂齡學習》專書

（胡夢鯨主編，2010）。關於新加坡的樂齡學習，讀者可以參閱該書，以獲致更詳細的資訊。其他國家的訪問發現，以及理論與相關研究的基礎，以下分別從下列四個部分來論述，包括：一、樂齡中心的經營指標；二、先進國家高齡教育案例訪視的啟示；三、高齡教育的理論、教育目標與學習特性；四、方案規劃的理論模式等。

一、示範中心規劃的基礎之一：樂齡學習中心的經營指標

關於樂齡學習中心的經營與評鑑，可以從樂齡教育輔導團所編輯的樂齡中心工作手冊（魏惠娟等，2011），以及輔導團於第一年與第二年所建構的評鑑指標為基礎來思考（魏惠娟、胡夢鯨、蔡秀美，2009；魏惠娟、胡夢鯨、李讌慈，2010）。樂齡中心的工作手冊開宗明義就揭示了樂齡學習中心的願景為：透過各中心的運作，落實建立臺灣成為「活力老化」的高齡社會；其核心價值為長者中心、促進學習、多元創新，以及永續經營（魏惠娟等，2011）。樂齡中心設置之後，就需要成立經營團隊、盤點彙整資源、規劃經營空間、經營學習活動，以及行銷樂齡中心的學習活動與學習成果。因此，輔導團在第一年就提出十七項經營指標，也就是評鑑指標，希望透過指標來引導經營。這些指標如附件二。

樂齡中心的運作邁向第2年之後，由於已經有新設與舊設兩類之樂齡中心，因此在評鑑指標的發展上，就要兼顧對於第1年與第2年樂齡中心的要求宜有所不同，輔導團因此發展出第2年的評鑑指標，如附件三。

根據2年的評鑑結果，輔導團發現若要使樂齡中心永續經營，並且聚焦於以教育與學習為主軸，樂齡中心的未來經營勢必要有專用空間，因此，樂齡示範中心設立的首要指標即為：要有專用的空間。其次是在課程與教學上要能創新，這均是以過去的樂齡評鑑指標，以及以實際的評鑑結果為基礎所規劃出來的項目。

二、示範中心規劃基礎之二：先進國家高齡教育經營特色之啓示

㈠英國第三年齡大學

第三年齡大學（The University of the Third Age，以下簡稱U3A）創始於1973年的法國，此一概念很快的爲其他國家所採用，如：瑞士、瑞典、波蘭、西班牙、美國、智利、哥斯大黎加⋯⋯等，都陸續開始其第三年齡大學的課程；各地的經營運作方式也都略有不同。其中，英國第三年齡的經營模式，特別強調高齡者擁有成長與發展的潛力，人人都可以爲學員與老師，並且注重高齡者的自主學習與運作組織的能力。

U3A的經驗已被視爲是由老年人自己所發起、一項成功的自助（self-help）運動，倡議老年人將他們的教育權掌握在自己的手中。第一間U3A於1982在劍橋建立，隨後遍地開花，至2008年底爲止，全英國共有716間地區的U3A（local U3As），會員人數超過209,000人。

英國的U3A與一般大學是分開來運作的，U3A在英國登記爲自助慈善團體（self-help charity）。在本質上，U3A乃是一個推動和提供高齡者自助學習的機制，他們的每項活動，如：行政管理、教師及學員招募，以至於課程設計及授課安排等事宜，均根據成員的喜好來規劃和進行。此外，U3A的學習模式與一般課程之學習的不同之處，就在於他們強調學習是由興趣來帶動（learning for pleasure），強調學習不受任何學歷、學位、評鑑所限制。U3A強調聚集有相同志趣的人士，一同來探討及分享學問，因此，他們的學習重視分享及多元化的學習，換言之，堅持U3A的會員既可以是教導者，也可以是學習者，這與一般「大學」的課堂講授方式截然不同。每一間U3A的課程類型和數量，也會因爲各U3A的規模和會員的熱心程度不同，而有所差異。

在英國U3A的運作上，其組織型態基本上有三個層級，分別是第三年齡信託基金及全國執行委員會（全國性）、區域分部（區域性）與當地團體（在地社區性）。這三個層級又基於自助與自主的理念，及民主

的作法，每一區域和當地團體都是獨立的個體，但是彼此互相支持並共享資源。U3A的整體發展，由全國性的第三年齡信託基金及全國執行委員會爲主要倡議者及決策者，以「第三年齡信託基金」（The Third Age Trust）之名登記爲全國性的慈善機構，該組織對於即將成型的團體或是有興趣的個人，都會提供經驗上的協助。換言之，區域性、地方性之U3A的發展，有賴第三年齡信託基金之協助，如此，使得區域性的網絡能夠強化，中央與地方的溝通管道也更爲順暢。

在經費運用的部分，基於自給自足的精神、發揮義工特質，U3A不依賴政府經費，會員每年只需負擔極少的費用，以支付行政支出和場地使用費；教師多由會員擔任，因此也不支領鐘點費。另外，第三年齡信託基金會對於當地U3A的發展，會提供技術支援及極少數的經費協助。

整體而言，英國第三年齡大學有以下特色：1.高齡者服務高齡者（其教師、活動規劃者多爲當地志工）；2.學員導向之課程安排與學習方式，強調自給自足、自助組織；3.組織分成三個層級，彼此既獨立又合作；4.中央層級扮演積極協助與輔導地方U3A的角色；5.經費的來源以繳交會費爲主，費用低廉。

U3A每年夏天都會舉辦年會，正好2009年年會的主辦地點在英國愛丁堡，與研究者所服務的單位（中正大學成教系）的教師參訪行程能配合，故我們決定利用此一機會進行參訪。在該訪問會議中，我們除了訪問全國主席Jean Goodeve，亦有機會與其他幹部一同座談交換意見。座談約定於9月2日晚上，直接在年會的地點Heriot-Watt University見面。

我們結束白天的訪問行程後，就直接趕至Heriot-Watt University與U3A的幹部碰面。雖然我們對於高齡者的形象認知，已經不會有刻板印象，但是看到迎面而來七、八十歲的長者，個個皆是神采奕奕、活力四射、口語清晰、耳聰目明的樣子，還是不免讚嘆，這些老人家好不一樣。對U3A的印象，慢慢地透過一開始的寒暄與自我介紹，開始與之前個人所閱讀的資料產生了連結。

　　訪談過程，除了對於U3A的高齡者形象有了實際感知之外，另一個不同的體驗來自於座位的安排。座談尚未開始時，Jean就提議我們把桌椅排成一個圈圈，由兩個單位的代表，大家交錯的就坐，如此可以有多一點機會與新朋友交流，因為不止我們想要認識U3A，U3A的幹部們也想認識我們與本系。這樣的安排，也透露了U3A平時就在倡導與實踐的上課方式：即鼓勵學員間多方的互動，強調彼此互為老師的學習精神。就這樣，在很U3A學習方式的氣氛中，進行了約一個半小時的討論。Jean主要扮演會議主持人的角色，負責掌握議程的流暢進行，並隨時確認我們的談話與討論內容，能回應我們原先給他們的參訪目的與訪問單。

　　U3A的幹部們熱烈的分享上課的情形，並一再的強調，只要有熱情去做你所相信的事情，不要強求一步登天，就沒有什麼是不能完成的。國際協會主席Stanley則提醒，第三年齡大學的實施，每個國家各有不同，適合法國的不見得就適合英國，因此，英國U3A就走出自己的路，在國際間也發揮影響力。所以，他建議倘若臺灣也想要發展第三年齡大學，需要考量自身的經濟、社會、民族、文化等條件，並規劃出適性的運作模式，方是成功的關鍵。

　　從我們與英國第三年齡核心幹部的訪談，得到以下的啟示：

1. 內在動機的驅動：U3A的成員有很強烈的工作熱情及對於組織的使命感，他們把U3A的活動經營，當成是社會運動般的來推動，有強烈的內在動機，這內在力量支持他們為U3A全力付出。

2. 自主經營的堅持：U3A無論從行政、課程安排、乃至於活動推廣，都秉持著自給、自主、自助的精神，並不依賴政府資源，但是透過互助的力量，形成更能永續經營的組織力量。如同其中一位幹部提到：政府經費之運用隨著社會狀況和執政團隊，可能常常遭遇改變或刪減，唯有靠自己的資源，U3A才能以穩健的腳步，走出自己的路。這樣的獨立精神及企圖心，是國內高齡教育機構之經營團隊少

有的視野。由於強烈的願景與使命感的驅動，他們並不倚賴政府的資助，但是由於其自主與自治力量的發揮，英國政府還是要拜託U3A協助推動許多相關的計畫。

3. 自主學習規劃：U3A之學習內涵非常多元，包括：語文、音樂、藝術欣賞、手工藝創作、寫作……等等，占了極大的比例。由於其運作與教學方式重視互動及學員自主性的發展，因此未見對於U3A的課程中，生活休閒性課程過多的批評。可能是因為學員在規劃及合作學習過程中的投入之獲得，亦是學習內容的重要部分，因此，只要是出於學員興趣而主動安排的課程與活動，都會受到尊重與支持（參見國立中正大學成人及繼續教育學系2009年英國參訪成果報告）。

㈡美國北卡州立大學創造性退休中心的啟發

北卡羅萊納大學艾希維爾分校於1987年，在校長D. Brown的領導下，說服立法機關與地區代表支持成立創造性退休學習中心，每年固定提供資金贊助。該中心的標誌為鸚鵡螺，象徵不斷擴展的精神，持續學習激發自我的創造力。在不斷變化的時刻中，重新詮釋並檢視以往所累積的知識技能，以發現個人成長的新機會，藉由繼續學習，激發高齡者的創造力與生命力。

此一中心的經營是由指導委員會及旗下的各種執行委員會來運作，經費來源包括：政府資金、會員會費、補助與捐贈。然仍以會員會費為主要收入，年費為40美元，可以參與課程，並享受大學設備，或參加大學活動。會員以50歲以上為主，不過只要有興趣，未滿50歲者也可以報名。教師來源包括：大學教師、專家與同儕，只要有興趣及專業，就可以授課，由中心提供會員相關領導訓練及輔導機制來支援其教學，如：提供新手教師手冊及相關訓練與工作坊。該中心有90%以上的學員參與教學，至於教學模式主要以學習圈以及專題研究的方式來進行。學習圈

是屬於同儕教學，專題研討則是由專業人士來任教。

創造性退休中心的課程以博雅課程為主，分成會員與非會員課程及藍山自然課程，課程多數具有大學水準，另外也規劃提供許多專家講座、社交與慶典活動，每年所提供的課程超過250門以上，相當豐富，採用同儕教學方式，相當成功，並能有效結合大學資源。該中心的主任R. Manheimer於2008年來臺灣訪問時，也指出該中心的成功經營，在於學習空間、志工、課程與團隊的整體品質很好，是該中心能不斷吸引人前來參與的原因。

㈢美國加州戴維斯的高齡中心（Senior Center in Davis, CA）

該中心位於北加州戴維斯城，是一具備多元目標的高齡中心，係由戴維斯公園城及社區服務部門（City of Davis Parks and Community Services Department）來經營。這個中心專為50歲以上的人士提供學習課程與相關服務。該中心的簡介上寫著：A place of possibilities，這句話就說明了中心的願景，就是在開拓高齡者的新視野與新領域，是很積極正面的期許。該中心為50歲以上的人士所提供的服務很多元，包括：健康與福利方案、終身學習機會與資訊的提供、營養教育、休閒與特別活動的支持性服務。中心的課程非常多采多姿，除了有年長者與小學生的代間方案外，並且有國際旅遊與烹調課程，有人人可動手操作的電腦課程，真是非常豐富。中心所呈現的氣氛更是溫暖，很能吸引人駐足瀏覽。符應了美國成人教育之父Knowles（1980）強調的：成人學習要注重學習氛圍的營造，畢竟多數成人都有自我導向的學習特質，也都希望能參與規劃。所以，中心能呈現歡迎的氣氛，是很重要的指標。

整體而言，戴維斯高齡中心具備以下的特色：

1. 以社區中心為高齡中心：方便社區居民前來使用此一中心，但又不限定只為社區內的高齡者而已。

2. 鼓勵入內參觀：中心為參觀者提供導覽服務，並且細心的準備一

份新進者的袋子（newcomer packet），這份資料裡面包含有中心每個月所出版的刊物、名為高齡現狀的新聞通訊（Newsletter：The Senior Scene），這份報導提供最新的、與高齡有關的學習資訊、服務項目、多樣的課程與各種相關的活動。

3. 積極招募會員：中心鼓勵參加者以會員的方式加入，會員只要繳交少許的會費，就可以獲得每個月的會訊，可以了解高齡中心的活動，中心也鼓勵個人捐贈。

4. 空間規劃以高齡者為中心：空間的設計除了有起居室、廚房、餐廳外，更有許多大小不等的教室、會議室供使用。

5. 出版刊物，並且定期更新高齡服務資訊：如上所述，該中心每個月所出版的The Senior Scene，一方面贈送給訪客，一方面也開放訂閱，想訂閱的人可以透過該中心的網站來訂閱。

6. 高齡中心提供對高齡者有幫助的各種資訊，如：健康保險、旅遊計畫、社會現象（如：避免被詐騙）、醫療服務資訊、營養調理資訊等，總計大致包括下列三個類型的資訊，如：

(1) 醫療學習課程：運動與體適能課程、健康診斷課程、血壓測量、健康與營養講座、健康保險諮詢。

(2) 休閒教育課程：作家系列、電腦課程、歌唱&舞蹈課程、橋牌、棋藝課程、各種興趣社團、繪畫、陶藝與縫紉課程、閱讀課程、語言及寫作課程、旅遊課程、主題聚會、烹調課程、演說課程、音樂：爵士樂即興演奏課程、筆友社、安全駕駛課程、電影放映課程、家庭歷史研究、志工機會。

(3) 相關服務：報稅與退稅服務、支持性團體服務與顧問服務、法律顧問、電話問安服務、交通與駕照服務、阿茲海默症緊急ID卡服務、社會安全、退伍軍人服務、小型器具修繕服務。另外，該中心也幫忙高齡者及其家人，提供社區各樣轉介服務給有需要的人，例如：房屋資訊服務、到宅照顧服務、交通服

務，以及其他各種中心所可以提供的轉介服務。

該中心對自己的期許如下：這個高齡學習中心，在經營上有很多的策略，但是唯一目標就是要藉由多元的方案，創造出一個獨特的、吸引人的氣氛，使凡是來中心參觀的訪客，都受吸引而願意再來。

㈣東京世田谷老人大學（生涯大學）及其啓示

世田谷老人大學位於東京西南方，是東京都23個特別行政區中人口最多的區域，學員程度好，學習意願也很高。該大學創立於1977年7月，於2007年4月、即創立30周年時，改名爲生涯大學，是日本最早推動高齡教育的大學。

生涯大學的設置是先成立籌備委員，其構想爲高齡者所要的不只是福利與教育政策，最重要的是要自覺，並且思考如何在老年時仍能自力更生的過日子。因此，他們的構想爲要結合教育與社會參與的精神，透過學習希望挖掘老人家未知的自我，以能自我啓發的方式來學習、創造新的生活模式。

學員修業年限爲2年，每一門課程招收30名。學習課程包括：社會、福利、文化（A, B）等五項。再由授課教師決定2年內的學習主題，上課方式以教師的講義爲主，以講述及座談的方式進行。

必修課程爲健康體育，在學員有上課的日子，機構會安排1小時健康體育課程，由專任講師負責。另外舉辦公開演講會，一學年4次，演講會也廣邀民眾參加。每年舉辦一次一天的社區戶外研習活動；每2年選擇距離世田谷區150公里的史蹟，辦理一次參訪活動。暑假期間則規劃2個月的實習活動，包括參與地方建設或志工。

學員結業時要繳交結業論文，以爲2年的研習成果，由教師審查後再集結出版。學員結業後，有意願者可以進一步參加自主研究會，場所由大學提供，學習內容則由學生自行設計。

世田谷生涯大學在學習課程設計的精神與內容方面，注重喚醒高齡

者的自我意識，探索未來能自主獨立生活及參與社會的途徑。這樣的設計精神，在我國的高齡教育實施上實不多見。另外，大學對於修業與結業多有規範，也是課程規劃與實施品質保證的關鍵。

綜合上述四個先進國家個案經驗，樂齡示範中心的規劃因此特別強調：一定要有空間、要營造出鼓勵學習參與的氛圍、學員的學習最後要引導其能朝向自主的發展、啟發學員內在的動力與潛能。樂齡學習示範中心的規劃，因此注重由下到上（bottom-up），以高齡者為中心的規劃取向。

三、示範中心經營的基礎之三：對於高齡教育目標的思考

從國外的經驗看來，高齡教育的經營能夠突破創新、持續吸引高齡者前來，關鍵在於有品質的學習內涵，以及有趣味的學習方式。因此，未來樂齡學習示範中心的經營，首要釐清其高齡教育的目標。McClusky（1971）於第二屆白宮老化會議後，提出了「高齡教育的目標」之論述。他指出，高齡教育是在「擴大個人生存能量（空間）」，高齡教育目標是在教高齡者「學習（成功或活躍的）老化」。世界衛生組織（WHO）於2002年因應高齡社會現象，也揭示「活躍老化」是高齡社會來臨的因應策略。本書第四章就是從需求幅度理論、成功老化概念，來論述高齡教育方案的目標，主要有三個論點：首先，高齡教育目標是在幫助高齡者學習處理「能量」與「負擔」的變化，以達成「成功老化」的願景。其次，高齡教育方案的規劃者，不能把「學習需求」的意涵與操作過度簡化，乃是要在眾多的需求評估線索中仔細反思，心中存著幫助高齡者「成功老化」的願景，來「判斷」並且「建構」高齡者的學習需求，這才是負責任的規劃。最後，我國高齡教育方案的實踐，現階段最迫切的是缺乏與落實「成功老化」願景有關的系列課程，目前在高齡教育實務的領域中，並沒有系統的開設基本生活問題學習的課程。整體而言，未來高齡教育規劃者極需要有規劃架構的引導，需要學

習如何規劃課程，並持續參與培訓，以深化個人對於高齡學習與成功老化的理論認知（魏惠娟、胡夢鯨、陳冠良，2010）。

四、示範中心的經營基礎之四：方案規劃知識與能力

從前述國際案例的報導中可以發現，先進國家高齡中心或是機構的經營，為了能永續發展，一開始就要建立架構與制度，這是非常必要的。輔導團第一年在輔導各樂齡中心的經營時，最重視的就是在經營團隊志工的組織與管理方面知能的訓練。個人於評鑑訪視時，對於各中心在經營層面的指標之實踐方面，也相當重視。不過，樂齡中心的經營團隊，或許是專業能力的限制、或許是學習文化的影響、或許是傳統辦理計畫的心態所致，多數並沒有看重組織管理與經營模式的建立，他們比較熱衷的只是要辦活動，讓老人家來參與，因此會形成片段的活動辦理模式而已，比較少有課程設計與實施的系統性與階段性的想法。

未來示範中心的經營，主要先從經營實績比較好的單位來試辦，這些單位在空間與氣氛的營造上都已經有初步的規模；在課程實施上，也都有了基本的特色。因此，輔導團將會從課程設計的理論與實踐來培訓，使經營者能學到系統的規劃架構，能深化課程，使課程有深度、能創新；若是示範中心的教學與學習方式能吸引人，則樂齡中心永續發展就是必然會達成的目標了。

輔導團所規劃要培育示範中心的經營團隊之內容，主要是源自於方案規劃的模式，相關研究都曾經指引方案規劃者在作規劃時，需要遵循並思考的一些規劃要素，如：Peterson（1983）建議十五個有效規劃高齡教育方案的步驟，如：評估組織的脈絡、了解組織現在所辦理的活動、熟悉其他機構所辦理的中高齡教育方案、確定所規劃的方案要強調什麼、考慮是否成立指導委員、進行需求評估、決定教育目標〔所設定的目標要能說出：誰會做什麼（或將會做什麼），做多少，在什麼時候，如何衡量〕、發展教學方式、招募學生（行銷）、評鑑（以及決定

評鑑方式）、選擇指導的地點、選擇教師與行政人員、確定高齡教育在整個組織內的定位、決定需要的資源及資源的來源、給予課程足夠的時間來實施。

　　筆者也曾經提出方案規劃時要考慮的要素，包括：情境分析、方案構想、方案目標與對象（市場區隔）、需求評估、學習活動設計、行銷，以及評鑑等（魏惠娟，2005）。基於此，未來示範中心的規劃與人員訓練，就不能漏掉關於方案規劃的知識與能力。至於示範中心的規劃與實踐是否能成功，可以以Peterson（1983）在《加強高齡教育》一書中論述成功的方案規劃時，曾引述時任哈佛校長的Lowell在回答「是什麼使一個大學卓越？」的問題時，他的回答是：300年。Peterson意指高齡教育方案的成功（成熟），也是需要時間的，個人對此論點深表同感。前述的那些基礎，或許提供示範中心更好的立足點，有一點加速學習的作用，但是成熟的樂齡中心之發展，還是需要時間的。

第四節　樂齡示範中心子計畫之規劃及實施方式

　　輔導團在規劃示範中心時所依據的理論基礎與參考的案例，已如上所述。示範中心的初步規劃與實施方式如下：

子計畫一：建立樂齡學習示範中心之經營模式

一、計畫目標

　　輔導團將先分析現有樂齡學習中心的情況，評選出合適的示範中心，並透過縣市政府以及獲評選擬參與的中心，預計媒合出若干合適的示範點，作為先期規劃的中心。計畫一的目標因此為：評選7個樂齡示範中心。

二、計畫實施方式

㈠評選樂齡示範中心的方式

1. 資料分析：輔導團先整理並分析目標對象，近三年的樂齡學習實施情況，初步評選出績效良好的樂齡學習中心。
2. 實地訪問：透過資料篩選、訪談以了解目標對象的意願，加以實地訪查，最後媒合出適合的示範中心。
3. 評選示範中心指標：綜合上述對於示範中心設置的基礎之論述，輔導團之評選指標大致包含以下六項：有樂齡學習專用空間、有經營團隊（除中心主任外，該中心已經有樂齡志工團隊）、有服務學習團體、課程已展現了初步特色、已有外界資源的納入、擁有足夠的參與人數等。
4. 選擇範圍：初步擬選擇學校系統辦理之樂齡中心、社區系統辦理之樂齡中心、老人機構辦理之樂齡中心、社團或協會辦理之樂齡中心等，希望多元背景的中心都能有機會發展成為示範中心點。

㈡成立示範中心工作團隊

　　經評選後，若獲選之中心也有意願成為示範團隊，就開始進入樂齡示範中心籌備階段。首先該中心應籌組「示範中心工作團隊」，團隊需包含中心主任、志工及講師等5至6名。工作團隊就是參與本輔導團各項培訓活動的主體，並須為該中心研提101樂齡學習課程創新計畫。

㈢定期召開工作會議

　　輔導團將安排每個月固定1次與各示範中心召開工作會議，目的在了解各示範中心執行示範計畫的現況與預見的問題，並提供專業協助與諮詢輔導。

㈣建立樂齡講師培訓初步SOP教材設計

　　輔導團將根據過去的經驗，參酌工作會議的建議，將應用初步研發

完成的樂齡講師SOP培訓教材來培訓示範中心的講師。

三、預期成效

本計畫預期達成下列的成效：

㈠完成樂齡學習示範中心的設置；

㈡成立各「示範中心工作團隊」；

㈢完成一套樂齡講師培訓SOP教材。

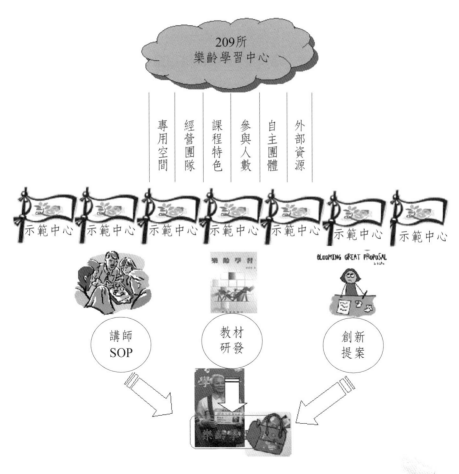

圖2　子計畫一之概念架構

四、子計畫一概念架構圖

子計畫二：第一階段實驗項目——活躍老化特色課程教學模式創新

一、計畫目標

在完成示範中心的設置後，開始執行子計畫二。子計畫二的目標是在輔導示範中心完成實驗規劃，並執行第一階段的實驗項目，即是：活躍老化特色課程「教學」與「學習」模式的創新。

二、計畫實施方式

輔導團將分別輔導各示範中心，進行第一階段的實驗，主要是要完成下列的實驗內容：

(一)樂齡學習空間規劃：根據前述的案例，各示範中心應充實並活化樂齡學習專用空間，其空間需符合樂齡學習者的需求，例如：設置書報架、購置圖書與媒體材料、電腦網路、適合的桌椅、休閒座椅、白板、成果展示區、放大鏡或輔助學習用具……等。

(二)執行中心特色課程：各示範中心可以從現有的課程中，討論並定位出屬於該中心的活躍老化特色領域課程，發展該課程之教材、教具及教學觀摩設計，並在教學實驗過程中，由講師引導完成「樂齡學習包」的開發。所謂樂齡學習包（learning package），是指學習的一套教材與教具，可能包括：教材、講義、光碟、教具或是遊戲材料等。

(三)辦理講師工作坊：輔導團將應用子計畫一所初步發展的樂齡講師SOP教材，由各中心推薦活躍老化特色課程績優講師（一中心大約5位），參與輔導團辦理的講師工作坊，預期共計有30位講師參與。輔導團會就講師所屬區域，分區辦理1天的小團體工

作坊，輔導團將於培訓後，定期辦理訪視座談，以了解教學培訓在後續應用上的問題與成效。

㈣教學觀摩：各中心推薦之講師經培訓後，應擇期辦理一場樂齡學習創新教學觀摩研習會議，邀請縣內樂齡講師來參加，但不排除其他各縣市有意願參與的講師，每場次預計參與人數為80人。

㈤成果彙整：教學觀摩之後，各中心需彙整第一階段實驗項目之執行成果。

三、預期成效

子計畫二實施後，預期達成下列的成效：

㈠完成樂齡學習示範中心空間規劃；

㈡各中心至少完成一套活躍老化特色課程與相關教材之學習包；

㈢完成30位績優樂齡講師培訓；

㈣各中心至少完成一場樂齡教學觀摩會議。

四、子計畫二概念架構圖

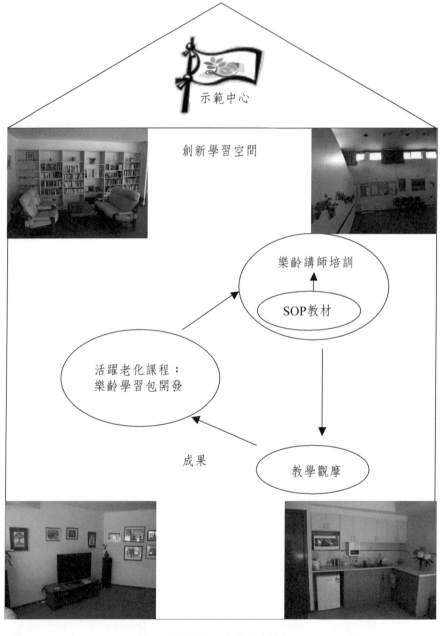

圖3　子計畫二之概念架構

子計畫三：第二階段實驗項目──服務學習團體學習模式發展

一、計畫目標

　　子計畫三的實施，預計在完成樂齡講師訓練後開始，目標在輔導各中心執行服務學習團體之經營運作。

二、計畫實施方式

　　子計畫三的重點是在輔導示範中心進行第二階段實驗活動，內容包括：

　　㈠規劃樂齡服務學習團體：各示範中心針對本身的特色，招募績優資深的志工或學習者，成立服務學習團體。所謂自主團體，是指樂齡者在中心學習超過或滿2年者，就應鼓勵他們成立自主社團，繼續發揮個人的學習潛力。

　　㈡辦理樂齡服務學習團體工作坊：由各中心推薦績優資深服務學習團體成員，一中心大約5名，參與輔導團的培訓研習。培訓的主題為領導、企劃與社團經營，培訓之後再由各社團提出自主團體經營企劃書。預計共有30位服務學習團體成員參與培訓研習，輔導團將分區域各辦理1天的小團體工作坊。

　　㈢服務學習團體計畫執行：輔導團與中心經營團隊，共同協助輔導自主團體能自主運作，並建立社團學習模式。

　　㈣服務學習團體學習觀摩：由各中心輔導其服務學習團體，辦理一場學習觀摩之研習發表會議，各示範中心至少辦理一場教學觀摩，每場次預計參與人數為80人。

　　㈤成果彙整：彙整第二階段實驗項目執行成果。

三、預期成效

　　本計畫預期達成下列的成效：

㈠各中心至少成立一個服務學習團體；

㈡完成30名自主團體領導人培訓；

㈢各中心至少提出一份自主團體運作計畫；

㈣各中心至少完成一場服務學習團體學習觀摩會議之辦理。

四、子計畫三概念架構圖

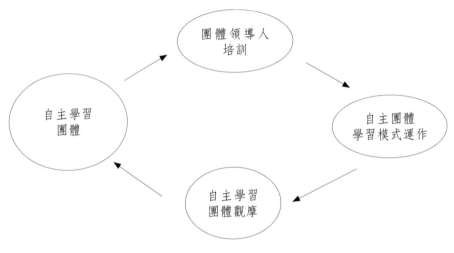

圖4　子計畫三之概念架構

子計畫四：第三階段實驗項目——樂齡學習創新成果研討

一、計畫目標

輔導團在完成講師與自主社團領導人訓練後，各中心繼續運作，執行各子計畫。子計畫四之目標為：辦理樂齡學習創新成果研討。

二、計畫實施方式

輔導團將與各樂齡示範中心共同辦理樂齡學習創新實驗計畫成果發表研討會，彙整一年的實驗成果，分享給其他各樂齡中心。初步規劃將

呈現的內容包括：樂齡示範中心創新課程與教學模式、樂齡服務學習團體創新學習模式與成果發表、樂齡學習包之推廣與應用、樂齡講師經驗分享、樂齡自主團隊領導人經驗分享等。

　　本計畫完成後，預期將彙整前述課程與教學及自主學習的成果資料，未來若要推動樂齡學習旗艦計畫，這些示範中心就是一個出發點。

三、預期成效

　㈠完成一場全國性樂齡實驗創新成果研討會議；
　㈡展覽樂齡講師培訓SOP教材、活躍老化樂齡學習教材與學習
　　包；
　㈢記錄樂齡講師與服務學習團體領導人之經驗分享；
　㈣邁向旗艦型樂齡中心的規劃。

四、子計畫四概念架構圖

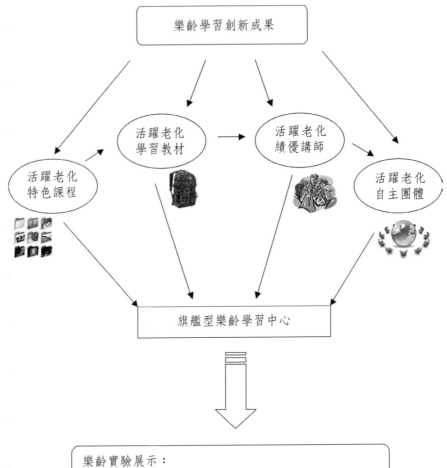

圖5　子計畫四之概念架構

參考文獻

中正大學成人及繼續教育學系（2009）。2009年英國參訪成果報告，未出版。

內政部統計處（2009）。2009年9月份人口統計資料。

李宗派（2007）。老化概念（I）（II）：生物科學之老化理論。臺灣老人保健學刊，vol 3, No. 2, 1-61。

胡夢鯨（主編）（2010）。新加坡樂齡學習：組織與實務。高雄：麗文文化。

徐千惠（2009）。高齡學習需求與參與情況分析之研究：以苗栗縣六所樂齡學習資源中心爲例。國立中正大學成人及繼續教育研究所碩士論文，臺灣：嘉義縣。

曾瓊瑤（2010）。高齡教育教師專業知能與培訓需求關係之研究──以中部五縣市樂齡學習資源中心爲例。國立中正大學成人及繼續教育研究所碩士論文。臺灣：嘉義縣。

魏惠娟、胡夢鯨、蔡秀美（2009）。樂齡行動輔導團第一年專案計畫期末報告書。教育部委託專案。嘉義縣：國立中正大學高齡教育研究中心。

魏惠娟、胡夢鯨、李藹慈（2010）。樂齡行動輔導團第二年專案計畫期末報告書。教育部委託專案。嘉義縣：國立中正大學高齡教育研究中心。

魏惠娟、胡夢鯨、李藹慈、陳冠良、蔡佳旂、陳宏婷、王聲柔、姜雅玲（2011）。樂齡學習系列教材7：樂齡學習中心工作手冊。臺北市：教育部。

魏惠娟（2005）。方案規劃在成人教育體系中的定位問題：角色、矛盾與超越。高雄師範大學學報，19，43-59。

魏惠娟、胡夢鯨、陳冠良（2010）。臺灣樂齡學習中心課程之分析：McClusky需求幅度理論的應用。成人及終身教育學刊，15：115-150。

魏惠娟（2010）。論高齡教育方案目標：應該是什麼？爲什麼？如何？新北市亞洲2010高齡教育學術研討暨專案研究成果發表會，2010年12月17日，臺北縣，江翠國小承辦，地點：臺北縣政府。

Findsen, Brian. (2005). *Learning later*. Malabar, Florida: Krieger Publishing Company.

Knowles, M. S. (1980). *The modern practice of adult education: From andragogy to pedagogy.* New Jersey: Prentice Hall Regents.

Lumsden,B. (1985). *The older adult as learner: Aspects of educational gerontology*. New York: Hemisphere Publishing Corporation.

McClusky, H. Y.(1971). Education: Background issues. *White House Conference on Aging*, Washington, D.C.

Peterson, D. A. (1983). *Facilitation education for older learners*. San Francisco, CA: Jossey-Bass Publishers.

附件一

高齡人口比例達14%或20%且未設置樂齡學習中心之鄉鎮市區

高齡人口比例	未設置樂齡學習中心之鄉鎮市區
14%-19%	澎湖縣七美鄉、澎湖縣西嶼鄉、金門縣金沙鎮、金門縣烈嶼鄉、臺北市萬華區、臺北縣石碇鄉、臺北縣貢寮鄉、新竹縣北埔鄉、新竹縣橫山鄉、宜蘭縣員山鄉、宜蘭縣三星鄉、花蓮縣光復鄉、花蓮縣豐濱鄉、花蓮縣富里鄉、苗栗縣卓蘭鄉、苗栗縣大湖鄉、苗栗縣銅鑼鄉、苗栗縣南庄鄉、臺中縣新社鄉、南投縣水里鄉、彰化縣二水鄉、彰化縣二林鎮、彰化縣芳苑鄉、彰化縣竹塘鄉、彰化縣溪州鄉、雲林縣二崙鄉、雲林縣東勢鄉、雲林縣褒忠鄉、雲林縣臺西鄉、嘉義縣朴子市、嘉義縣大林鎮、嘉義縣溪口鄉、嘉義縣東石鄉、嘉義縣竹崎鄉、嘉義縣番路鄉、臺南市中西區、臺南縣官田鄉、臺南縣將軍鄉、臺南縣北門鄉、臺南縣楠西鄉、臺南縣南化鄉、臺南縣山上鄉、高雄縣旗山鎮、高雄縣六龜鄉、高雄縣杉林鄉、高雄縣內門鄉、高雄市鹽埕區、高雄市前金區。 共計48個鄉鎮市區。
20%以上	臺北縣雙溪鄉、新竹縣峨眉鄉、彰化縣大城鄉、雲林縣水林鄉、嘉義縣六腳鄉、嘉義縣義竹鄉、臺南縣左鎮鄉、高雄縣田寮鄉。 共計8個鄉鎮市區。

資料來源：內政部統計處（2009年）。2009年9月份人口統計資料

附件二

第一年樂齡學習中心評鑑指標項目及指標內容

評鑑項目	評鑑指標內容
一、願景目標	1. 願景描述
	2. 中心目標
二、經營組織	3. 志工人力運用情形
	4. 培訓情形
	5. 行銷規劃情形
	6. 中心檔案建立情形
三、空間設備	7. 學習空間安排與學習環境
	8. 安全設備與設備管理
	9. 圖書雜誌
	10. 師資概況
四、學習活動	11. 活動設計主軸特色
	12. 活動內容與產業連結
	13. 學習學習檔案
五、縣市政府參與情形	14. 參與中心業務及督導次數
	15. 相關會議出席人員層級
	16. 補助經費撥付情形
	17. 業務聯繫情形

具體改善建議：

第二年樂齡學習中心評鑑指標項目及指標內容

評鑑項目	評鑑指標內容
管理創新層面	1. 願景與目標連結情形
	2. 志工質量及運用情形
	3. 學員證核發情形
	4. 對外擴點辦理課程活動情形
	5. 檔案管理情形
	6. 經費使用情形
課程創新層面	7. 課程規劃架構
	8. 宣導課程
	9. 基本課程
	10. 興趣系列課程
	11. 貢獻與影響課程
	12. 中心特色課程
軟硬體設備層面	13. 中心的空間及開放時間
	14. 空間使用率及學習空間氛圍
	15. 師資的專業背景（教材與教學）
	16. 設備管理及運用情形（財產條碼）
行銷宣傳	17. 媒體報導情形（含樂齡故事）
	18. 課程或活動訊息上傳到老人教育網
	19. 中心辦理行銷推廣情形
	20. 主動結合所在地單位配合辦理樂齡相關活動情形

中心特色：（中心經營主體性、團隊學習、志工自主性、課程規劃、資源投入情形）

改善建議：

第十一章

樂齡學習永續發展的策略：
深耕與創新

　　過去30年，臺灣對老人的教育與學習活動，多被稱爲老人教育。至於對65歲以上長者的稱呼，則除了老人以外，還以銀髮族、松柏、長青、松年等稱之。樂齡學習的推動，在臺灣只是最近幾年的事。樂齡指的是55歲以上的中高齡者，其精神是指中高齡者「快樂學習而忘記年齡」。樂齡學習指的是對55歲以上中高齡者所提供的教育與學習活動而言。當樂齡學習被推出之後，愈來愈多的中高齡者及推廣者逐漸能夠接受、甚至喜歡此一稱謂。儘管樂齡學習尚未成爲眾所周知的名稱，但隨著樂齡學習中心以及樂齡大學的發展，已逐漸對中高齡者產生影響，也對高齡社會的來臨作出了可以預期的貢獻。

　　樂齡學習過去3年的實驗與摸索，雖有許多問題有待克服，例如：仍有部分單位願景模糊、目標抽象、志工訓練不足、場地缺乏專用空間、課程未照教育部規範開設等等，不一而足。但值得欣慰的是，可以看到在209所樂齡中心及56所樂齡大學的團隊中，不乏認眞投入、苦心經營且績效卓著者。多數樂齡中心及樂齡大學的團隊，尤其是參與活動的中高齡者，均希望樂齡學習政策能夠永續發展。

　　本章從「深耕」與「創新」兩個角度，提出對未來樂齡學習永續發展的一些想法與建言，期望樂齡學習透過這些策略能夠長期推動，永續發展。

第一節　樂齡學習的深耕策略

在成人教育哲學中有兩種主要的哲學觀，一種是「不變」的哲學觀。「不變」的哲學觀以博雅教育（liberal education）及永恆主義為代表，認為在宇宙中、人世間有永恆不變事物的存在。所以，教育活動應該追求永恆的目標，並且以不變的事物作為教學的內容。對博雅教育者而言，追求真理、培養美感、陶冶善行、達到聖賢，應該是教育活動中永恆不變的目標。總而言之，永恆主義的教育觀，主張教育不應追求容易改變的事物，而應探索永恆不變的事物（Elias & Merriam, 2005）。樂齡學習需要長期深耕，正符應了這種永恆主義哲學「不變」的觀點。

一、什麼是深耕？

什麼是深耕？深耕就是在「不變」的基礎上向下扎根，精益求精，持續發展。深耕是在一個既定的方向上，長期深入的實踐，以期將來能夠開花結果。深耕經營的重要，在於深耕才能扎根，深耕才能永續，扎根不深、什麼都做、擴充太快即成為失敗的關鍵。窄而深往往是成功的關鍵。以芬蘭的Nokia為例，Nokia原本是一家綜合公司，家電、通訊機器、長靴、唱片、廁所衛生紙架……什麼都賣。後來39歲的CEO J. Ollila看準了未來通訊世界的市場需要，決定Nokia只做手機。他說：「世上每個人都擁有手機的時代即將來臨，Nokia將在這個領域中成為世界第一。」（大前研一，2008）

以企業經營為例，許多企業都是長期專心做一件有興趣、有價值或有意義的事，直到做出成果，產生口碑，建立品牌形象，成為成功的企業或商號。例如：提到可樂就想到可口可樂（Coca Cola），提到鋼琴就想到山葉（YAMAHA），提到運動鞋就想到Nike，提到本土的汽水就想到黑松，提到火雞肉飯就想到嘉義的噴水雞肉飯，諸多案例不勝枚舉。這些產品的行銷策略或包裝手法可能經常改變，但其中最核心的元

素或口味是不變的。

　　樂齡學習的深耕，就是要為樂齡學習創造一種能夠永續發展的環境，包括：樂齡學習精神、氛圍、制度和品牌，而此種永續發展的環境，不僅有別於傳統的老人教育，而且能夠創造出獨特的樂齡產品。因此，如果想到老人教育，就讓人想到樂齡學習，也就開始深耕了。

二、深耕經營的理念

　　深耕經營有五個主要的理念，第一是「長期：終身」，許多百年老店都是歷經代代相傳、歷久不墜，才能成就百年大業，沒有個10年、20年以上的努力，是不容易看到真正成效的。第二是「專注：默默」，專心一意，默默耕耘，長期專心做一件事，絕不見異思遷，才能成就傲人事業。行銷宣傳固然重要，但默默耕耘仍是不可少的。第三是「務本：基本功」，在樂齡本業上長期經營，練就一身扎實的基本功，絕不做表面功夫，也絕不追求一時時髦，隨波逐流，才能創出樂齡特色。第四是「堅持：就是愛這味」，保持原有風貌，堅持既有口味，絕不輕易改變，只在既有品味上追求精進，絕不任意更改風味，才能打造長久的口碑。第五是「代代相傳：找到傳人」，深耕經營，永續發展，最重要的不是「看當代」，而是「看後代」，能夠培養接班人，一代傳一代，後浪推前浪，才能夠真正達到永續的目標，因此，一個有遠見的樂齡領導人，一開始投入樂齡，便要開始培養傳人。

三、深耕經營的策略

　　深耕經營可以採取三種策略，第一是種「盤點策略」，盤點策略重在先自我體檢，了解自身的優缺點。任何一個組織或單位，哪怕是新成立的，均有其現況與資源，包括：人力、物力、財力、空間等內部資源，以及社區組織、民間團體、私人企業等外部資源。要想深耕經營，首先必須盤點自身的資源現況，有哪些資源是可以運用的？哪些資源是

不足的？哪些資源是可以引進的？單位本身有哪些優點可以發揮？哪些缺點需要改進？經過去蕪存菁的盤點之後，才能掌握自身的條件，建立競爭的優勢。

第二種是「優勢策略」，優勢策略強調集中資源，突顯優勢，放棄劣勢。任何一個單位或組織，尤其是非營利組織，資源總是有限的。因此，如何集中優勢資源，突顯自身的特色，發揮自身的長才，將是深耕經營的關鍵要素。找出自己的強項，長期深耕，必有所成。

第三種是「延伸策略」，延伸策略主張擴大延伸現有優勢，也就是擴大組織的影響力和服務的範圍。例如：原本在一個場所辦活動，慢慢擴充到其他場所辦活動，讓更多的人可以就近參加；原本的對象只有婦女，漸漸擴及於男性，使兩性逐漸趨於平衡；原本合作單位只有一個，漸漸擴及與其他單位合作。延伸策略可使樂齡學習擴大其影響力，進而達到永續發展的目標（參見圖1）。

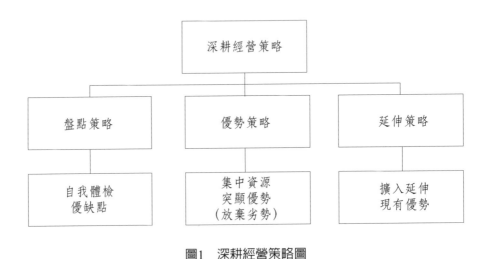

圖1　深耕經營策略圖

資料來源：作者自繪

四、深耕經營的具體作法

深耕經營不僅要有理念，更要有具體的作法。深耕經營的具體作法包括下列六項：

㈠找出優勢項目

每個社區或組織均有其獨特的優勢項目，如：社區中的國寶級人物、最強的師資及課程、最有特色的活動或產業，這些優勢項目均可以成為樂齡學習的重要資源，應設法將這些優勢資源融入樂齡學習活動。

㈡建立兩種核心團隊：「領導團隊」和「志工團隊」

領導團隊最好由社區發展協會、學校、老人會、基金會等主辦單位的幹部組成，志工團隊則可運用現有志工轉型，或招募新的樂齡志工，兩種志工均需加以培訓。團隊運作的關鍵是要能共同打拼，而不是掛名不做事。

㈢團隊腦力激盪

無論「領導團隊」或「志工團隊」均需常常開會，共同腦力激盪，以引進新觀念、激發新點子或提出新方案。無論樂齡學習的願景目標或創意方案，均可經由創意激盪而產生。

㈣不斷參加培訓

研習培訓可以提升專業素養。樂齡教育工作者的專業素養，唯有透過不斷的培訓，才可能持續提升。尤其大部分的工作者，原先並非從事樂齡教育，專業的培訓可以增進其老化素養與工作知能。除了基礎培訓外，更重要的是參加特殊培訓，以強化其規劃及帶領樂齡活動的專業能量。

㈤積極自我檢核

評鑑是為了自我檢核、改進缺失及提升績效，樂齡學習不只要預備接受外部評鑑，更重要的是建立自我檢核機制，平日即做好品質把關與

績效控管。

㈥培養傳承人才

樂齡學習若要深耕，則在發展過程中一直要注意接班人選的培養，最好能訓練出一批熱愛樂齡、條件齊備的人才能交棒。領導者宜發揮「母雞帶小雞」的精神，帶領年輕世代投入樂齡，邊做邊學，以備將來之傳承。

第二節　樂齡學習的創新策略

在成人教育哲學觀中，另一種是「變」的哲學。這種變的哲學是以進步主義（progressivism）為代表，認為宇宙中、人世間的萬事萬物無時無刻不在改變，宇宙中唯一不變的就是變。對進步主義者而言，變是唯一的不變（Elias & Merriam, 2005）。因此，教育活動必須與時俱進，淘汰不合時宜的觀念和作法，積極追求創新和改變。從此觀點而言，樂齡學習似乎又需不斷地精益求精，多元創新，以迎合變遷社會的高齡者需求。

一、什麼是創新？

什麼是創新？創新就是改變。從時間縱向而言，創新就是「與過去不同」，能站在前人的肩膀上，開創出不同的嶄新事業；從空間橫向而言，創新就是「與別人不同」，能夠創發出獨樹一格的特色，成就無人能競爭的藍海事業。

創新需要有創意，創意是要提出有意義、有價值的新點子，但不是噱頭，不是搞怪，不是一時熱鬧，更不是譁眾取寵。因此，創新就是讓創意實現的一個過程，創新的目的是要將創意點子變成制度、產品、行動、方案。樂齡學習的創新，指的是在願景目標、組織經營、領導方式、課程規劃、學習模式、行銷策略等方面不斷地創新而言。

二、樂齡為何要創新？

　　一般而言，有創意的人比較有活力（時常有新點子），有創意的人比較可愛（親和力較佳），有創意的人比較不容易老舊（推陳出新），有創意的人比較能解決問題（山不轉路轉），有創意的人比較有貢獻（帶來業績和成長），有創意的人比較會成功（創造機會）。換言之，有創意的人比較會創新；要創新，必須先要有創意。

　　一個事業體或國家社會為何要創新？其理由第一是為了業績：透過創新的產品、包裝或行銷手法，可以創造新的市場與需求，帶來新的業績；第二是為了競爭：創新能夠創造他人所沒有的觀念、產品和制度，藉此而提升組織的競爭力；第三是為了進步：創新象徵著不斷推陳出新，去蕪存菁，為了組織的進步必須不斷創新；第四則是為了永續：創新才能領導趨勢，維持永續發展的動力；沒有創新就難以永續。創新往往還能起死回生，救亡圖存。最好的例子之一，就是蘋果公司的MP3（數位隨身聽），藉由這項數位化的創新影音產品，不僅打敗了日本新立公司的卡帶隨身聽，並且讓蘋果公司開始開發出一連串的數位產品，如：iPod、iPad等劃時代的產品，創造了新的數位潮流與學習趨勢。因此，樂齡不僅需要永續，還需要創新；而且可以說，就是因為創新，才能帶進永續，創新使永續成為可能。

三、樂齡如何能夠創新？

　　創新的第一法則就是「打破成規」。要跳脫傳統的想法，盡情的想像新穎的想法，天馬行空的思考，不預設圈圈，跳出框架看事情，把很多點子寫下來，要用「新」抓住中高齡者的「心」，甚至先去想一些不可能或有些另類的事物，設法從中突破。第二是要會尋找參考，包括：上網尋找，大量閱讀，電影欣賞，利用在我們身旁所發生的任何事物，訪問各行各業的人，或是做一些問卷調查。第三是團隊激發，例

如：喝個下午茶，跟夥伴之間輕鬆的對話，都可能產生驚人的創意。第四是自我放鬆，例如：搖椅沉思，林中漫步，暫時的放空，往往也可以收到意想不到的效果。第五是生活觀察，留意社會脈動，注意一些生活小細節，看看別人的創意。這些作法既簡單，又可以在短時間內產生創意的來源。

簡言之，改變、改變、再改變，就是創新的不二法門。要改變，如何變？要創新，如何新？對樂齡學習而言，可以考慮從下列幾個方向去創新：

㈠變名稱

活動名稱可以適度地包裝，創意的名稱能夠吸引中高齡者參與。例如：阿公阿媽愛地球（環保課程），大手牽小手（代間課程），我的傳家寶（生命故事課程），食在有意思（營養課程）等。名稱有創意，可以吸引社會大眾的注意及樂齡族群的參與。

㈡變模式

除了上課模式外，樂齡學習還有宅配模式、旅遊模式、體驗模式、媒體模式、巡迴模式、表演模式、代間模式、自主社團模式等可以運用，可以搭配不同的課程與對象，運用不同的學習模式。

㈢變場地

除了樂齡中心或樂齡大學本部以外，可以到社區的任何地方拓點開班，只要有樂齡族群聚集的地方，都可以是學習的場所。尤其中高齡者都喜歡旅遊及戶外教學，所以，樂齡課程在場地方面不必侷限於教室，而可以視需要愈作彈性改變。

㈣變方式

樂齡學習除了演講式的上課以外，也可以採用工作坊、小組討論、影片欣賞、角色扮演、遊戲教學、讀書會、興趣小組或DIY實做等方式進行，方式愈多元，愈能吸引中高齡者的參與，而且學習的動機與成效

愈能提升。

(五)變對象

　　樂齡學習的對象是55歲以上的中高齡者，原本就比之前老人教育65歲以上的對象為寬。但實際上，有些地方是「來者恆來、不來者恆不來」，以致參與者重複學習的情況相當普遍。另一個現象是女性與男性比例約在7比3，大多數的男性樂齡族群並未參與。此外，身心障礙、中低收入、獨居老人等弱勢中高齡者的參與，也還有很大的開展空間。因此，樂齡學習的對象不宜太固定，有必要開拓新的族群。

(六)變課程

　　課程是樂齡學習活動的主要內容，課程規劃是否有學理根據、是否符合樂齡需求、是否能夠多元創新，將是樂齡學習成敗的主要關鍵。目前無論樂齡中心、樂齡班或樂齡大學的課程，雖然教育部均有架構可以依循，但畢竟所提供的只是規範性課程架構，實際的課程、師資與教學還是要看主辦單位的規劃。無論如何，樂齡課程是需要逐年檢討、並視需要調整的。課程名稱和內容一定要有所創新，不宜年年相同。即使同類課程重複開設，也最好採用初階、進階的概念規劃，2年後成立自主學習團體永續經營。

(七)變溫馨

　　中高齡者參與樂齡學習，不僅要得到健康快樂，也要獲得自主尊嚴。而其中的關鍵是，讓其來到學習場所覺得溫馨，有教師的指導、志工的輔導、同伴的關心，除了學習活動以外，可以得到人際的慰藉和溫馨的幸福感。因此，樂齡學習主辦單位一定要營造出家的感覺，從空間設計到基本設施，都要友善親切，讓中高齡者有如在家的感覺。茶水、咖啡、書報雜誌、老化資訊的提供、志工的值班服務、教師的諮詢輔導等，都是必要的溫馨措施。

　　總而言之，論及樂齡學習的創新，一方面只要是對樂齡學習有益的

均可改變；但另一方面，樂齡學習的創新，應該聚焦在經營領導、課程設計、學習模式、行銷策略等核心議題上。

四、創新經營的理念、要素與層面

㈠創新經營的理念

　　樂齡學習創新經營的理念有四個層面：1. 闊－開展：就是要有開闊的眼界、開放的胸襟與開拓的雄心。闊就是不斷擴展，不守成，更不守舊，不斷提出新的計畫，開發新的族群、開拓新的據點，規劃新的課程，延聘新的師資，研發新的教材。2. 長－永續：就是要有前瞻的眼光、長遠的計畫與長期的行動，以現有的為基礎，年年提出延續性的計畫，讓樂齡能夠永續發展。3. 高－特色：就是要發展出與眾不同的特色，創造自身的高度與能見度，有特色才能有高度。4. 深－內涵 ：就是要長期深入開發新的學習內涵，讓樂齡學習從基本需求、興趣需求，逐漸邁向貢獻需求與影響需求，創造出成功老化的豐富內涵，而非只停留在唱歌跳舞的興趣學習。

㈡創新經營的要素與層面

　　樂齡學習的創新經營，在要素方面包含三個層次：1. 創意的個人：樂齡工作者要能勇於冒險，對新事物富有好奇心，常在生活中觀察，習慣搜尋大量資訊，然後進行創意整合，就有可能成為一個有創意的經營者。2. 創意的團隊：異業結合各種專長的人，組成各種任務小組，經常進行腦力激盪，然後分工合作，將創意點子變成行動方案，創意團隊的功用往往大過創意的個人。3. 創意的環境：樂齡團隊應營造一個鼓勵創新、允許改變的環境，讓團隊成員的創意能夠得到尊重與發揮，例如：參加創意競賽或給予獎勵，往往可以得到非常多好的創意構想。

　　從組織的角度而言，樂齡創新經營應該考慮下列六大層面：1. 環

境創新：如在休息時間播放音樂，在空間布置上提供畫作，在室內或室外放置盆栽，設計溫馨多樣的學習角落。2.制度創新：如訂定標準作業流程（SOP），簡化行政程序，提升工作效率，加強自動化設施。3.福利創新：如協助志工成長，爭取員工福利，辦理休閒運動。4.學習創新：如提供最新資訊，實驗創新模式，鼓勵進修活動。5.收費創新：如提供優惠措施，爭取廠商贊助。6.活動創新：如辦理樂齡學習週、園遊會、博覽會或嘉年華，亦可配合節慶或產業特色舉辦活動。

五、創新經營的能力

樂齡學習若要永續經營，經營者必須擁有創新經營的能力，以培養四個面向的創新能力：

㈠闊的層面：著重開展，培養溝通協調能力

樂齡學習的經營者，首先要培養的創新經營能力，就是向外開拓的能力。樂齡學習的開拓，不只要在總部長期扎根，更重要的是會向外開拓。總部只是運籌帷幄、交流聯誼的地方，但為顧及散居在各村落的樂齡族群，使其能夠方便學習，就必須積極向外拓點，到樂齡人口聚集的地方去開班授課，例如：到廟口，到老人活動中心，到榕樹下，到老人會，到國民中小學等場所去拓點。據點開拓愈多，樂齡者愈方便學習。

經營者如果要去開拓學習據點，首先要加強的就是溝通協調能力。樂齡學習場所一般均有管轄單位，例如：要去小學開班，就要和小學校長溝通；要去老人會開班，就要和老人會會長或總幹事溝通；要去社區活動中心開班，就要跟社區發展協會理事長或總幹事溝通。溝通協調確定之後，才可能前去開班拓點。

開拓學習據點可以採取三種模式：模式一：主辦模式。由樂齡學習主辦單位主導，規劃系列課程，借用適當場地，主導辦理活動。模式二：合辦模式。尋找適當機構，合作辦理活動，事先協商如何分工。模式三：委外模式。尋找適當機構，委託辦理活動，將學習活動委由該機

構或團體辦理。

開拓學習據點的活動方式可以有三類，第一類是短期講座：以演講的方式，宣導健康、理財、家庭人際關係等課程。第二類是長期開班：以開班的方式，開設系列課程，在當地招收樂齡學員就近上課，請教師去授課，派志工去協助。第三類是融入課程：所謂融入課程是指結合當地或機構原有活動，融入樂齡學習課程，例如：結合老人慶生會，辦理交通安全講座；配合節慶活動，舉辦健康講座等（參見圖2）。

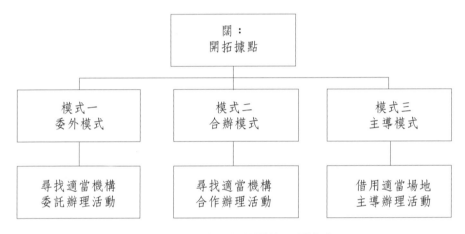

圖2　樂齡中心開拓據點的三種模式

資料來源：作者自繪

⊏長的層面：著重永續，培養洞見未來能力

樂齡學習的永續在於源遠流長，並培養洞見未來的能力，而長期永續的關鍵就在於建立制度。樂齡不能永續的一個主要原因就是「人治」——人存政舉，人亡政息。只要熱衷樂齡的主管換人，繼任者沒有興趣，樂齡就難以永續。因此，樂齡若要永續發展，首要之務就是要看見未來。領導者需要強化組織結構，建立核心團隊，訂定經營管理辦法，建立專屬志工，強化分組運用。

在核心領導團隊的運作層面，最重要的有幾件事情：第一，經常參加研習：吸收樂齡新知；第二，經常腦力激盪：尋找新的可能；第三，強化內部溝通：凡事商量，共同決定；第四，強化外部合作：尋找資源，建立關係。但樂齡學習領導團隊要注意五個避免，即避免單打獨鬥，避免強勢領導，避免閉門造車，避免人情包袱，以及避免便宜行事。

此外，樂齡永續的一大關建在志工。因此，領導團隊一定要設法幫助志工增能（empowerment）。具體的方式是：讓志工幫忙行銷：招生宣傳；讓志工協助企劃：撰寫企劃書；讓志工管理檔案：管理各種檔案；讓志工辦理活動：場地布置、招待、接送、照相、餐點、器材；以及讓志工負責簡報：給予成就感。換言之，樂齡學習中心不是少數人表演的舞臺，而應成為志工成長的舞臺，讓樂齡志工在此獲得增能。

㈢高的層面：著重特色，培養創意企劃能力

高的層面在於特色創新，使樂齡學習有別於現有的老人教育活動。由於態度決定高度，有高度才有特色，有特色才有能見度。因此，樂齡經營者的態度就十分重要。經營者如果抱持積極創新的態度，就能開創出特色。反之，如果經營者抱持守舊的態度，只是複製過去，甚至模仿他人經驗，則將難以創造特色。

如何建立樂齡學習的特色？下列幾種方法可供參考：

方法一：從產品實做建立特色

要建立樂齡學習的特色，可以從創造產品特色著手。樂齡者不只是來學習，他們往往有許多創意，透過創意老化的活動，可以創造許多樂齡產品。最明顯的例子如：手工藝產品、藝文創作、表演團隊、農特產品製作等，可以讓樂齡者透過產品製作，建立樂齡學習特色。久而久之，可以讓樂齡學習中心成為表演藝術、手工藝品、農特產品等產品的學習中心，以產品打造樂齡學習特色。

方法二：從模式創新建立特色

樂齡學習除了機構（上課）模式外，還有出外學習的旅遊模式、在家學習的在宅模式、廣播電視的媒體模式、學習送上門的宅配模式、強調代間互動的代間模式、以表演活動為主體的表演模式、巡迴各地演出的巡迴模式、透過電腦網絡學習的網路模式、到社區服務老人的服務模式等，不一而足。因此，樂齡學習若要建立特色，不能只有機構式的學習，必須朝這些多元模式開發創新，建立特色。

方法三：從課程設計建立特色

樂齡學習課程設計關係整體學習的品質，同時也是建立特色的一個重要途徑。樂齡學習的課程設計，可以從三方面建立特色：第一，由專業人士設計課程（for the elderly）：由受過企劃訓練的規劃人員設計樂齡課程，他們懂得如何進行需求評估，知道如何根據老化理論設計課程，可以設計出適合樂齡學習的課程。第二，由樂齡者自己設計課程（by the elderly）：樂齡學習的課程或活動，可以由樂齡族群自己設計。像英國的第三年齡大學都是由長者自行規劃活動，但前提是樂齡族有自主規劃能力。第三，由專業人士及樂齡長者共同設計課程（with the elderly）：即由受過企劃訓練的規劃人員與樂齡長輩共同規劃設計課程，一方面運用樂齡專業，另一方面結合樂齡者參與，兩者共同設計，也可以建立特色課程。

不論採取哪種方式，都需要長期聚焦某一課程，才比較可能建立特色；若年年更張、經常替換，則不易建立特色。所以，課程設計一方面要推陳出新，開設新的課程，滿足新的需要；但也需要長期深耕，常年開設，才有可能建立特色。

方法四：從地方產業建立特色

樂齡學習屬於一種在地化的學習，無論師資、課程或教材，往往需要就地取材。因此，若能充分運用在地資源，融入樂齡學習，也是建立樂齡特色的一種途徑。例如：有些樂齡中心運用竹編、八音、運動中

心、天文臺、蚵殼、溫泉、天燈、酸菜、番茄、客家美食等當地所獨有的特色產業，很容易就建立了有別於他人的特色。

方法五：從策略聯盟建立特色

在社區之中，與樂齡有關的單位甚多，有些與福利有關，有些與健康有關，有些與交通有關，不一而足。樂齡學習辦理單位必須結合社區資源，與社區組織建立策略聯盟，提供整體性的服務。因此，樂齡主辦單位可以與社區發展協會、文教基金會、各級學校、農會、老人會、衛生所等公民營機構合作，整合社區資源共同推動樂齡學習。例如：與老人會合作，請其提供場地或動員學員參與；與學校合作，借用閒置教室作爲學習場所；與衛生所合作，請其提供衛教講師，講授健康課程；與文教基金會合作，辦理藝文活動等等，均是足以讓樂齡永續發展的關鍵。

方法六：從空間營造建立特色

樂齡學習中心不僅是一個學習場所，也可以將之營造成一個樂齡之家，成爲樂齡休閒、聯誼的場所。因此，空間氛圍的營造也可能形成特色。樂齡中心如果能夠營造出溫馨、人性化、舒適合宜的空間，也將形成一大特色。甚而言之，樂齡學習的空間布置，還可以由樂齡自己設計，提供家中堪用物品或資源回收，打造成一個由樂齡創意設計的學習家屋。所費不多，卻可饒富特色，而且必定與眾不同。

方法七：從行政服務建立特色

樂齡學習中心除了提供課程及學習活動外，還可透過行政服務系統建立特色。在服務方面，樂齡中心可透過志工進行有效的檔案管理，並對樂齡提供宅配服務，輸送學習到家，或者提供交通接送，視情況辦理營養午餐等，這些相關配套措施如果做得好，也可能形成樂齡學習中心的一大特色，有助於建立口碑，並吸引樂齡前來學習。例如：可以將樂齡中心打造成全臺灣「檔案管理最齊全的中心」、「宅配服務最多的中心」、「交通接送最周到的中心」、或者是「午餐最豐富的中心」等。

㈣深的層面：著重内涵，培養課程創新能力

　　樂齡學習内容的深度，在於課程的針對性、系統性、多樣性及進階性。樂齡課程的深化，首先必須提高針對性，最好完全爲樂齡族量身訂做，而非只是遷就於師資（有什麼教師開什麼課）；其次是加強系統完整性，儘量按照教育部所規範、由專家所設計提供的課程結構及比例開設課程；再來是充實課程内容的多樣性，讓樂齡者有足夠的選擇性選擇喜愛的課程；最後是進階性，也就是讓學習由淺入深，循序漸進，逐漸加深學習内容，而非讓同樣課程一再重複。

　　理想的樂齡課程結構，除了考量樂齡者的需求外，還必須涵蓋樂齡規範性需求課程。所謂規範性需求，是指樂齡族群必須要建立的老化態度，必須要知道的知識内容，以及必須要具備的生活技能。規範性需求課程，就是依據樂齡者規範性需求所製作的課程。

　　以100年度爲例，樂齡中心的課程包含四大類，分別是：政策宣導課程（10%）、基礎生活課程（20～30%）、興趣系列課程（30～40%），以及貢獻影響課程（10～20%）。至於100年度新規劃的樂齡大學課程，也分爲四大類，分別是：老化及高齡化相關課程（30%）、健康休閒課程（20%）、學校特色課程（30%）、生活新知課程（20%）。

　　深化課程的基本原則是「多元當中發展主軸」，也就是在教育部所提供的課程結構下，長期發展自身的主軸特色課程。此外，深化學習内容的另一作法是成立自主學習社團，讓有興趣的樂齡族自組學習社團，自己聘請教師，或自行規劃學習活動，自行尋找學習資源，進行深化學習活動，而非長期依靠樂齡資源學習（參見圖3、表1及表2）。

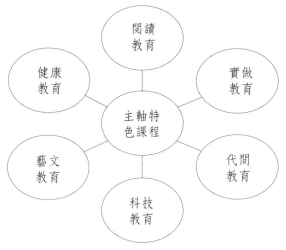

圖3　主軸特色課程架構圖

資料來源：作者自繪

表1　系列選修課程

藝文課程	書法、國畫、語文、識字
生活美學	手工藝、美食、居家生活
休閒課程	樂器、歌唱、音樂欣賞、攝影、戲劇
運動保健	太極、游泳、氣功、健康操
現代科技	電腦、網路、多媒體、家電使用
家庭人際關係	夫妻、婆媳、祖孫代間

表2　輔導成立自主學習社團

課程	社團類別
藝文	書法社、國畫社、英文社等
生活美學	手工社、美食社等
休閒	樂隊、合唱團、攝影社、戲劇社等
運動保健	太極拳社、養生氣功社等

第三節　結語：樂齡學習的變與不變

　　樂齡學習政策推展至今，只不過短短的3年時間，要論具體成效也許言之過早。但初步成果顯示，無論就參與人數的增加、學習活動的多元、一般民眾的心聲或承辦單位的反應來看，此一政策無疑已開始受到樂齡族群的歡迎與接納，樂齡學習永續發展的呼聲更是此起彼落，不絕與耳。

　　過去30年來，臺灣的老人教育多由社政單位或民間組織辦理，教育部門投入的資源十分有限。但近3年來，隨著樂齡學習政策的推動，中高齡者的教育進入了一個新的紀元，不僅在名稱上令人耳目一新，在經營主體上更是深入民間，在課程內容上多元創新。

　　樂齡學習若要永續發展，必須「有所變、有所不變」，也就是在不變的基礎上追求改變。不變的是──永遠要有願景目標，可以改變的是──願景目標的內涵可以隨時空而改變；不變的是──永遠要追求更高品質的教育，可以改變的是──教育方法與模式可以改變；不變的是──樂齡學習一定要有核心價值，可以改變的是──所倡議的核心價值之內容可以適時調整（如健康樂活、自主尊嚴或老人服務老人）；不變的是──樂齡學習一定要能永續經營，可以改變的是──永續經營的策略可以改變。這就是有所變、有所不變的真諦。

　　展望未來，臺灣在6年之後（2017年）將成為高齡社會，14年之後（2025年）將成為超高齡社會，樂齡學習如果推展成功，將可延長中高齡者的健康老化時間，縮短需要長期照顧的時間。樂齡學習的價值不僅對中高齡者本身有益，對國家資源整體的應用也將有所助益。樂齡學習的永續發展，不僅可以促進中高齡者的學習活絡，更可以提升其生活品質，打造一個幸福快樂又有尊嚴的晚年。樂齡學習不僅需要長期深耕，更需要隨時創新。深耕才能使樂齡永續，創新才能使樂齡進步。

參考文獻

大前研一（2008）。後五十歲的選擇。臺北：天下文化出版社。

Elias J. L., & S. Merriam (2005). *Philosophical Foundations of Adult Education*. Florida: Robert E. Krieger.

國家圖書館出版品預行編目資料

臺灣樂齡學習／魏惠娟等著. －－初版. －－
臺北市：五南，2012.07
　面；　公分
ISBN 978-957-11-6487-8（平裝）

1.老人教育　2.學習策略　3.高齡化社會
4.臺灣
528.433　　　　　　　　　100023179

1IVZ

臺灣樂齡學習

編 著 者 ― 魏惠娟（409.2）

發 行 人 ― 楊榮川

總 經 理 ― 楊士清

主　　　編 ― 陳姿穎

責任編輯 ― 李敏華

封面設計 ― 何中桓　莫美龍

出 版 者 ― 五南圖書出版股份有限公司

地　　　址：106台北市大安區和平東路二段339號4樓

電　　　話：(02)2705-5066　　傳　　真：(02)2706-6100

網　　　址：http://www.wunan.com.tw

電子郵件：wunan@wunan.com.tw

劃撥帳號：01068953

戶　　　名：五南圖書出版股份有限公司

法律顧問　林勝安律師事務所　林勝安律師

出版日期　2012年 7 月初版一刷
　　　　　2018年10月初版二刷

定　　　價　新臺幣450元